지니어스 코드

AWAKEN YOUR GENIUS
Copyright © 2023 by Ozan Varol
All rights reserved

Korean translation copyright © 2025 by Hankyung Magazine&Book Inc.
Korean translation rights arranged with InkWell Management, LLC
through EYA Co.,Ltd.

이 책의 한국어판 저작권은 EYA Co., Ltd를 통한 InkWell Management, LLC사와의 독점계약으로
한국어 판권을 (주)한경매거진앤북이 소유합니다.
저작권법에 의하여 한국 내에서 보호를 받는 저작물이므로 무단 전재 및 복제를 금합니다.

AWAKEN YOUR GENIUS

지니어스 코드

내 안에 숨은 잠재력을 깨우는 법

오잔 바롤 지음

엄성수 옮김

한국경제신문

내 안의 천재를 깨우는 데 도움을 준
모든 선생님들께, 특히 다음 선생님들께
이 책을 바치고 싶다.

사키르 칸

바이세 칸

네리만 미니스커

로버트 라이스

윌리엄 치점

조너선 라우

앤 코즐루

스티븐 스쿠이레스

윌리엄 버드티슬

제인 래티머

차례 A W A K E N   Y O U R   G E N I U S

서문 · 009
이 책이 당신에게 보내는 메시지 · 020

1부 | 죽음
1장_ 교육하지 마라 · 024
2장_ 버려라 · 038
3장_ 해독하라 · 075

2부 | 탄생
4장_ 본연의 자신을 발견하라 · 110
5장_ 삶의 목적을 찾아내라 · 145

3부 | 내면 여행
6장_ 내면의 지혜를 끌어내라 · 180
7장_ 놀이의 힘을 불러일으켜라 · 213
8장_ 과감히 창조하라 · 233

4부 | 외부 여행
9장_ 허튼소리들을 솎아내라 · 268
10장_ 다른 사람들이 보지 못하는 걸 봐라 · 298
11장_ 나는 당신의 스승이 아니다 · 321

5부 | 탈바꿈
12장_ 당신의 미래를 놓아줘라 · 342
13장_ 탈바꿈하라 · 355

에필로그 · 364
감사의 글 · 366
주 · 370

천재는 가장 자기다운 존재다.
―텔로니어스 멍크

우리 뒤에 있는 것과 우리 앞에 있는 것은
우리 안에 있는 것에 비하면 아무것도 아니다.
―헨리 스탠리 해스킨스

독창성이란 본질로 되돌아가는 것이다.
―안토니 가우디

서문

이제 깨어나야 할 때다

포도 잎사귀를 먹는 데 중독된 애벌레가 있다.
그런데 갑자기 깨어나더니… 그 벌레는 더 이상 애벌레가 아니다.
온전한 포도밭이고, 과수원이고, 열매이고, 나무 몸통들이고,
자라나는 지혜이자 기쁨으로서 더 이상 게걸스레 뭔가를 먹지 않아도 된다.
—루미(Rumi, 페르시아 시인), 〈벌레가 깨어나다(The Worm's Waking)〉

꿈을 꿀 때면 그 꿈이 마치 현실처럼 느껴진다. 당신이 어떻게 거기까지 가게 됐는지 모르지만, 지금 당신은 한창 어떤 행동을 하고 있다. 어떻게 어린 시절로 되돌아가게 됐는지 또는 어떻게 날개가 생겨나 날게 됐는지 모르지만, 별로 궁금하지도 않다. 그러다 잠에서 깨면 비로소 당신은 꿈을 꿨다는 사실을 알게 된다.

우리의 삶도 이와 아주 유사하다. 우리가 어떻게 현재의 위치까지 오게 됐는지, 우리가 왜 이런저런 일을 하는지, 우리가 왜 현재의 믿음을 갖게 됐는지, 그 모든 이유와 과정을 일일이 기억하기란 쉽지 않다.

이것을 생각해보라. 매일 출근할 때 어떤 길로 가는가? 양치질은

어떻게 하는가? 침대의 어떤 쪽에서 자는가? 커피는 어떻게 마시는가? 당신이 워낙 소중히 여겨 당신의 정체성이나 다름없게 된 그 모든 믿음과 견해들은 어떻게 갖게 됐는가? 자신을 진보주의자나 보수주의자 또는 다른 그 무엇이라고 칭한 것은 살아오면서 정확히 언제부터였나? 그런 믿음들은 진정 스스로 선택한 것들이었는가? 그리고 그중 어떤 믿음들이 당신의 지역 사회나 학교 또는 가정에서 유입된 것이었는가?

이는 정확히 말하기 어려운 것들이다. 우리는 우리가 어떻게 여기에 오게 됐는지 거의 알지 못한다. 그저 현재 여기 있다는 사실을 알 뿐이며, 그래서 계속 있을 뿐이다. 우리는 몽유병 환자처럼 삶 속을 걸어간다. 마치 예행연습을 한 사람처럼 이 세상을 정해진 방식대로 살아간다. 우리는 모든 걸 어떤 바람에 의해서가 아니라 습관적으로 선택한다. 동일한 믿음을 재확인하고, 동일한 생각과 동일한 선택을 해서 동일한 결과에 이른다.

사실 우리의 과거는 우리의 미래가 된다. 앞서 선택한 것들에 따라 오늘 무언가를 하는 것이다. 어제를 재현함으로써 예측 가능한 동일한 내일을 맞이하는 것이다.

우리는 가끔 어떤 사람들이 다른 북소리에 맞춰 행군한다고 말한다. 그 말은 곧 그 나머지 사람들은 같은 북소리에 맞춰 행군한다는 의미가 된다. 인정하기 싫지만 사실이다. 어린 시절에 우리는 괜한 소란을 피우지 말고 자연스레 다른 사람들에 맞춰 행동하라는 말을 듣곤 했다. 그러면서 우리는 내 것이 아닌 타인의 믿음을 가진 사람으로 규정되어왔다.

우리는 점점 자기 길이 아닌 닳고 닳은 남들의 길을 걷게 된다. 우리가 누구인지도 모르고 우리가 어디로 가고 싶은지도 모른 채 다른 사람들의 뒤만 졸졸 따라간다. 그러면서 늘 다른 누군가가 그린 스케치를 토대로 색칠을 한다. 그 결과 우리는 자기 삶을 조연으로 살게 된다.

우리 인간은 원래 내부에 난 구멍을 메우기 위해 외부에서 조각을 찾게 되어 있으며, 자신보다는 낯선 타인을 더 잘 믿게 되어 있다. 그런 현상은 자기 개발 분야에서 더 두드러진다. '이것의 3가지 원칙' 또는 '저것의 5가지 비밀'은 신용카드를 긁는 것에 지나지 않는다. 점점 더 복잡한 알고리즘으로 무장한 기업과 정부는 우리보다 우리를 더 잘 알게 되고, 그 결과 우리를 손쉽게 통제하거나 조작할 수 있게 된다.

내심 자신에게 더 많은 잠재력이 있다는 걸 알고, 또 지금 하고 있는 일들을 하러 이 세상에 온 게 아니란 걸 알고 있으면서도, 우리는 비정상적인 세뇌 및 프로그래밍에 의해 스스로 어떤 틀에 갇혀 있다고 느낀다. 그러면서 피하고자 하는 현실에 중독되고 있다. 또한 이 세상에서의 삶에 대한 대가로 본연의 자신을 배신하고 있고, 내면의 천재와 분리된 채 살아가고 있다.

당신의 내면에는 활용되지 못한 지혜가 차고 넘친다. 당신은 그간 겪어온 모든 경험들, 그간 들어온 모든 이야기들, 그간 만나온 모든 사람들, 그간 읽어온 모든 책들, 그간 해온 모든 실수들 그리고 복잡미묘한 모든 인간 존재의 집합체다. 다시 말해 당신은 '나를 나답게' 만드는 모든 것들, 즉 탐구해야 할 거대한 보물의 집합체인 것이다.

그 모든 지혜가 당신이 쓰고 있는 가면 밑에 숨겨져 있고, 당신이 맡고 있는 역할 밑에 숨겨져 있다. 또한 당신에게 당신의 교사들처럼, 당신의 부모처럼, 당신의 종족처럼 생각하고, 인플루언서들과 선구적인 사상가들처럼 생각하라고 가르쳐온, 그러니까 자신 외의 사람들처럼 생각하라고 가르쳐온 수십 년간의 사회적 조건들 밑에 숨겨져 있다. 그 결과 우리는 자신에게 낯선 존재들이 되고 있다. 그리고 우리 중 상당수는 태어나서 죽을 때까지 진정 무슨 생각을 하는지, 또 진정 어떤 존재인지도 모른 채 살아간다.

사실은 이렇다. 본연의 자신이 되는 일을 당신보다 더 잘할 수 있는 사람은 없다. 처음부터 끝까지 그 일을 해낼 사람은 당신뿐이다. 만일 당신의 생각이 자신의 연장이라면, 그리고 당신이 지금 만들고 있는 게 내면의 천재가 만들어내는 것이라면 당신은 제 분야에서 독보적인 존재가 될 것이다. 그러나 만일 당신이 스스로를 억누르고 또 내면의 지혜를 부정한다면 독보적인 존재란 없다. 결국 당신의 지혜는 자신은 물론 세상 사람들에게도 잊힐 것이다.

인간들을 개별적인 퍼즐 조각들, 그러니까 서로 합쳐져 아름다운 전체를 이루는 퍼즐 조각으로 생각해보라. 퍼즐 조각은 다 중요하다. 퍼즐 조각은 다 특이하다. 전체 퍼즐은 수십억 개의 동일한 모양과 색깔의 퍼즐 조각만 가지고선 완성될 수 없다. 각 퍼즐 조각이 다르기 때문에 전체 퍼즐 또한 값어치가 있는 것이다. 만일 당신이 다른 퍼즐 조각을 흉내 내거나 다른 퍼즐 조각에 자신을 맞춘다면, 세상은 특유의 그 아름다운 모양과 색깔을 잃게 될 것이다.

우리 중에 자기 고유의 모양과 색깔을 구현하는 퍼즐 조각들은 다 비범하다. 그들은 군중 속에서 쉽게 눈에 띄는데, 그것은 우리가 군중을 흉내 내지 않기 때문이다. 또한 그들은 외부 힘에 휘둘리지 않는데, 그것은 우리가 그 힘에 영향을 주기 때문이다. 그들은 다른 퍼즐 조각들에 의해 휘둘리지도 않는데, 그것은 우리 각자가 다 자기 삶의 주인이기 때문이다.

우리 퍼즐 조각들은 테플론(Teflon, 우수한 내약품성, 내열성, 비점착성 등을 갖고 있는 듀폰사의 폴리테트라플루오르에틸렌 섬유. 일반 주방 용기에서부터 기계, 자동차, 반도체, 우주 항공 산업에 이르는 다양한 분야에서 사용되고 있다-옮긴이)의 마법도 갖고 있다. 그래서 다른 퍼즐 조각들의 견해는 물론 자기 자신의 과거 견해와 정체성으로부터도 자유롭다. 또한 자기 내면 깊은 데서 나오는 통찰력에 의존하는 등 완전히 독립적으로 생각하고 행동한다.

비범한 사상가들은 천재다. 천재라고 해서 엄청난 재능이나 지능을 갖고 있다는 얘기는 아니다. 미국 재즈 피아니스트 텔로니어스 멍크(Thelonious Monk)의 말을 빌리자면, "천재는 가장 자기다운 존재다". '천재', 즉 'genius'는 라틴어에서 온 말로, 태어날 때 모든 사람 속에 내재하는 영혼 내지 정신을 뜻한다. 우리 한 사람 한 사람은 다 알라딘(Aladdin)이며, 우리의 지니(Genie), 즉 우리의 천재는 자신

속에 갇혀 깨어날 때를 기다리고 있다.

일단 자신 속의 천재가 깨어나면 비범한 사상가들은 그것을 세상 사람들과 공유한다. 그들은 자신을 존재하게 만든 에너지를 자기만의 작품을 만드는 데 쏟아붓는다. 그들은 단순히 현재 상황에 저항하거나 지장을 주는 게 아니라, 현재 상황을 재해석해 가능한 일들의 토대를 변화시킨다. 애플사의 '다르게 생각하라(Think different)' 캠페인에서 흔히 쓰는 말에 따르자면, 그들은 그야말로 '네모난 구멍들에 박힌 둥근 말뚝들', 즉 부적응자이자 반항아이자 말썽꾼인 것이다.

그러나 애플의 캠페인 목표는 단순히 다르게 생각하는 것이 아니다. 순전히 다른 사람들이 오른쪽으로 걷기 때문에 왼쪽으로 걷는 사람이 있다면, 그 사람은 또 다른 종류의 순응주의자다. 자기 방식대로 살고 있는 게 아니라 여전히 남들에 대한 반응을 중심으로 살고 있기 때문이다. 과학적 사실들을 부정하고 대신 '평평한 지구설'이나 '렙틸리언 음모론(Reptilian conspiracy theory, 파충류 인간들이 세계 역사를 지배하고 있다는 음모론-옮긴이)' 같은 이론들을 받아들이는 사람들의 경우도 마찬가지다. 그들은 실은 전해져오는 이야기에 매몰되어 있는 것임에도 불구하고, 그 모든 것들이 자신의 머릿속에서 나온 것이라고 생각한다. 그들은 이유 없는 반항아들이며, 그래서 생각하는 게 훨씬 더 순응적이다. 굳은 신념은 독립적인 사고를 가진 사람들이 아닌 관습적인 사고를 가진 사람들의 표식이다.

인간은 원래 독립적인 사상가를 두려워하게 되어 있다. 인간은 일단 독립적으로 생각하기 시작하면 어디로 튈지 알 수 없기 때문이다. 독립적인 사상가는 현상을 끝없이 위협하는 존재이며 그 과정에서 이익을 얻는 존재이기도 하다. 사람들 사이에서 독립적인 생각이 꿈틀대기 시작하면 왕들의 권위가 흔들리고 그들의 지배가 흔들린다.

독립적인 생각을 한다는 것은 혼자 생각한다는 의미는 아니다. 당신이 다른 사람들보다 낫다는 의미도 아니며, 나르키소스(Narcissus, 나르시스)가 연못에 비친 자신의 모습을 사랑하게 됐듯 자기 자신의 생각을 사랑하게 된다는 의미도 아니다. 외로운 천재의 신화도 그와 같다. 어디까지나 신화일 뿐이다. 뒤에서 보다 자세히 설명하겠지만, 생각이 서로 다른 다양한 사상가들이 당신의 거울이 되어줄 것이며, 그 덕에 당신은 어쩌면 보지 못할 수도 있었을 것들을 제대로 보게 될 것이다. 생각이 다른 사람들로 이뤄진 오케스트라가 각기 자기 내면에 숨겨진 최고의 멜로디를 연주할 때, 단순히 각 연주를 다 합친 것보다 더 아름다운 온전한 교향곡이 탄생하게 된다.

수많은 지적인 사람들이 게으른 사고에 유혹당하기 쉬운 오늘날과 같은 대중 조작의 시대에, 남들의 행동에 따라 반응하는 게 아니라 스스로 독립적으로 행동한다면 그 기분이 어떨까? 당신의 믿음이 온전히 자신의 것이라는 걸 확신할 수 있다면 어떨까? 더 이상 남들에 의해 자동 조정되지 않게 된다면 어떨까? 리더로서 또 창조자로서 스스로의 길을 개척해나간다면 어떨까? 프로그래밍된 대로가 아니라 자신의 상상력에 따라 행동한다면 어떨까? 남들의 요구에 맞춰 변형된 모습으로가 아니라 있는 그대로의 비범한 퍼즐 조각 모습으로 사람들 앞에 나타난다면 어떨까? 광대한 이 우주에 당신 자신의 흔적을 남긴다면 어떨까?

이 책은 우주에 흔적을 남기고 싶은 사람들을 위한 책이다. 비현실적인 사람들을 위한 현실적인 책이다. 이 책은 당신이 긴 잠에서 깨어나 자기 자신을 찾는 데 필요한 툴들을 제공할 것이며, 또 삶의 교향곡 안에서 당신이 연주할 수 있는 자신만의 멜로디를 찾는 데 필요한 툴들도 제공할 것이다.

이 책은 5부로 이뤄져 있다.

1부 '죽음'에서는 본연의 자신이 아닌 부분들을 제거해 진짜 자신을 찾게 될 것이다. 여기서 당신은 지금까지 배운 것들을 잊는 일에 착수하게 된다. 그동안 우리가 어떤 정체성과 믿음, 어떤 부족, 어떤 직업, 어떤 다른 사람(예전의 우리 자신을 포함)에 의존하면서 스스로를 잃어가게 되었는지 그 과정도 보게 될 것이다. 또한 마음을 정리하는 법을 익혀서 내면의 천재를 찾아내고 정말 중요한 일들에 집중하는 법을 알게 될 것이다. 또 비정상적으로 프로그래밍되어 있는 것을 삭제하고 더 이상 도움이 되지 않는 것을 버림으로써 당신에게 꼭 필요한 것들을 알아낼 것이다.

2부 '탄생'에서는 본연의 자신으로 되돌아가는 길을 찾게 될 것이다. 내면의 천재를 이루고 있는 특징들, 즉 자신의 기본 원칙들과 고유의 지문들 그리고 자신의 모양과 색깔 등을 발견하는 법을 배울 것이다. 진화하지 못하는 고착된 한 개인으로 한정 짓는 덫에 빠지는 게 아니라, 스스로를 다양화시키고 그 다양성을 받아들이는 법을 알게 될 것이다. 또한 살아가면서 새로운 문이 열릴 때마다 거기에 맞춰 자신의 모습을 변형시키는 게 아니라, 나 자신만의 문을 만드는 법도 깨닫게 될 것이다.

3부 '내면 여행'에서는 당신의 창의력에 불을 붙이게 된다. 여기서 당신은 스스로 생각하고 독창적인 아이디어들을 내며, 내면의 지혜를 활용해 무에서 유를 만들어내고, 내면에 숨겨진 통찰력을 이끌어내는 법을 배울 것이다. 또한 창의력이라는 게 왜 억지로 아이디어를 쥐어짜는 일이 아니라 아이디어의 흐름을 가로막는 장애물들을 제거하는 일에 더 가까운지도 알게 될 것이다. 자신의 내면이라는 대양 깊은 데서 헤엄치는 큰 물고기들을 발견하는 현실적 방법들도 배울 것이다. 그리고 이 3부를 끝낼 즈음 당신은 책이든, 사업이든, 아니면 획기적인 아이디어든 자신만의 중요한 작품을 만드는 데 필요한 실용적인 전략들로 무장하게 될 것이다.

이 책의 4부 '외부 여행'에서는 외부 세계를 탐구하게 될 것이며 내면 세계와 외부 세계 간의 균형점들도 발견하게 될 것이다. 각종 정보를 걸러내고 쓸데없는 정보를 탐지하는 나의 접근 방식도 보게 될 것이다. 또한 우리가 왜 그리 쉽게 자기 자신 속에 갇히게 되는지, 어떻게 하면 새로우면서 편리하고 인기 있는 것들의 횡포를 피할 수 있는지도 알게 될 것이다. 어떻게 다른 사람들이 보지 못하는 것을 보고, 또 어떻게 평범함 속에서 비범함을 찾을 수 있는지도 배울 것이다. 그리고 또 왜 우리가 성공담에 속아 넘어가는지, 좋은 의미의 조언을 따랐는데도 왜 잘못되는지는 물론, 다른 사람들과 비교하는 걸 멈추기 위해 어떻게 해야 하는지도 알게 될 것이다.

이 책의 5부 '탈바꿈'에서는 당신의 미래에 대해 생각해보게 될 것이다. 인간의 삶이 왜 사다리가 아니라 정글짐인지, 계획을 짜다 보면 어떻게 보다 나은 가능성에 눈멀게 될 수 있는지, 또 분명한 길이 보이기 전에 어떻게 걷기를 시작해야 하는지도 알게 될 것이다. 당신의 안전망이 왜 구속복(straitjacket, 정신이상자와 같이 폭력적인 사람의 행동을 제압하고자 입히는 옷-옮긴이)이 될 수 있는지, 무언가를 놓아주는 게 어떻게 사랑의 행위가 될 수 있는지, 그리고 조심조심 사는 삶이 왜 반쯤 죽은 삶이나 다름없는지도 깨닫게 될 것이다.

과거의 긴 잠에서 깨어나면, 영화 〈매트릭스〉의 환상이 줄어들면서 당신은 네오(〈매트릭스〉의 주인공-옮긴이)와 마찬가지로 모든 걸 1과 0(2진법은 컴퓨터의 기본 언어다-옮긴이)으로 보기 시작하게 된다. 긴 잠에서 깨어나면 혼란스러울 것이다. 새로 나타나는 자아는 워낙 오랫동안 억압되어왔기 때문에 당신에게 낯설어 보일 수 있다. 그래서 두통이 생기고, 생존의 위기를 맞게 되며, 큰 혼란에 빠지는 등 각종 부작용이 생겨날 수도 있다.

남들이 당신을 위해 그린 스케치 선들 안이나 당신 스스로 그린 스케치 선들 안에 계속 색칠해야 할 이유는 늘 있는 법이다. 편하게 느껴지는 것들을 버리고 굳이 불편한 것들을 좇는 것은, 또 존재한 적도 없는 것들이 생겨나는 미지의 세계로 발을 들여놓는 것은 고통스런 일일 것이다.

그러나 미국 작가 조라 닐 허스턴(Zora Neale Hurston)이 말한 것처럼 "아무에게도 말하지 않은 이야기를 마음속에 담고 있는 것만큼 고통스런 일은 없다".[1] 그런 맥락에서 이 책은 그 이야기를 허심탄회하게 털어놓고 내면의 지혜를 활용할 수 있게 도와줄 것이다. 또한 당신 내면의 천재와 진정한 자아 그리고 본연의 자신을 드러낼 수 있게 해줄 것이다.

당신은 이 여행에 나서기 위해 '빨간 약(red pill, 불편한 진실을 대면하게 만드는 것. 〈매트릭스〉에서 빨간 약을 먹으면 가상 공간을 벗어나 현실로 되돌아가게 되는 데서 비롯된 말-옮긴이)'을 먹거나 '루비색 슬리퍼(ruby red slippers, 〈오즈의 마법사〉에서 주인공 도로시가 신었던 유명한 슬리퍼-옮긴이)'를 신을 필요는 없다.

당신은 이미 집에 와 있다. 그저 다음 페이지로 넘어가 자기 자신에게 돌아가기 시작하면 된다.

이 책이 당신에게 보내는 메시지

나는 당신이 나를 집어 들기를
너무 오래 기다려왔다.
나는 시간과 공간을 가로질러 당신에게 다가간다.

나는 본다.
당신이 살아온 모든 시기와
당신의 광기 안에 녹아 있는 마법과
당신의 두 눈 안에 숨어 있는 빛과
당신의 정맥 안을 흐르는 충족되지 않은 갈망과
당신의 아랫입술에 묻어 있는 하지 못한 말들과
당신의 DNA 안에 들어 있는 광선을.

나는 여기 이렇게 당신의 거울이 되어,
가장 멋지고 가장 흉한 당신의 모습을 비춰주려 한다.
나는 여기 이렇게 당신의 삽이 되어,
이미 당신 안에 있는 것들을 파내게 해주려 한다.
나는 여기 이렇게 당신에게 종이에 베인 상처를 주어,
당신이 듣고 싶어 하지 않는 얘기들을 들려주려 한다.

그러나 나는 당신이 나를 사랑하게 하려고 말을 바꾸진 않을 것이다.
당신에게 달콤한 소다수나 밋밋한 차를 내놓진 않을 것이다.
당신에게 내 진실만을 말할 것이다.
오직 중요하고 아름답고 너저분한 내 진실만을.
잊지 마라. 나는 당신의 진실이 아니다.
당신의 진실은 당신 속에 있다.

나는 당신에게 살아가는 법을 가르쳐주진 않을 것이다.
(그래 봐야 제대로 살아가는 걸 멈추게 될 뿐이니까.)
나는 강의가 아니고 설교도 아니다.
마지막에 시험도 보지 않을 것이다.
내가 말하는 것들 중 일부는 걸러도 좋다.
필요한 것들만 취하고 그 나머지는 버려라.
내게 반대하고 내가 놓친 것들을 지적해 달라.
당신 자신에게 질문하고 스스로 답을 찾아라.

나는 말을 믿는다. (어쨌든 나는 책이니까.)
그러나 내가 가장 믿는 것은 말 그 이상의 것들이다.
내 말들을 통해 당신의 말들이 풀려날 것이다.
내 지혜를 통해 당신의 지혜가 풀려날 것이다.
내 이야기를 통해 당신의 이야기가 풀려날 것이다.
당신이 당신의 빛을 향해 되돌아올 때
나는 당신과 함께 어둠 속에 앉아 있을 것이다.

나는 하루라도 빨리
비범한 당신을 보며 기뻐하고 싶다.

1부

죽음

1부의 구성

1장. **교육하지 마라**: 교육 제도에 의해 생겨난 피해를 복구하는 것에 대해
2장. **버려라**: 본연의 자신이 아닌 것들을 버리고 진짜 자신을 발견하는 것에 대해
3장. **해독하라**: 마음을 정리해 내면의 지혜를 보고 중요한 것들에 집중하는 것에 대해

1부에서 살펴볼 내용들

- 자주 반복되는 최악의 조언들을 걸러내는 법
- 끈기가 역효과를 낼 수 있는 이유
- 독창적인 아이디어들을 내기 위한 반직관적인 방법
- 당신에게 가장 부족한 자원(힌트: 시간이나 돈은 아님)
- 자신의 방식대로 살아가는 법에 대해 뱀이 가르쳐줄 수 있는 것들
- 명상의 어두운 이면이 알려주는 교훈
- 열린 마음을 유지하고 확증 편향을 피하기 위해 사용하는 세 가지 전술
- 절대 모든 것을 다 이룰 수 없는 이유
- 생산성과 관련해 들은 거짓말들 가운데 가장 심한 거짓말
- 우리가 박탈당한 경외심을 되찾아야 하는 이유

1장
교육하지 마라

학교나 교회 또는 책에서 배운 것들을 모두 재검토하고,
그 무엇이든 당신의 영혼을 모욕하는 것들은 떨쳐버려라.
―월트 휘트먼(Walt Whitman), 《풀잎》 서문에서

"저 아이에겐 아무 문제가 없어요"

영국의 발레리나 질리안 린(Gillian Lynne)은 문제아로 여겨졌다.[1] 학교생활은 엉망이었다. 집중은커녕 자기 자리에 가만히 앉아 있지도 못했다. 게다가 지나칠 정도로 활동적이어서 모두들 그 애를 '끝없이 꼼지락대는 엉덩이(Wriggle Bottom)'라 불렀다.

때는 1930년대, 장소는 영국으로 그 당시엔 ADHD(주의력 결핍 과다 행동 장애)라는 축약어는 아직 존재하지도 않았다. 딸이 병에 걸렸다고 생각한 린의 엄마는 아이를 의사에게 데려갔다. 그리고 그 방문 이후 린의 삶은 급변하게 된다.

중요한 것은 그 의사가 뭔가를 하지 않았다는 것이었다. 린의 상태를 '해결하기 힘든' 상태라 명명하지 않았다. 린에게 마음을 가라

앉히라는 말도 하지 않았다. 거의 자동적으로 약을 처방해주는 일도 하지 않았다. 대신 그 의사는 자신의 직감을 따랐다. 그는 라디오를 켜더니 린의 엄마에게 자신과 함께 방 밖으로 나가자고 했다.

어른들이 방을 나선 순간 린의 몸이 움직이기 시작했다. 방 안에 음악이 흐르자 흥을 주체하지 못해 춤을 추며 온 방을 휘젓고 다녔고, 급기야 의사의 책상 위로 뛰어오르기까지 했다. 당시의 일을 린은 자신의 자서전에 이렇게 적고 있다.

"당시는 알아채지 못했었는데, 그 사무실 문은 무늬가 새겨진 아름다운 옛날식 유리문이어서, 의사와 엄마는 방 안의 나를 빤히 지켜보고 있었다."[2]

린이 춤추는 걸 지켜본 의사는 씩 웃으며 린의 엄마를 보고 말했다. "저 아이에겐 아무 문제없어요. 타고난 무용수네요. 바로 무용 수업을 듣게 해줘야겠어요."

(여기서 잠시 얘기를 멈춰도 좋겠는가? 이 의사, 얼마나 멋진 사람인가!)

무용 수업을 듣게 하라는 의사의 처방으로 린의 삶은 하루아침에 뒤바뀌게 된다. 무용 학교에 도착했을 때 린은 방 안에 온통 자신 같은 사람들뿐이라는 걸 알게 됐다. 그녀 자신의 말을 빌리자면, '생각에 맞춰 춤춰야 하는 사람들' 말이다.

그 후 린은 평생 무용수로 살게 된다. 로열 발레단에서 무용을 했으며, 브로드웨이 역사상 최장기 공연 기록을 세운 두 편의 뮤지컬 〈캣츠〉와 〈오페라의 유령〉에서 안무를 담당하기도 했다. 린은 의사의 방에서 보낸 당시 그 순간을 회상하며 이렇게 말한다.

"내가 평생 무용수로 살아온 건 다 그 의사 선생님 덕이에요."

대부분의 학교들이 학생들을 대하는 태도는 항공사들이 일반석 승객들을 대하는 태도와 비슷하다. 비좁은 일반석 좌석들에는 모두 동일한 봉지에 든 동일한 프레첼(pretzel)이 제공된다. 마찬가지로 인식과 호기심이 다 다름에도 불구하고, 모든 학생들에게는 동일한 교육 과정, 동일한 수업, 동일한 공식이 제공된다.

효율적이라고? 그렇다. 효과적이라고? 그렇지는 않다.

사람들로 하여금 관심도 없는 주제에 관심을 갖게 하기란 쉽지 않다. 천문학자 칼 세이건(Carl Sagan)은 학창 시절에 미적분학을 아주 싫어했다.[3] 그는 미적분학은 악의적인 교육자들이 '엄포용'으로 만든 것이라 생각했다. 그러나 그런 생각은 그가 영국 작가 아서 C. 클라크(Arthur C. Clarke)의 소설《행성 간 비행(Interplanetary Flight)》을 읽고 난 뒤 바뀌게 된다. 그 소설에서 클라크는 행성 간 궤적을 계산하기 위해 미적분을 사용한다. 누군가가 "미적분학을 알아두면 좋다"라는 말을 한 것도 아닌데, 세이건 스스로 미적분학을 알아두면 왜 도움이 되는지를 알게 된 것이다. 그러니까 해결할 가치가 있다고 생각되는 문제들을 해결하는 데 미적분학을 사용할 수 있게 된 것이다.

어린 시절 아이들은 순전히 호기심에 따라 움직인다. 세상 만물을 빤히 쳐다보고 경외심에 사로잡히며 그 무엇 하나 당연한 걸로 받아들이지 않는다. 자신이 답을 알고 있다는(또는 답을 알고 있어야 한다는) 가정이 아닌, 뭔가를 실험하고 흡수하고 싶다는 갈망으로 삶에 접근하는 것이다.

그러면서 아이들은 다음과 같은 질문들을 할 수 있다. 세상이 빙빙 돈다는데, 대체 우리는 어떻게 가만히 서 있을 수 있는가? 지구의 속이 그렇게 뜨겁다는데, 대체 땅은 왜 차갑게 느껴지는가? 구름은 어떻게 떨어지지 않고 떠다니는가? 이런 질문들은 물어볼 가치조차 없는 질문이라고 믿는 성인들까지 당혹스럽게 만든다. (잠시 시간을 내 이런 의문들에 답해보라.)

"아이들은 각종 물음표들을 가지고 학교에 들어갔다가 마침표들을 찍고 학교를 떠난다".[4] 학교들은 대개 아이들의 이런저런 호기심을 해소시켜주려 하지만, 그로 인해 관심 있는 주제들을 파고들어야겠다는 아이들의 욕구 자체를 사라지게 하는 경우도 많다. 자신이 질문을 던지고 자신이 답을 찾는 게 아니라, 다른 누군가의 질문에 대한 다른 누군가의 답을 외울 수밖에 없게 되는 것이다.

반면 학생들이 뭔가 배우는 걸 즐길 때 학교 공부는 일이 아닌 놀이로 느껴질 수 있다. 학교생활을 즐기면 학업 성과도 올라가게 된다. 영국에서 1만 2,000명 이상의 학생들을 상대로 실시한 한 연구에 따르면, 여섯 살 때 유치원 생활이 즐겁다고 한 아이들은 IQ나 사회경제적 배경과 무관하게 열여섯 살 때 받은 표준화된 시험들에서 훨씬 더 나은 결과를 보였다.[5]

내가 다섯 살 되던 해에 부모님은 나를 유치원에 보내셨다. 아이가 다닐 유치원을 직접 고르는 대부분의 부모들과 달리, 내 부모님은 다니고 싶은 유치원을 내가 고르게 될 것이라 하셨다. 그리고 부모님은 나도 모르는 새에 이미 부근 유치원들을 조사해, 적절해 보이는 유치원 세 곳을 찾은 뒤 내게 선택권을 주셨다.

우리는 각 유치원을 찾아가봤고, 나는 중요하다고 느껴지는 질문들("어떤 종류의 장난감들이 있나요?"와 같은)을 던졌다. 그것은 내 인격 형성에 중요한 순간으로, 나는 지금까지도 그 순간을 잊지 못한다. 태어나서 처음으로 나는 부모님이 쳐놓은 가드레일 안에서 뭔가 중요한 걸 결정할 권한을 부여받은 기분이었다. 나 자신을 위한 결정을 하면서 다른 누군가에게 의존하지 않고 스스로 선택할 수 있게 됐으니까.

아이들에게 '이것에 주목해라' 또는 '저것을 공부해라'라고 말하는 것은 별로 좋지 않다. 그것은 미적분학에 아무 관심도 없는 칼 세이건에게 '미적분학을 배워라'라고 말하는 것만큼이나 바람직하지 않다. 그러나 사람들로 하여금 자기 자신의 관심사를 좇게 하면, 즉 자신이 관심 있는 일에 전념하게 하면 그들은 아연 활기를 띠게 된다.

"우리가 하려는 건 이것입니다"라는 말에서 '이것'에 신경을 덜 쓰고 "우리가 이 일을 하는 건 이것 때문입니다"라는 말에서 '이것'에 더 신경을 쓰도록 하라. 당신의 아이에게 그 아이의 자전거를 고치는 데 기하학과 분수가 어떤 도움이 되는지를 보여줘라. 당신의 직원들에게 그들이 실행에 옮겨야 할 새로운 마케팅 전략이 아주 중요한 일을 하는 데 어떤 도움이 되는지를 설명해줘라. 당신이 하는 일에 어떤 목적을 불어넣음으로써 고객들을 끌어모으도록 하라.

당신이 그렇게 한다면 학생은 제대로 배우게 될 것이다. 직원은 제대로 된 팀원이 되어줄 것이다. 고객은 열렬한 지지자가 되어줄 것이다.

그들에겐 아무 문제가 없기 때문이다. 그들은 그저 무용 수업만 들으면 된다. 그리고 일단 그들의 마음이 움직이면 그들은 세상을 움직이게 될 것이다.

"오늘 학교에서 뭘 배웠니?"

삼투 현상(osmosis, 농도가 다른 두 용액이 반투과성 막을 사이에 두고 이동하는 현상-옮긴이)이란 두 용액의 농도를 맞추기 위해 분자들이 반투과성 막을 통해 이동하는 현상이다.

나는 고등학교 시절 생물 시험에 나올 내용들을 외우기 위해 한자리에서 왔다 갔다 했다. 그렇게 왔다 갔다 하다 보면 일종의 무아지경에 빠져, 내 뇌의 반투과성 막이 배워야 될 정보 분자들을 잘 흡수할 수 있었다.

그러나 나는 제대로 배우지 못하고 있었다. 나는 그저 삼투 현상을 정의하는 의미 없는 말들을 반복하고 있었으며, 그 말들이 실제 무엇을 의미하는지 전혀 몰랐다. 나는 반투과성(완전한 투과성이 아니라) 막이 무엇으로 이뤄져 있는지, 또 대체 분자들이 어떻게 농도 균형을 맞출 수 있는지 알지 못했다.

생물 외의 다른 과목들의 경우도 마찬가지였다. 예를 들어 화학

실습실에서 우리가 봐야 할 '실험' 결과는 한 가지뿐이었다. 그 결과가 나오지 않을 경우, 그러니까 실험 결과가 예상과 다르게 나올 경우 호기심 같은 걸 가질 여유조차 없었다. 우리가 실험을 잘못했다는 의미였기 때문에, 다른 친구들은 실험을 끝내고 영화를 보러 가도 우리는 '제대로 된' 결과가 나올 때까지 계속 실험을 해야 했다.

'교육하다'의 뜻을 가진 영어 단어 'educate'는 라틴어 'eductus'와 관련이 있다. 그리고 라틴어 'eductus'는 '사람에게서 어떤 잠재력'을 '끌어내거나(educe)' '빼낸다(draw out)'는 의미다.[6] 다시 말해, '교육(education)'은 학생들이 이미 자기 자신 속에 있는 뭔가를 더 발전시킬 수 있게 돕는 행위인 것이다.

그런데 대부분의 교육 제도하에서는 그 반대의 일이 일어난다. 학생들에게서 뭔가를 끌어내는 일은 없다. 각종 지식과 사실들을 쑤셔 넣을 뿐이다. 교사는 어린 마음들의 텅 빈 탱크 속에 교육 과정 내용들을 쑤셔 넣는다. 학생은 삼투 현상과 반복을 통해 지식을 흡수한다. 교육이 하는 일이라곤 어제의 질문들에 대한 어제의 답들을 수동적으로 쌓아나가게 하는 것뿐이다. 학생들은 오래된 사실들을 점검하는 법은 물론이고, 내일의 지식을 만들어내고 물어본 적 없는 질문들에 답하는 법도 배우지 못한다.

외우는 것은 이해하는 게 아니다. 요가 포즈들을 외우는 걸로 요가를 배울 수는 없다. 자전거 타는 법을 다룬 책을 읽는 걸로 자전거 타는 법을 배울 수는 없다. 그리고 삼투 현상에 대한 정의를 외우는 걸로 과학을 배울 수는 없다. 그와 관련해 양자물리학자 리처드 페이만(Richard Feyman)은 이런 말을 했다.

"무언가의 이름을 아는 것과 무언가를 아는 것은 별개의 일이다."[7]

이렇게 말을 통해 가르치는 것은 교실 앞에 서 있는 교사를 중심으로 하는 접근 방식이다. 많은 학교들은 자기 생각을 다른 누군가에게 미루고 올바른 답을 교사한테서 찾으려는 학생들을 토대로 발전한다. 모든 걸 시험에 대비해 표준화시키고 가르쳐 소기의 성과를 거둬야 한다는 제약 때문에 선의의 교사들이 큰 좌절감을 맛본다. 독립적인 사고는 단순하면서도 맹목적인 순응으로 인해 희생되고 있으며, 그런 순응에는 우수한 성적과 졸업장이라는 종잇조각이 보상으로 주어진다.

게다가 '모든 배움'이 독재 상태와 비슷한 상태에서 이뤄진다. 배움이 엄격한 위계질서하에서 이뤄지기 때문이다. 승인되지 않은 행동은 다 훈육 또는 징계 대상이다. 꼭 필요한 생리 현상(배설 등)이 아니면 교실 문을 나가서도 안 된다. 그리고 모든 규칙들이 임의로 강요된다. 심지어 껌 씹는 것은 배움에 방해가 되지도 않는데, 껌을 씹으면 징계 대상이 된다.

교육자들은 말로는 창의력이 중요하다고 하지만, 실제로는 창의력을 억누르는 경우가 많다. 연구 결과에 따르면, 교사들은 교실 안에서 창의력이 뛰어난 학생들은 별로 바람직하지 않다고 평가한다.[8] 이런 결과는 여러 연구에서 반복해서 나온다. 창의적인 학생들은 관습에 얽매이지 않는 학생들이며, 관습에 얽매이지 않는 학생들은 교사들이 싫어하는 경우가 많은 것이다.[9]

그래서 학교들은 결국 학생들에게 창의력을 가르치지 않게 된다. 아이들은 창작하는 법을 잊게 되고, 목소리 높이는 법을 잊게 되며, 적극적으로 나서거나 비판적인 질문을 던지는 법조차 잊게 된다. 그리고 스스로 생각하거나 배우는 것에 대해 의문을 제기할 때 보상을 받는 게 아니라, 교사처럼 생각하거나 교육위원회처럼 생각하거나 교과서 저자처럼 생각할 때 보상을 받는다.

나는 그런 교육 제도 안에서 두각을 드러냈다. 나는 법과대학 역사상 가장 높은 평균 학점을 받으면서 법과대학을 수석 졸업했다. 그렇다고 해서 내가 다른 학생들보다 더 똑똑했다거나 우리 법과대학에서 배출된 최고의 변호사가 된다는 얘기는 아니다. (사실 나는 단 2년 만에 변호사 일을 그만두었다.) 내가 평균 학점을 잘 받았다는 것은 단 한 가지 사실만을 보여줬을 뿐이다. 그저 다른 학생들보다 시험 보는 데 더 능했고 교수들이 원하는 게 뭔지 알아내는 데 더 능했던 것이다. 그래서 기말 시험만 끝나고 나면 바로 그간 배운 걸 몽땅 잊어버렸으며, 그나마 기억에 남은 얼마 안 되는 지식은 곧 시대에 뒤떨어진 지식이 되어버렸다.

많은 시험 책자들에는 표지에 큰 블록체로 'LET'S PRETEND', 즉 '~라고 가정해보자'라는 말이 적혀 있어, 사람들은 어떤 일이 일어나게 될지 알 수 있다.[10]

이 문제에 나오는 질문들은 다 중요하다고 가정해보자. 모든 질문에는 단 한 가지 절대적인 정답이 있다고 가정해보자. 그 답은 당신보다 훨씬 더 똑똑한 누군가에 의해 나온 것이라고 가정해보자.

그 답은 영원히 정해진 것이라고 가정해보자.

'~라고 가정해보자'라는 이 게임의 대표적인 질문은 아마 "누가 아메리카 대륙을 발견했는가?"일 것이다. 이런 유의 질문은 "크리스토퍼 콜럼버스(Christopher Columbus)"라는 일차원적이고 유럽 중심적인 답을 요구함으로써 그 외의 가능성은 다 차단해버린다.

그러나 이보다 훨씬 더 흥미로운 질문은 "아메리카 대륙을 누가 발견했는지 어떻게 알게 됐는가?"다.[11] 이 질문에선 다시 다음과 같은 많은 질문들이 나온다. "'발견했다'는 것은 무슨 뜻인가?", "유럽인들이 도착했을 때 아메리카 대륙에는 이미 수백만 명의 사람들이 살고 있지 않았나?", "원주민들은 늘 아메리카 대륙에 있었는가?", "그게 아니라면, 어떻게 아메리카 대륙에 왔는가? 걸어서? 배를 타고? 그리고 어디에서?", "어디를 찾아봐야 하겠는가?"

단순한 답을 거부하는 이런 질문들은 학생들이 실생활에서 얼마든지 만나게 될 질문들이다. 학생들은 교실 밖에선 존재하지 않는 세계에서 살아남기 위해 잔뜩 무장한 채 학교를 떠난다. 그리고 곧 당혹감에 빠진다. 실제의 삶에는 명확하게 규정된 해결책이 단 한 가지뿐인, 그렇게 명확히 규정된 문제는 없기 때문이다.

살다 보면 권위 있는 인물이 바뀔 수도 있지만(예를 들어 교사에서 직장 관리자로), 기본적인 접근 방식은 바뀌지 않는다. 관리자 역시 순응을 요구하며 노동자는 순응한다. 그러다 보면 기업은 독단적인 신조에 빠져 변화를 거부하며 꼼짝도 하지 않게 된다.

그러니 이제 아이들에게 "오늘 학교에서 뭘 배웠니?" 같은 질문은 하지 말자. 그런 질문은 교육의 유일한 목적은 학생들에게 정답을 가르치는 것이라는 시대에 뒤떨어진 생각을 고착화시킬 뿐이다. 그러니 이제 그런 질문 대신 "오늘 어떤 것에 호기심을 느꼈니?"라든가 "어떤 질문들을 깊이 파고들어가고 싶니?"라든가 "그 답을 어떻게 찾아낼 거니?" 식의 질문을 하거나, 아니면 아이들로 하여금 스스로 생각해보게 할 질문이나 널리 받아들여지는 지혜에 의문을 제기하는 질문을 하게 해보라.

만일 어떤 아이가 "공룡들은 어떻게 죽었나요?"라는 질문을 해온다면, 소행성이 지구와 부딪쳤니 어쩌니 하는 이야기를 시작하고 싶다는 충동을 자제하도록 하라. 그 대신 이런 질문을 되던지는 것이다. "넌 공룡들이 왜 죽게 됐다고 생각하니? 그리고 그걸 어떻게 확인할 생각이니?" 아이가 어떤 답을 내놓으면 그 외에 더 많은 답을 내놔보라고 하라. 그러니까 질문하는 방법도 한 가지 이상인 경우가 많지만, 그 질문에 답하는 방법 또한 한 가지 이상인 경우가 많다는 걸 알게 해주는 것이다.

만일 어떤 직원이 다가와 "이 문제를 어떻게 해야 할까요?"라고 묻는다면 바로 신속하고 효율적인 해결책을 제시하려 하지 마라. 그 직원으로 하여금 스스로 해결책을 제시하게 하는 것이다. 당신이 일일이 해결책을 떠먹여줄 경우, 당신은 고객들을 '돕기 위해' 대신 역기를 들어주는 개인 트레이너나 다를 바가 없게 된다. 결국 널리 받아들여지는 지혜도 재고할 수 있는 능력이, 아무 생각 없이 그 지혜를 반복 사용하는 능력보다 훨씬 더 중요한 것이다.

예술가들은 죄다 어디로 가버렸나?

"이 교실 안엔 얼마나 많은 예술가들이 있나요?"

이는 미국 기업 홀마크 카드(Hallmark Cards)에서 평생 아티스트로 일해온 고든 매켄지(Gordon Mackenzie)가 각 학교를 방문할 때 던지곤 했던 질문이다.[12] 이 질문에 대한 반응은 늘 같았다.

초등학교 1학년 학생들은 모두 자리에서 벌떡 일어나며 손을 들어 올렸다. 초등학교 3학년 학생들은 30명 중 대략 10명이 손을 들어 올렸다. 그러다 초등학교 6학년이 되면 한 명 내지 두 명만 마지못해 손을 들었고, 그 나머지 학생들은 전부 누가 그런 일탈 행위를 했는지 둘러보았다.

화가 파블로 피카소(Pablo Picasso)가 이런 말을 했다고 한다.

"모든 아이는 예술가다. 문제는 자라면서 어떻게 계속 예술가로 남아 있을 수 있는가 하는 것이다."[13]

학생들의 부채와 학자금 융자 금액이 불어나기 시작하면서, 우리는 구태의연한 패턴들에 갇혀 우리 내면의 예술가를 보지 못하고 있다.

우리의 어휘는 그 같은 변화를 반영하고 있다. 심지어 우리는 이제 예술을 더 이상 '예술'이라 부르지도 않는다. '콘텐츠(contents)'라고 부르는 것이다. 스스로를 '콘텐츠 제작자(contents creator)'라 부르면서 우리 내면의 예술가는 죽어가고 있는 것이다.

콘텐츠는 원래 무언가의 안에 집어넣는 내용물이다. 조립 라인에서 만들어내는 그 무언가다. 그 누구도 아침에 일어나 커피를 마시며 콘텐츠를 읽고 싶어 하지 않는다. 그리고 진정 자존감 높은 제작자라면 콘텐츠를 만들고 싶어 하지 않는다.

콘텐츠는 정상적인 것이기 때문이다. 콘텐츠는 대체 가능하다. 콘텐츠 제작자들도 대체 가능하다. 그러나 예술이나 예술가는 대체할 수 없다.

예술은 단순히 보상도 제대로 못 받는 예술가들이 작업실 안에서 하는 일이 아니다. 예술은 단순히 물체들과 관련 있지 않다. 미국 작가 제임스 볼드윈(James Baldwin)의 말에 따르자면, 당신이 현재 상태에 대해 재고를 하는 한, 또 당신이 평화를 깨뜨리는 한 "당신이 살아가면서 하는 모든 일이 예술이 될 수 있다".

당신이 직장에서 만들어내는 새로운 전략이 예술이다. 당신이 아이를 키우는 방식이 예술이다. 당신이 집을 꾸미는 방식이 예술이다. 당신이 말하는 방식, 당신이 웃는 방식, 당신이 삶을 살아가는 방식, 그 모든 게 예술이다.

당신이 만일 자신이 만들어내는 것들을 '콘텐츠'라 부르거나 당신 자신을 예술가로 보길 거부한다면, 그 결과물들에는 그런 사고방식이 그대로 반영될 것이다. 당신이 만들어내는 것들은 평범할 것이다. 그러면서 현재 상태를 더 강화하게 될 것이다. 당신은 사람들을 따분해 미치게 만들 것이다. 그리고 우리 모두 예술가가 되길 요구하며 빠른 속도로 진화하는 세상과 완전히 동떨어진 삶을 살게 될 것이다. 일본 출신 미국인 아티스트 하워드 이케모토(Howard

Ikemoto)의 일곱 살 난 딸이 언젠가 그에게 이런 질문을 했다.

"아빠는 직장에서 어떤 일을 해?"[14]

그가 대답했다. "아빠 직장은 대학이고, 아빠가 하는 일은 사람들에게 그림 그리는 법을 가르치는 거란다."

그러자 그의 딸이 당황스러워하며 답했다. "그럼 사람들이 그림 그리는 법을 잊었다는 거야?"

그렇다, 그들은 그림 그리는 법을 잊었다. 혹 거울에 비친 당신 자신을 보며 어찌 된 일인지 의아해한 적 없는가? 아마 자신이 실은 거울에 비친 것만큼 나이 들진 않은 것 같다고 느낄 것이다. 설사 육신은 나이가 들었다 해도, 당신 속에는 젊음을 그대로 유지해주는 불로(不老) 센터가 있기 때문이다. 그리고 그 센터 안에는 영구 작업실을 가진 한 예술가가 있다. 당신 내면에는 자리에서 벌떡 일어나 세상을 향해 "나는 예술가예요!"라고 외치는 초등학교 1학년 학생이 들어 있다. 우리 내면의 예술가와 더 많이 재연결되고 어린 시절의 그 경이를 더 많이 되찾을수록 우리는 더 풍요로워질 것이다.

그러니 상상 속의 크레용과 핑거 페인트를 끄집어내라. 텅 빈 캔버스가 당신을 기다리고 있다. 그 안에 무엇을 그릴 것인가?

2장
버려라

모든 창작 행위는 처음엔 파괴 행위다.
—파블로 피카소

현재 당신을 둘러싼 피부

뱀은 고대 세계에서 변신의 상징이었다.[1] 인간의 피부와 달리 뱀의 피부는 껍질로 덮여 있으며 뱀이 자랄 때 함께 자라지 않는다.[2] 살아 있는 동안 뱀의 내면은 점점 자라 그 외면보다 더 커지게 되며, 어느 시점에 이르면 새로운 피부를 갖기 위해 낡은 피부를 버려야 한다. 그 과정은 '불편하다'. 뱀은 문자 그대로 낡은 껍질을 벗고 밖으로 나올 때까지 계속 몸을 문지르고 긁어댄다. 그 과정을 성공리에 마치면 낡은 껍질 대신 생생한 새 껍질을 갖게 된다. 그러나 껍질을 벗는 데 실패하면 뱀은 앞을 못 보게 되면서 죽기도 한다.

일생 동안 나는 뱀처럼 로켓 과학자, 변호사, 법대 교수, 작가 겸 연설가 등 많은 피부를 가졌고 또 벗었다. 그리고 그렇게 피부를 벗고 변신할 때마다 뭔가 정상이 아니라는 불편한 감정에 사로잡히곤 했다. 그럴 때마다 이런저런 조정을 거쳤지만, 어떤 시점에 이르면 내 낡은 피부로는 더 이상 내면의 성장을 감당할 수 없었다. 한때 통하던 게 더 이상 통하지 않는다는 사실을 깨닫게 되었다.

내가 로켓 과학자에서 변호사로 변신한 과정을 예로 들어보자. 대학 시절에 나는 천체물리학을 전공했고, 화성 탐사 로봇 임무 작전팀에서 일했다. 나는 맡은 임무를 수행하는 걸 좋아했고, 화성 표면에 탐사 로봇을 안착시키는 현실적인 도전들을 헤쳐나가는 것 또한 좋아했다. 그러나 나는 반드시 들어야 하는 이론 수학 및 물리학 수업이 싫었다. 결국 천체물리학에 대한 내 열정은 식기 시작했고 나는 사회물리학에 더 큰 관심을 갖게 되었다. 로켓 과학에 쏟아부은 4년이란 세월을 버려야 한다는 뜻이었지만, 나는 다른 방향으로 향하는 내 호기심을 존중하기로 했고, 그래서 결국 법과대학 쪽으로 방향을 틀기로 했다. 버린다는 것은 일시적으로 균형을 잃는다는 의미였다. 그러나 버리지 않았다면 아마 나 자신을 잃게 됐을 것이다.

우리는 종종 우리 자신을 우리 피부로 착각하지만, 우리 피부는 우리 자신이 아니다. 어쩌다 보니 지금의 피부를 갖고 있는 것이다. 그 피부는 어제의 우리에게 적합했던 피부다. 가끔 우리 자신이 무언가 안에서 크게 자랐는데도 그것을 떠날 수 없어 고민하곤 한다. 우리는 소문은 그럴싸한데 실은 영혼이 탈탈 털리는 듯한 직장을 쉬 떠나지 못한다. 제대로 기능도 하지 못하는 관계 속에 갇혀 현실을 인정하려 하지 않는 것이다. 그러면서 스스로 만든 감옥 같은 현재를 위해 미래의 가능성 내지 잠재력을 희생시킨다.

현재의 당신 자신을 바꾸지 않는다는 것은 현재의 상태를 선택하는 것과 같다. 같은 사람으로 남겠다는 것은 선택으로, 자연스런 일은 아니다. 우리의 물리적 피부는 한두 달 간격으로 변한다.[3] 그러나 각종 믿음과 관계와 경력으로 이뤄진 그 피부는 생각보다 훨씬 더 끈끈하다.

버리는 것은 널리 받아들여지는 지혜에 역행하는 행위다. 우리는 모두 다음과 같은 선의의 조언을 듣는다. "절대 포기하지 마요." 투지와 인내를 높이 평가하는 시선 때문에 뭔가를 중도 포기하면 엄청난 오명이 따르게 된다. 중도 포기는 품위 없는 짓이다. 중도 포기한다는 것은 실패했다는 걸 의미한다. "승자는 결코 중도 포기하지 않으며, 중도 포기하는 사람들은 결코 승리하지 못한다"라는 말이 있을 정도다.

그렇다. 많은 사람들은 계속 버텨야 하는 상황에서 중도 포기한다. 단순히 상황이 힘들어지게 됐다거나 이미 몇 차례 실패했다는 이유 때문에 목표를 포기해선 안 된다.

그러나 또 많은 사람들이 중도 포기해야 하는 상황에서 계속 버틴다. 투지는 가치 있는 것이지만, 그로 인해 다른 가능성들에 눈감게 된다면 재고해야 한다. 되지도 않는 일을 되풀이해서 한다거나 한참 전에 목적을 달성하고서도 계속 뭔가에 집착하는 경우, 그런 투지 내지 결단력은 의미가 없다. 서른일곱 살의 당신은 스물일곱 살 시절의 당신과 공통점이 별로 없다. 이 말이 믿기지 않는다면, 10년 전 당신이 소셜 미디어에 올렸던 포스트들을 살펴보라. 그래서 만일 과거에 자신이 한 일을 세상 사람들에게 얘기하기 꺼려진다면, 왜 그 당시 내렸던 결정들에 계속 집착해야 하는지를 생각해 보라. 당신이 어제 한 일들이 꼭 오늘 하는 일들에 영향을 줘야 하는 것은 아니다.

한때 긍정적이었던 것도 나중엔 부담스런 것이 될 수 있다. 한 불교 우화에선 한 남자가 뗏목을 만들어 물살이 거센 강을 가로질러 안전하게 반대편까지 간다. 그 남자는 그 뗏목을 끌고 숲속으로 들어가기 시작한다. 그러나 뗏목이 자꾸 나무들에 걸려 앞으로 나아가질 못한다. 그런데도 그는 그 뗏목을 포기하지 못한다. 그러면서 속으로 이런 이유를 댄다. '이건 내 뗏목이야! 힘들게 만들었지. 덕분에 목숨도 건졌고….' 하지만 아무리 뗏목 덕에 강에서 목숨을 건졌다 해도 숲속에서 살아남으려면 이제는 그것을 포기해야 한다.

분명 그렇다. 낡은 피부를 벗겨내는 것은 고통스럽고 불쾌한 일이다. 거기엔 확실한 사실이 하나 있다. 그 피부로 살아온 세월이 있을 것이고, 당연히 그 피부가 가장 안전하고 편하게 느껴질 것이다. 다만 시간이 지나면서 그 피부는 아예 당신 자체가 되었으므로, 새로운 피부를 가지려면 당신 자체가 변해야 한다는 것이다.

더하는 것은 쉽지만 빼는 것은 어렵다. 정말 어렵다. 뭔가를 만드는 일에 많은 시간과 자원을 투자할 경우, 매몰 비용의 오류(sunk-cost fallacy, 그간 투자한 것이 아까워 포기하지 못하고 계속 매달리는 현상-옮긴이)에 빠져 그 일에 계속 매달리게 되는 것이다('이 프로젝트에 2년을 투자했는데, 어떻게 이제 와서 포기한단 말인가?' 하면서). 그래서 당장 새로운 껍질로 바꿔야 하는데 이미 죽어버린 낡은 껍질에 집착하는 뱀처럼 행동하게 되는 것이다. 우리는 우리가 갖지 못한 걸 갈망하지만, 현재 하고 있는 걸 잃는 것은 두려워한다.

당신이 이제 벗어나야 할 어떤 길에서 성공을 거둬왔다면 또 다른 강적인 당신 자신의 에고(ego), 즉 자아에 맞서야 한다. 직책과 임금 인상과 포상을 갈망하는 당신의 자아는 격렬한 싸움 없이는 물러서지 않을 것이다. 발길질을 할 것이고, 소리를 질러댈 것이고, 일생일대의 큰 실수를 하고 있는 거라며 당신을 설득하려고 가능한 모든 노력을 다할 것이다. 그러면서 그 자아는 자문할 것이다.

'만일 수년째 해온 이 일을 이제 중단한다면, 또는 변호사나 선임 이사직을 그만둔다면 난 대체 무엇을 잃게 되는 건가? 보다 중요한 것은 이건데, 나는 대체 어떤 사람이 되는 건가?'

그러나 당신이 자문해봐야 할 중요한 질문이 하나 더 있다.

'이것을 포기한다면 무엇을 얻게 되는 건가?'

내가 살아오면서 겪은 긍정적인 영향들 가운데 상당수는 더하기가 아니라 빼기에서 왔다. 나는 내가 해온 일들보다는 내가 그만둔 일들에 더 큰 자부심을 느낀다.

행동에 나서지 않는다면, 그러니까 이미 낡아빠진 피부에 계속 집착한다면 아무것도 그리지 않은 채 텅 빈 캔버스를 내버려두는 꼴이 된다. 그리고 책을 쓰지 않은 채, 노래를 부르지 않은 채, 또 삶을 살지 않은 채 내버려두는 꼴이 될 수 있다. 당신이 만일 영혼이 탈탈 털리는 막다른 길 같은 일을 계속한다면, 세상을 밝히고 빛내줄 일은 찾지 못하게 될 것이다. 또한 이미 앞부분 몇 장을 읽었다는 이유로 형편없는 책을 계속 읽는다면, 당신 내면까지 뒤흔들 멋진 책은 찾지 못하게 될 것이다. 다른 누군가를 '고칠 수 있다'고 스스로를 설득하며 제 기능도 못하고 문제만 일으키는 인간관계를 계속 유지한다면, 당신의 영혼을 풍요롭게 해줄 인간관계는 찾지 못하게 될 것이다.

행동에 나서지 않을 때 치러야 하는 대가, 정체 시 느껴야 하는 고통, 잠재력을 발휘할 기회의 상실 등을 잊지 마라. 흔히 하는 말이지만, 자꾸 발을 헛디디는 것은 가만히 서 있을 때다.

게다가 인간의 경우 버리는 일은 종종 일시적인 일이다. 당신은 뱀이 할 수 없는 일을 할 수 있다. 그러니까 낡은 피부를 벗고 그것을 다시 걸칠 수도 있는 것이다. 당신은 모든 것을 처음부터 다시 시작할 수 있다. 예를 들어 스타트업(start-up)을 설립했는데 잘되지 않을 경우 예전에 있던 세계로 되돌아갈 수 있다. 당신은 사업을 시작하는 데 도움이 됐던 기술들을 그대로 갖고 있는 데다가 이젠 기업 창업자의 경험과 관점까지 갖추고 있다. 예전에 있던 데로 되돌아간다 해도 결코 떠나보지 않은 사람과는 다르다. 당신은 자신이 있어야 할 곳을 찾았다는 걸 알게 될 것이다. 되돌아간 데가 처음 시작했던 곳이라 해도 말이다.

삶이 힘겹게 느껴진다면 더 이상 쓸모없는 뗏목을 끌고 다니고 있어서일 수도 있다. 낡은 패턴들과 낡은 인간관계들 또는 낡은 사고들에 적응하는 게 힘겹게 느껴진다면, 또는 평소처럼 비즈니스를 하는 게 피곤하게 느껴진다면 이제 뱀처럼 탈피를 해야 할 때인지도 모른다. 설사 새로운 피부가 당신에게 완벽히 맞지 않는다 해도, 낡은 피부를 버림으로써 꼭 필요한 삶에 대한 주체 의식을 갖게 될 수도 있다. 당신이 삶의 주체이며 미래를 만들 수 있다는 걸 스스로 증명해 보이는 것은 더없이 소중한 일이다.

식물들의 경우 건강하게 계속 잘 자라려면 가지치기를 해줘야 한다. 인간 역시 마찬가지다. 일단 더 이상 필요 없는 것들을 가지치기 해주면, 그리고 또 낡은 피부를 벗어던지고 벌거벗은 채 바람 앞에 서면 비로소 자기 자신을 볼 수 있게 되는 것이다. 본연의 자신과 거리가 먼 것들을 버리면 진짜 자신을 보게 될 것이다.

당신의 정체성이 당신은 아니다

> 나는 이미 한때 가깝게 지냈던 두 사람과 연락이 끊겼다.
> —조앤 디디온(Joan Didion, 미국 작가),
> 《베들레헴을 향해 웅크리다(Slouching Towards Bethlehem)》

우리는 우리 부모로부터 정체성을 물려받는다. '미국인', '스코틀랜드계 독일인', '가톨릭 신자', '유대인' 등이 좋은 예다.

그리고 이후 다른 사람들로부터 주입되는 각종 기대와 이상 그리고 역할들이 우리의 정체성이 된다. '운동광', '컴퓨터광', '사고뭉치'

등이 좋은 예다.

거기에 우리가 선택하는 사회 경력이 한층 더 더해진다. '마케팅 전문가', '회계사', '변호사' 등이 좋은 예다.

거기에 또 우리 자신이 인식하는 자신만의 특징이 더해진다. '나는 완벽주의자야', '나는 감정을 잘 드러내지 않아', '나는 대인 관계가 서툴러' 등이 좋은 예다.

우리는 이렇게 벽돌 쌓듯 차곡차곡 우리 자신의 정체성을 쌓아나간다. 삶에서 무엇을 할 수 있고, 무엇을 믿을 수 있으며, 무엇을 성취할 수 있는지를 하나하나 규정해나가는 것이다. 그런 다음 그 정체성을 지키고 지키기 위해 상당한 에너지를 쏟아붓는다. 미국 농구선수 코비 브라이언트(Kobe Bryant)가 언젠가 이런 말을 한 적이 있다.

"많은 사람들, 특히 유명인들은 작가나 연설가 또는 농구선수 등 현재 자신이 어떤 일을 하는 사람인지, 또 세상이 자신을 어떻게 보는지로 자기 가치를 정하기 시작하면서 마음의 상처를 입는다. 그러면서 어떤 일을 하는가에 따라 자신이 어떤 사람인지가 결정된다고 믿기 시작한다."[4]

우리의 정체성은 생각에 지나지 않는다. 우리가 우리 자신에게 들려주는 이야기이며, 우리가 세상 속에서의 자신과 우리가 있는 곳을 이해하기 위해 만들어내는 서사다. 그럼에도 우리는 그 이야기와 서사 안에 갇힌 죄수가 되어 자기 생각을 제한하고, 행동까지 그 정체성에 맞추려 애쓴다. 그리고 우리의 언어는 종종 그런 경직된 태도를 반영해 스스로를 '나는 민주당 지지자야', '나는 공화당

지지자야', '나는 비건(vegan)이야', '나는 팔레오 비건(Paleo vegan, 구석기 시대의 원시인들처럼 육식을 피하지 않는 채식주의자-옮긴이)이야' 식으로 규정하게 된다.

당신은 당신의 정체성을 자아와 혼동하기 쉽지만, 실은 정체성 때문에 자아가 모호해지기도 한다. 그러니까 당신의 정체성을 자기 자신이라고 믿지만, 실은 그 정체성으로 인해 자기 자신이 되지 못하고 있는 것이다. 당신의 식습관이, 당신의 지지 정당이, 당신의 이력서나 링크드인(LinkedIn, 국제적인 비즈니스 전문 소셜 미디어-옮긴이) 프로필이 당신 자신은 아니다. 당신이 소유하고 있는 집이나 몰고 다니는 자동차가 당신 자신은 아니다. 스스로를 특정한 한 가지 정체성으로 표현하려 한다면, 그것은 우주처럼 광대한 자기 자신을 모욕하는 것이며 내면의 다양성을 무시하고 억누르는 것이다.

우리는 결국 우리의 정체성을 변화시켜 우리를 섬기게 하기보다는 오히려 정체성 그 자체를 섬기고 있다. 그리고 우리의 이야기 내지 서사는 자기 충족적 예언(self-fulfilling prophecy, 다른 사람들이나 자신이 설정한 기대치에 자신의 행동을 맞춰나가는 경향-옮긴이)처럼 변하게 된다. 속으로 자꾸 '나는 대인 관계가 서툴러'라는 말을 하다 보면 대인 관계를 피하게 되고, 그 결과 대인 관계가 점점 더 나빠지고 점점 더 서툴러질 것이다. 또한 속으로 자꾸 '나는 감정을 잘 드러내지 않아'라는 말을 하다 보면 남들을 경계하는 삶을 살게 되고, 그 결과 사람들을 상대로 점점 더 높은 벽을 쌓게 될 것이다. 그리고 또 속으로 자꾸 '나는 완벽주의자야'라는 말을 하다 보면 늘 도달할 수 없는 완벽을 추구하게 되고, 그 결과 현실까지 바꿔가며 그 말에 걸맞은 삶을 살려 하게 될 것이다.

정체성 때문에 사람들을 어떤 범주 및 하위 범주들로 분류하는 일은 한결 더 쉬워진다. 예를 들어 당신이 고정된 정체성을 갖고 있다면 컴퓨터 알고리즘이 당신에게 구입할 만한 제품들을 보여주는 게 더 쉬워질 것이고, 정치인이 당신의 마음을 움직일 메시지를 만드는 게 더 쉬워질 것이며, 미디어 기업이 소비자의 관심을 끌 아이디어들을 짜내는 게 더 쉬워질 것이다. 그리고 그런 분류를 거부할 경우 선택권은 다시 당신에게 돌아가게 된다.

'나는 …한 사람이야' 식의 자기 충족적 예언이 줄어들수록 당신은 좀 더 자유롭게 본연의 모습으로 돌아갈 수 있다. 이것이 불교에서 말하는 이른바 무아(無我) 상태, '비존재(unbeing)'다. 다시 말해, 정체성이라는 베일을 벗겨낼 때 진정한 자아가 나타나게 된다는 것이다. 그와 관련해 미국 작가 리베카 솔닛(Rebecca Solnit)은 이렇게 적고 있다.

"비존재가 되려면 현재의 자신, 다른 사람들이 생각하는 자신을 상기시키는 족쇄들을 벗어던져야 한다."[5]

당신이 만일 컴퓨터 알고리즘이나 마케팅 연구원을 헛갈리게 만들 수 있다면, 그리고 당신의 다양성을 보여주는 체크박스(checkbox, 컴퓨터 화면상에서 항목을 선택할 때 쓰이는 네모 칸-옮긴이)가 없다면 당신은 자신이 지금 올바른 길을 걷고 있다는 걸 알게 될 것이다.

당신의 자아가, 그러니까 본연의 자신이 나타나게 하려면 현재의 자신은 잊어야 한다. 2장의 나머지 부분에서는 당신 스스로가 정체성에서 벗어나 자유롭게 되려면 어찌해야 하는지 그 방법들을 제시할 것이다.

당신의 믿음들이 당신 자신은 아니다

> 우리가 집착하는 많은 믿음들이 실은 주로 우리 자신의 관점 때문에
> 생겨난 것이라는 사실을 당신은 알게 될 것이다.
> ─오비완 케노비(Obi-wan Kenobi), 영화 〈스타워즈 에피소드 6: 제다이의 귀환〉 중에서

학계에서는 오래전부터 전해져오는 다음과 같은 말이 있다.

"학계에서 정치는 아주 공격적인데, 그것은 위험 부담이 워낙 작기 때문이다."

나는 그 말이 사실이라는 걸 직접 체험했다. 교수 생활을 시작하고 몇 년간 나는 내 분야의 통념에 반하는 일련의 논문들을 써서 여러 유명한 학자들의 속을 뒤집어놓곤 했다.

특히 기억에 남는 한 콘퍼런스 디너파티에서는 내 연구 결과들을 아주 못마땅해한 어느 원로 교수가 식탁에서 나를 향해 모욕적인 말들을 직접 쏟아냈는데, 어찌나 열변을 토했는지 그의 입에서 스파게티 소스가 마구 튀어나올 정도였다. (반박하고 싶은 충동도 들었지만, 나는 그의 말에 대꾸하지 않은 채 잠자코 있었다.)

그런 상황에서 반박하지 않고 잠자코 있다는 것은 쉬운 일이

아니다. 심장이 쿵쾅거리고 혈압이 오르는 상황에서, 마치 임박한 죽음에서 나를 지켜줄 구명 뗏목이라도 되는 양 내 주장에 매달리며 방어적인 자세를 취해야 하니까. 학자로서의 내 믿음들은 내 정체성에 묻혀버렸고, 그래서 나의 가장 큰 약점이 되었다. 그것이 내 논문이었고 내 주장이었고 내 아이디어였다. 그것이 곧 나였다.

우리가 일단 어떤 의견, 그러니까 독창적인 생각을 갖게 될 경우 우리는 그 생각에 매달리기 쉽다. 의사들은 자신의 진단 결과에 매달리고, 정치인들은 죽자 사자 자기 정당 노선에 매달리며, 과학자들은 자신의 가설에 매달려 다른 가설들은 무시하려 한다. 결국 우리가 생각하는 게 우리의 정체성이 되는 것이다. 우리의 믿음은 시간을 두고 계속 표출되면서 완전히 굳어지게 된다. 그리고 우리의 믿음이 어디서 끝나는지, 또 어디서 시작할 것인지를 결정하는 일은 불가능해진다.

또한 사실들 때문에 우리의 믿음이 바뀌진 않는다. 그보다는 오히려 우리의 믿음 때문에 우리가 받아들이는 사실들과 무시하는 사실들이 바뀐다. 그리고 각종 사실들과 논리는 우리 편이고, 상대편은 진실을 보지 못한다고 생각한다. 우리가 몰라서 그렇지, 실은 그 반대인 경우가 더 많은데 말이다.

우리의 믿음과 정체성이 합쳐질 때 우리는 순전히 그 정체성을 지키기 위한 믿음 체계를 받아들인다. 그리고 우리 자신에 의해서든 다른 사람에 의해서든 그 마음을 바꾸려는 시도는 다 위협으로 간주한다. 누군가가 "당신 생각이 마음에 들지 않아"라고 말하면 그

게 "난 당신이 싫어"라는 말로 들리는 것이다. 남들의 비판이 언어폭력으로 느껴지고, 단순한 의견 차이도 생존과 직결된 처절한 싸움으로 느껴지는 것이다.

콘퍼런스에서의 이런 내 경험은 한 우화를 생각나게 한다. 한 무리의 맹인들이 우연히 난생처음 코끼리를 만난다.[6] 그들은 서로 다른 부위를 만져봄으로써 이 이상한 동물 코끼리가 어떤 동물인지를 파악하려 한다. 한 맹인은 코끼리 코를 만지고는 이 동물은 두터운 뱀 같다고 말한다. 또 다른 맹인은 코끼리의 옆쪽을 만져보고 벽 같다고 말한다. 또 다른 맹인은 꼬리를 만지고는 밧줄 같다고 말한다. 그 우화의 한 버전에서는 그런 의견 차이로 인해 큰 혼란이 야기된다. 맹인들이 서로 거짓말한다며 비난하다 주먹질까지 벌이는 것이다.

"뱀이야, 이 바보야!"

"아냐, 벽이야, 이 멍청아!"

이 우화가 주는 교훈은 이렇게 간단하다. '인식은 현실에 영향을 준다. 우리는 사물들을 있는 그대로 보지 않는다. 우리 자신의 기준대로 보는 것이다.' 우리의 경험은 정확할 수도 있지만 대개는 제한적이고 주관적이다. 온전한 사실이 아니다. 맹인들은 방 안에서 코끼리를 보는 게 아니다. 오직 몸의 일부만 만지고 느낄 뿐이다.

콘퍼런스 디너파티에서 원로 교수와 나는 우화에 나오는 맹인들처럼 행동했다. 각자 자신의 믿음에 눈이 멀어 다른 사람의 관점은 보지 못한 것이다. 이제 다른 사람들과 의견이 다를 때 나는 다른 접근 방식을 취하려 한다. 바로 그들이 틀리고 내가 옳다고 추정하는 게 아니라 나 자신에게 이렇게 자문해보는 것이다. '저 사람들의 관점이 옳으려면 진실은 어때야 할까?', '저들은 내가 못 보는 무엇을 보고 있을까?', '내가 놓치고 있는 코끼리의 몸 부위는 어디일까?'

다른 사람들과 논쟁을 벌일 때 심지어 마음속으로라도 그들을 판단하거나 질책하는 게 목표가 되어선 안 된다. 그들을 설득하거나 논쟁에서 이기는 게 목표가 되어서도 안 된다. 연구 결과에 따르면, 우리가 다른 사람들을 설득하려고 애쓸수록 결국 우리 자신을 설득하게 되고, 그 결과 우리의 믿음들이 더 굳어지게 된다.[7] 그보다는 코끼리에 대한 다른 사람들의 관점을 이해하고 그 관점에 호기심을 갖는 게 목표가 되어야 한다. 그러면서 그들이 무엇을 보고 있는지 또 왜 그리 보고 있는지를 알아내려 해야 한다. 그러니까 논쟁 상대에게 "당신이 틀렸고, 그 이유는 이거예요"라 하지 말고 "좀 더 얘기해봐요"라고 해야 하는 것이다.

이처럼 승리보다 호기심을 더 중시하는 사고방식을 실천하는 독특한 방법이 있다. 누군가와 의견 차이가 생기려 할 때 입을 열기 전에 먼저 상대가 한 말을 상대 입장에서 되뇌어보는 것.[8] 그런 다음 상대 또한 입을 열기 전에 먼저 당신이 한 말을 당신 입장에서 되뇌어보는 것이다. 이는 상대의 말에는 아랑곳하지 않고 오로지 자신의 올바른 응수에만 신경을 쓰는 전통적인 사회 논쟁 방식에 반하는 논쟁 방식이다. 다음 미팅 때 또는 누군가와 논쟁을 벌일 때 이 논쟁 방식을 써보라. 그리고 일본 소설가 무라카미 하루키(Murakami Haruki)의 다음 조언을 잘 기억해둬라.

"논쟁을 해서 이긴다는 건 상대의 현실을 허물어뜨리는 일이다. 자신의 현실을 잃는다는 건 고통스러운 일이다. 그러니 설사 당신이 옳다 하더라도 관대해져라."

새로운 관점을 찾아낼 때마다 세상을 보는 당신의 눈 또한 변하게 된다. 세상 그 자체는 변하지 않는다. 그러나 세상을 보는 당신의 인식은 변한다. 내가 만일 여기서 코끼리의 귀만 만질 수 있는 상황이라면, 코끼리 코를 이해할 수 있는 유일한 방법은 다른 사람을 통하는 것뿐이다.

그렇다고 해서 자신의 마음을 바꿀 필요는 없다. 그저 다른 누군가의 관점을 보면 된다. 언젠가 아리스토텔레스(Aristoteles)는 이런 말을 했다.

"어떤 생각을 아직 인정하지도 않은 상태에서 품을 수 있는 건, 교육받은 사람만이 할 수 있는 일이다."[9]

당신의 믿음들을 분명히 보고 솔직히 평가해 필요한 경우 버릴 수도 있으려면 당신의 믿음들에서 당신의 정체성을 분리해내야 한다. 일단 당신의 믿음들로 이뤄진 눈가리개를 떼내고 나면 세상이 그리고 자신이 보다 분명히 보이게 된다.

그런 사고방식을 실행에 옮길 수 있는 세 가지 방법은 다음과 같다.

1. 당신의 생각들을 당신의 정체성과 뒤섞지 마라.

당신의 견해들을 연필로 적어 언제든 고칠 수 있게 하라. 그리고 "나는 이렇게 믿습니다"라는 말 대신 "나는 지금 이 문제를 이렇게 이해합니다"라는 말을 하라. 단어 선택을 이렇게 하면 우리 자신과 마찬가지로 우리의 생각들과 견해들 역시 진행되는 과정으로 끝없이 변하고 개선된다. 그와 관련해 러시아계 미국인 사상가 엠마 골드먼(Emma Goldman)은 이런 말을 했다. "'내가 믿는 것'은 최종적인 것이라기보다는 과정이다."[10]

2. 당신 자아에 대한 타격을 완화시켜라.

생각을 달리하는 일에서 가장 힘든 부분은 한때 철석같이 믿었던 게 이제 잘못된 것이라는 걸 인정하는 것이다. 그리고 인정하는 것은 대부분의 자아들이 꺼리는 일이다. 그러니 당신의 자아에게 당신의 믿음이 잘못된 게 아니라고 말해줘라. 타격을 완화시키기 위해 자신에게, 당신이 알고 있던 바로는 그리고 코끼리의 일부만 만져본 상황에선 당신의 믿음이 옳았었다고 말해줘라. 그러나 예전엔 알 수 없었던 코끼리의 다른 부위들에 대한 새로운 정보가 들어왔으니, 이제 당신의 믿음들도 변해야 한다고 말해줘라. 이는 과거의 자신을 부정하는 게 아니다. 당신 자신을 업데이트하는 것뿐이다.

3. 당신 자신에게 간단한 질문을 해보라.

당신이 굳게 믿었던 믿음들 중 하나를 예로 들어보자. 스스로에게 물어보라. '이 문제에 대한 내 견해가 바뀐다면 어떤 사실 때문일까?' 만일 그 답이 '그 어떤 사실로도 내 견해는 바뀌지 않는다'라면 당신은 어떤 견해를 갖고 있는 게 아니다. 그 견해가 당신 자신이 되어버린 것이다.

복잡함에 깃든 아름다움

> 잘못된 행동이니 옳은 행동이니 하는
> 생각들을 뛰어넘은 그곳에 벌판이 있다.
> 거기서 당신을 만나겠다.
> —루미, 〈위대한 마차(A GREAT WAGON)〉

"엄마, 사랑해, 사랑해, 사랑해!" 메건(Megan)이 자기 엄마와 통화 중에 말했다. "열흘 후에 다시 전화할게."

그런 다음 메건은 외지에 있는 조용한 명상 센터로 떠났다. 그것은 모든 걸 끝낸 뒤의 새로운 출발 같은 것이었다. 10일간 집중적으로 내면을 들여다보면 회복에 도움이 되리라. 메건이 선택한 명상 센터는 명상이 일종의 '만병통치약'으로 '모든 고통'으로부터의 '완전한 해방'을 보장해줄 것이라는 식으로 홍보했다.

명상 기간 중에 메건은 휴대폰 사용을 포기해야 했고 의무적으로 '숭고한 침묵'을 유지해야 했다. 메건은 매일 깔개 위에 가부좌를 틀고 앉아 호흡에 집중하면서 거의 11시간 동안 명상을 했다.

은둔 생활 7일째 되는 날 모든 게 암담해졌다. 명상 중에 몸이 무겁게 느껴지지 시작하더니 '엄청난 공포'가 밀려오기 시작했다. 그러곤 현실 감각을 그리고 또 자기 자신을 잃기 시작했다. 메건은 계

속 생각했다. '세상이 끝나가고 있는 건가? 내가 죽어가고 있는 건가? 예수께서 나를 벌하시는 건가?'

엄마와 여동생이 명상 센터를 찾아가 데리고 나오려 하자 메건은 여동생에게 이런 말을 하며 저항했다.

"넌 정말 여기 있는 게 아냐. 내가 널 만들어내고 있는 거야. 넌 허상에 불과해."

집에 돌아온 뒤에도 메건의 문제들은 수그러들지 않았다. 그리고 명상 센터에 들어간 지 몇 달 뒤 메건은 스스로 목숨을 끊었다.

데이비드 코르타바(David Kortava)가 쓴 한 기사에서 비극적인 메건의 이야기를 처음 접했을 때 나는 그 이야기를 아주 극단적이고 예외적인 이야기로 보고 싶다는 충동을 느꼈다.[11] 나는 거의 10년간 규칙적으로 명상을 해오고 있으며 명상의 이점들을 알리는 전도사가 다 되어 있었다.

전통적인 지혜에 따르자면 명상은 만병통치약 같은 것이다. 유명 블로거 아리아나 허핑턴(Ariana Huffington)은 한 인터뷰에서 명상과 관련된 보편적인 느낌을 이렇게 표현했다.

"명상이 모든 것에 도움이 된다며 우울증, 불안감, 심장병, 기억력 저하, 노화, 창의력 상실 등을 나열하는 걸 보면 뱀 기름(snake oil, 19세기 때 유럽에서 몸에 좋은 약으로 알려졌던 것으로, '말도 안 되는 헛소리' 정도의 의미다-옮긴이)에 붙였다던 라벨 생각이 난다. 이렇게 만병통치약이라는 헛소리를 제외한다면 사실 명상에는 부작용이 없다."

그러나 흔히 있는 일이지만 현실은 보다 복잡 미묘하다. 많은 사람들은 명상을 하면 건강이 회복된다. 그러나 또 어떤 사람들은 그 반대다.

6,700명 이상이 참가한 한 연구를 비롯한 명상 관련 연구 83건에 대한 체계적인 고찰이 있었다. 그 연구들의 65퍼센트에서는 명상으로 인한 부작용이 적어도 한 가지 이상 나타났다.

"우리는 명상 수행 중 또는 그 후에 부작용이 나타나는 사례가 드물지 않다는 걸 알게 됐다. 더욱이 그런 부작용은 정신 건강 문제가 전혀 없던 개인들한테서 나타나기도 한다."[12]

그 당시 연구진이 내린 결론이었다. 당시 나는 흑백 문제, 선악 문제, 옳고 그름 문제, 네-아니오 문제 등 경직된 이분법 사고의 위험성에 대해 생각해보자는 취지에서 독자들과 그 연구 결과를 공유했다. 그때 올린 포스트는 가장 인기 있는 내 포스트들 중 하나가 됐으며 대부분의 독자들이 그 포스트의 핵심을 이해했다.

'이 세상에 만병통치약은 없다. 심지어 좋은 것도 모든 사람들에게 좋은 건 아니다.'

내 기억으로는, 그 글을 올리고 나서 어떤 글을 올렸을 때보다 많은 항의 메일을 받았다. 예를 들면 이런 내용의 메일들이었다.

"지금 사람들에게 겁을 주어 명상을 못 하게 하고 있네요. 대체 어찌 되신 거예요?"

"믿을 수 없을 만큼 무책임한 글이네요. 구독 해지합니다."

"사기꾼 같으니라고. 제대로 해요."

아이로니컬한 일 아닌가? 명상에 대해 미묘하고 모호한 논조를 가진 글을 올리자 바로 발끈한 것은 주로 열정적인 명상 수련자들이었다. 아주 반(反)명상적인 태도가 아닌가.

물론 나는 그들의 반응이 아주 인간적인 반응이었다고 생각한다. 모호함은 참기 힘든 법이니까. 그보다는 모든 걸 단순하고 확실한 범주들로 분류해 그 범주들 안에 넣어두는 게 훨씬 쉽다. '명상은 좋은 것이다. 명상은 쓸모없는 것이다. 대학은 꼭 필요한 것이다. 대학은 가치 없는 것이다. 일론 머스크(Elon Musk)는 영웅이다. 일론 머스크는 빌런이다' 식으로 말이다.

우리는 모든 걸 두 극단 사이의 회색으로 보려 하지 않으며, 또 모호함을 야기하는 그 어떤 증거도 거부하려 한다. 그런 관점에서 볼 때, 명상은 보편적으로 좋은 것이라는 일차원적이며 명확한 그림을 왜곡하기보다는 명상의 잠재적 부작용들에 대한 분석이 담긴 정보를 억누르는 게 더 나은 것이다.

우리는 명상뿐 아니라 사람들에 대해서도 그렇게 한다. 우리는 세상 사람들을 영웅들과 빌런들, 탄압하는 사람들과 탄압받는 사람들로 나눈다. 그래서 할리우드 영화의 전형적인 스토리는 이렇다. 선한 사람들이 악한 사람들을 무찌르고, 그 이후 모든 사람들이 행복하게 산다는 스토리 말이다. 선한 사람들에게선 악한 면을 기대할 수 없고 악한 사람들에게선 선한 면을 기대할 수 없다. 미묘한 차이나 올바른 판단이 들어갈 여지는 없다. 그리고 그런 스토리는 늘 통하는데, 그것이 인간 본성에 와닿기 때문이다.

야누스(Janus)는 두 얼굴을 가진 로마 신화의 신이다. 그래서 야누스는 동시에 다른 방향을 볼 수 있는 능력을 갖고 있다. 독립적인 사상가들은 야누스처럼 행동해 동시에 여러 관점들을 가질 수 있다. 모순되는 것들을 조화시킨다든가 반대되는 것들을 해소하는 게 그 목표가 아니다. 그것들을 그대로 인정하고 받아들이는 게 목표다. 그것들과 함께 살아가는 게 목표다. 빛은 파동이면서 동시에 입자일 수 있다는 걸 깨닫는 게 목표다. 한 사람에게 효과 만점인 명상이 다른 사람에겐 문제를 야기할 수도 있다는 걸 이해하는 게 목표다.

우리가 이분법적 사고를 좋아하는 것은 특히 우리 교육 제도의 소산이다. 학교는 확신들을 찍어내는 공장이다. 모호함으로 우리를 신경 쓰게 만들지도 않고, 미묘함으로 우리 길을 가로막지도 않는다. 예를 들어 우리는 제2차 세계대전에선 민주주의가 독재에 승리했다고 배운다. 그러나 이는 승리자들 가운데 독재 국가인 소비에트 연방도 있었다는 걸 간과한 것이다.

교과서에서 '나는 짐작한다'라는 말은 찾을 수 없다. 교과서에 실린 지식 가운데 잠정적인 지식이나 진행 중인 지식은 없다. 이 세상에는 당신보다 훨씬 더 똑똑한 사람들이 발견한 일차원적인 '옳거나 잘못된' 답들이 있다. 그리고 당신이 해야 할 일은 그것들을 외우며 나아가는 것이다.

그런 다음 확신은 모든 생각을 대체한다. 이해도 대체한다. 또한 그럴듯한 서사에 맞추기 위해 현실도 왜곡한다. 또한 확신은 각박한 분열을 조장해 서로 다른 관점을 가진 사람들을 네 편 내 편으로 나눈다.

확신을 향해 뛰어오르는 과정에서 우리는 불확실성의 성역을 건너뛴다. 즉 확신하지 않고 계속 마음을 여는 일을 하지 못하게 되는 것인데, 그것은 미묘한 차이들을 찾아내고 새로운 아이디어들의 씨앗을 뿌리는 데 필요한 조건들이다. 우리는 모든 관점들을 동등하게 평가할 필요도 없고, 상상 가능한 모든 관점들을 알아야 할 필요도 없다. 보다 중요한 것은 계속 마음을 여는 것이며, 또 일련의 진실들 때문에 다른 진실들이 무시되어선 안 된다는 걸 깨닫는 것이다.

나는 내 견해들에 느슨한 편이다. 또한 다른 사람들의 견해를 받아들이지 않으면서도 생각은 해보는 편이다. 이따금씩 이런저런 가설들을 들여다보기도 한다. 나는 한 가지 가설을 믿지만, 다른 가설도 믿는다. 만일 나 자신이 위선적이라고 느껴진다면 그것을 내 마음이 바뀔 수도 있다는 신호로 받아들인다. 그리고 가끔은 그렇게 하는 게 마음에도 좋다. 이런저런 믿음들에 느슨하게 매달릴수록(명상에서 가르치는 게 바로 그런 것이지만) 내 마음을 바꾸는 게 더 쉽기 때문이다. 미국 소설가 F. 스콧 피츠제럴드(F. Scott Fitzgerald)는 언젠가 이렇게 적었다.

"어떤 사람이 뛰어난 지능을 갖고 있는지를 알려면, 마음속에 동시에 상반된 두 아이디어를 품고도 여전히 지능이 제 기능을 발휘하는지를 보면 된다."[13]

모든 걸 정해진 범주들 안에서 생각하려는 경향을 한 켠으로 밀어내고 거의 모든 게 계속 진행되는 과정이라는 걸 깨달을 때, 비로소 현실이 제대로 보이기 시작한다. 계속 진행되는 그 과정 중에 시간과 상황에 따라 답들도 변한다. 그러니까 오늘 옳은 답에 가깝던 게 내일이면 잘못된 답에 더 가까워지는 것이다.

한 가지 견해에 매몰되지 않을 때 다양한 관점들을 즐길 수 있고, 그 관점들 중 특정 관점에 집착하는 것도 줄일 수 있다. 한결같은 한 가지 리듬에 발맞추지 않을 때 놀라운 리듬을 즐기면서 우리 자신의 춤을 출 수 있다.

당신이 만일 머리가 폭발할 지경까지 가지 않고서도 서로 상반된 생각들이 어울려 춤을 추게 할 수 있다면, 그 생각들로부터 원곡보다 훨씬 뛰어난 멜로디로 가득 찬, 그러니까 새로운 아이디어들로 가득 찬 교향곡이 탄생하게 될 것이다. 그런 사고방식을 택할 경우 당신은 관점의 마력을 손에 넣게 될 것이며, 또 일차원적인 이야기들에 의해 생겨난 왜곡된 측면들도 볼 수 있게 될 것이다.

결국 복잡미묘함 속에는 너무도 많은 아름다움이 숨어 있다. 그리고 확신의 세계보다는 다양성의 세계가 훨씬 더 흥미진진하고 정확하다.

당신의 종족이 당신은 아니다

사회심리학자 헨리 타즈펠(Henri Tajfel)은 개인적으로 종족 학살 연구에 관심이 많았다.[14] 그는 제2차 세계대전 당시 프랑스 군에서 복무한 폴란드계 유대인이었다. 독일군에게 붙잡히고도 유대인 대학

살에서 살아남았는데, 그것은 독일군이 그가 유대인이라는 걸 몰랐기 때문이었다. 타즈펠은 죽음을 피했지만 그의 많은 친구와 가족은 죽음을 피하지 못했다. 타즈펠은 단순해 보이는 다음 질문에 답하는 데 평생을 보냈다.

'차별과 편견은 어디에서 비롯되는가?'

타즈펠과 그의 동료들은 일련의 실험들을 실시했다.[15] 그들은 임의의 질문들에 대한 답들을 토대로 실험 참가자들을 서로 다른 집단에 배정했다. 그리고 실험 참가자들에게는 예를 들어 두 추상화 중에 어떤 게 더 마음에 드느냐는 식의 질문들이 주어졌다. 그리고 그들은 그 질문들에 대한 각자의 답들을 토대로 같은 답을 내놓은 다른 사람들과 한 집단에 배정됐다.

그 집단들은 비교적 별 의미도 없고 인위적으로 구성된 집단이었다. 집단 구성원들 간에는 공유할 만한 역사도 없었고 갈등이 생겨날 만한 이유도 내재되어 있지 않았다. 그러나 실험 참가자들 간에는 곧 집단 충성심 같은 게 생겨났다. 심지어 자기 자신은 아무 보상도 받지 못하고 대체 전략들이 두 집단 모두에게 도움이 됨에도 불구하고, 다른 집단의 희생으로 자기 팀 구성원들에게 금전적 보상이 돌아가는 걸 선호했던 것이다.

다시 말해, 실험 참가자들은 더없이 사소한 차이들만 가지고도 자신들을 '우리 편'과 '저쪽 편'으로 갈랐다. 자기 집단에 대한 충성심을 고취시키고 다른 집단에 대한 편견을 조장하기 위해선 사람들에게 당신은 저쪽 집단이 아니라 이쪽 집단에 속한다는 말을 해주면 됐다.

종족은 인간 경험의 중심에 자리 잡고 있다. 수천 년 전에는 생존하려면 자기 종족에 대한 충성이 절대 필요했다. 종족에 순응하지 않으면 추방당하거나 배척당했고 심한 경우 목숨도 내놓아야 했다.

현대 사회에서도 종족은 다른 방식들로 존재하고 있다. 현대의 종족들은 서로 다른 정체성들을 중심으로 결집된다. 민주당 지지자들과 공화당 지지자들, 미국 프로야구 양키스 팬들과 레드삭스 팬들, 크로스핏(Crossfit, 여러 종류의 운동을 섞은 고강도 복합 트레이닝 운동-옮긴이) 팬들과 펠로톤(Peloton, 도로 경주를 즐기며 무리지어 자전거를 타는 운동-옮긴이) 팬들, 데드헤즈[Deadheads, 록 밴드 '그레이트풀 데드(Greatful Dead)'의 팬들-옮긴이] 팬들과 리틀 몬스터스[Little Monsters, 미국 가수 레이디 가가(Lady Gaga)의 팬들-옮긴이] 팬 등이 그 좋은 예다.

일단 어떤 종족에 속할 경우 우리는 자신을 그 종족과 동일시하는 경향이 있다. 우리가 그 종족의 일부가 되고, 그 종족이 우리의 일부가 되는 것이다. 원래 종족 그 자체에는 문제가 없다. 종족은 우리를 생각이 비슷한 사람들의 공동체에 연결시켜주고 폭넓은 인간관계 기회들을 제공해준다. 그러나 경쟁자들을 적으로 돌리거나 다양한 생각들을 억압하거나 또는 개인들로 하여금 자의로는 하지 않았을 일들을 억지로 하게 만들 때, 종족 중심주의는 위험해진다.

그렇게 위험한 종족 중심주의는 소속감을 갖고 싶어 하는 단절된 사람들의 바다에서 번성한다. 그리고 요즘 세상에 대체 누가 소속감을 갖고 싶지 않겠는가? 우리는 이웃들과 단절되어 있고 자연과 단절되어 있고 동물들과 단절되어 있고 우주와 단절되어 있고 우리를 인간답게 만들어주는 대부분의 것들과 단절되어 있다.

종족은 뭔가에 소속되고 싶다는 갈망이란 이름의 금속을 끌어당기는 자석과 같다. 우리는 그런 종족 덕에 스스로가 옳고 도덕적으로 우월하다는 자신감을 갖게 된다. 또한 다른 세계관을 이해하는 것은 고사하고 보는 것도 불가능해질 때 우리는 종족 때문에 억지로라도 다른 현실 속으로 들어가게 된다. 그와 관련해 미국 작가 데이비드 포스터 월리스(David Foster Wallace)는 이런 말을 했다.

"우리는 소수자들, 자부심 많은 사람들 그리고 거의 늘 다른 모든 이들에게 놀라는 사람들이 되고 있다."[16]

시간이 지나면서 종족 정체성은 우리 정체성이 된다. 일단 정체성과 종족이 합쳐지면 우리는 무얼 읽고 보고 말하고 생각하는 게 적절한지를 우리 종족의 결정에 맡기게 된다. 우리는 또 우리 종족이 어떻게 생각하고 있는지에 대한 단서들을 소셜 미디어에서 찾아낸 뒤 그대로 따른다. 예를 들어 우리 종족이 미국 팟캐스터 조 로건(Joe Rogan)을 싫어한다면 우리 역시 그를 싫어한다. 또한 우리 종족이 이민자들이 미국을 망치고 있다고 믿는다면 우리 역시 그렇게 믿는다. 우리 모두 자신의 목소리를 박탈당한 것이다. 자신의 선택을 박탈당한 것이다. 어딘가에 소속되어 있다는 그 뿌듯하면서도 만족스런 감정이 우리 자신에 대한 생각 등 다른 모든 것에 우선하는 것이다.

우리는 증거가 아닌 서사를 따른다. 우리는 누군가의 메시지를 그 사람이 속한 종족으로 판단한다. 우리는 또 스스로 조사해보거나 깊이 생각해보지도 않고 우리 종족이 보증하는 정보를 받아들인다. 반면 아무리 좋은 정보라 해도 경쟁 상대들로부터 오는 정보는 거부한다.

기대되는 행동 수칙을 어기는 등의 탈종족적 행동은 종족의 집단 사고에 위협이 된다. 종족의 확실성에 불확실성이 유입되기 때문이다. 그 결과 다른 사람들도 그것을 따라 하는 등 위험이 야기된다. 그래서 집단 사고에 불복종하거나 반대할 경우, 또 당신의 종족에 맞서거나 종족의 확실한 사고에 모호함을 더할 경우 당신은 비난당하거나 무시당하거나 배척당한다.

미국 작가 레이 브래드버리(Ray Bradbury)는 자신의 소설 《화씨 451》에서 정부가 서적들을 불살라 재로 만들고 그런 다음 그 재까지 태워버리는 디스토피아(dystopia, 현대 사회의 부정적인 측면들이 극대화되어 나타나는 어두운 미래-옮긴이) 사회를 그리고 있다. 이 소설은 얼핏 보면 서적을 금기시하는 전체주의 국가에 대한 경고성 이야기로 보인다.

그러나 그 이면에 숨겨진 또 다른 이야기, 그러니까 정작 가장 큰 문제는 정부가 아니라 사람들이라는 이야기는 간과하기 쉽다. 《화씨 451》에서 책들에 석유를 붓고 도화선에 불을 붙이고 정부를 향해 그렇게 하라고 밀어붙인 것은 개를 좋아하는 사람들, 고양이를 좋아하는 사람들, 의사들, 변호사들, 좌파, 우파, 가톨릭 신자들, 선종 추종자들 등의 종족이었다. 저자들은 대개 자기 책을 어떻게 해석할 것인지와 관련해 독자들에게 영향을 주려 하지 않지만, 브래드버리는 억압적인 정부만큼이나 위험한 게 아예 논란이 될 만한 사상들을 뿌리 뽑으려 드는 평범한 얼굴을 한 시민 독재자들이라는 것, 이것이 《화씨 451》의 주요 메시지라고 주장한다.[17]

종족 중심주의를 치유하기 위해 자주 제시되는 해결책은 공감이다. 그러나 연구 결과에 따르면, 사람들은 공감을 표하는 데 편향된 모습을 보인다.[18] 주로 자기 종족에 속한 사람들에게 공감을 표하고 그 외의 사람들에게는 공격적인 태도를 취한다. 우선 "내 그럴 줄 알았다니까" 식의 말로 비아냥댄다. "우리와 뜻이 다르다는 건 우리에게 맞서겠다는 거잖아" 식의 말로 배척하기도 한다. "멍청한 인간!" 식의 말로 조롱하기도 한다. 그러니까 생각이 다른 사람들을, 같은 코끼리를 다른 관점에서 이해하려 애쓰는 사람들로 보는 게 아니라 도덕적으로 타락하거나 지능이 떨어지는 사람들로 보는 것이다.

우리는 우리의 규범들을 따르지 않는 사람들을 거부한다. 우리는 다른 관점을 가진 사람들을 거부한다. 그리고 또 우리는 올바른 사람들을 거부하지 않는 사람들도 거부한다.

지능은 이런 경향에 대한 방어 수단이 되지 못한다. 실제로 연구 결과에 따르면, 인지 능력이 높은 사람일수록 고정관념에 빠질 가능성도 더 높은데, 그것은 그들이 특정 패턴들을 알아내는 데 더 능하기 때문이다.[19]

과학기술 덕에 어떤 장애물들은 무너졌지만 또 다른 장애물들이 생겨났다. 컴퓨터 알고리즘은 우리를 분류해 서로 다른 반향실(echo chamber, 흡음성이 적은 재료로 벽을 만들어 소리가 잘 되울리도록 한 방-옮긴이)에 집어넣은 뒤, 우리에게 우리 자신의 생각을 그대로 반복하는 각종 생각들을 붓는다. 그리고 우리의 생각이 다른 사람들의 생각에 그대로 투영되는 걸 보면서, 자신감은 하늘 높이 치솟고 관점들은 훨씬 더 극단적으로 변해간다.[20] 서로 상반된 믿음은 어디서도 보이지 않으며, 그래서 우리는 상반된 믿음은 아예 존재하지 않는다고 생각하거나 상반된 믿음을 가진 사람들은 분명 제정신이 아닐 것이라 생각한다. 심지어 우리와 다른 관점들이 등장하는 드문 경우에도 그냥 그런 사람들과 단절해버리고 만다. 알고 지내는 모든 사람들 가운데 우리의 세계관을 앵무새처럼 되뇌는 사람들만 남을 때까지 메일 주소를 지워버리거나 더 이상 팔로우를 하지 않거나 친구 명단에서 삭제해버리는 것이다.

논리정연한 논의 대신 서로 고함까지 질러대는 논쟁이 자리 잡았다. 종족들의 이데올로기는 서로 다르지만 논쟁 스타일은 당혹스러울 정도로 비슷해 다 이런 식이다. '내 주장은 정확한 사실들과 논리에 근거하고 있지만, 저 사람들은 부도덕하고 편파적이며 아주 무지하다. 마음만 연다면, 그리고 이러저러한 책을 읽거나 이러저러한 견해에 귀 기울이기만 한다면 저들도 완전히 이해할 텐데.'

우리가 다른 사람들과 관계를 맺는 것은 그들을 이해하기 위해서가 아니라 우리 자신이 속한 집단을 설득하기 위해서다. 논쟁은 소셜 미디어 등에서 우리 자신이 어떤 집단에 속해 있는지를 알려주기 위한 회원증으로 바뀌었다. 우리는 우리가 어떤 사람인가 하는 것보다는 어떤 말을 하고 또 어떤 것을 믿는가 하는 걸로 받아들여진다.

또한 모든 논란은 옳은 것과 그른 것 간의 논란이 아니다. 그리고 진실은 가운데에 있지 않다. 진실은 방 안에 있지도 않다. 진실은 어디에서도 보이지 않는다.

당신이 만일 사회적으로 용인되는 진실들만 허용되는 곳에 있다면 조심하라. 금기 사항들이 있다는 것은 불안하다는 징후다. 방어를 위해 가장 높은 벽을 쌓아야 하는 성들은 허술한 성들뿐이다. 가장 좋은 답들은 대립되는 답들을 없앰으로써가 아니라 대립되는 답들을 파고듦으로써 찾아진다. 그리고 그런 일은 금기 사항들과 독단 위에 세워진 집단이 아니라 다양한 생각을 허용하는 집단에서 일어난다.

우리가 설교를 할 때, 강의를 할 때, 무턱대고 우리의 진실을 다른 사람들에게 강요할 때, 책들에 석유를 붓고 도화선에 불을 붙일 때, 우리 종족으로 하여금 무엇을 용인하고 용인하지 않을 것인지를 결정하게 할 때 우리는 다른 사람들도, 또 우리 자신도 분명히 보지 못한다. 그리고 인류의 미래까지 위험에 빠뜨리게 된다.

대립되는 관점들을 들여다보는 것은 종족을 배신하는 일이다. 다만 다른 집단에게 특정 문제를 어떻게 생각하느냐고 물어볼 때 대립되는 관점들을 보게 된다. 또 그 관점들을 이해하려 할 때 그 관점들을 인간화하게 된다. 또한 종족의 핵심적인 무기인 종족의 서사에 의문을 제기할 때 종족의 힘을 줄이는 게 된다.

그리고 그런 것들이야말로 바로 우리가 해야 할 일들이다. 만일 우리 집단의 정체성이 자신의 정체성을 대신하지 않는다면, 만일 우리가 우리의 종족으로부터 완전한 독립을 이뤄낼 수 있다면 우리는 아무도 묻지 않는 질문들을 할 수 있게 될 것이고, 다른 사람들은 눈이 멀어 보지 못하는 것들을 보게 될 것이다.

어느 한편에 속하지 않는다면, 그러니까 코끼리 상아를 잡고 있는 집단에도, 코끼리 코를 잡고 있는 집단에도 속하지 않는다면 당신은 관찰자가 되어 몇 발 물러서서 거대한 코끼리 모습 전체를 볼 수 있게 될 것이다.

내가 당신을 봅니다

'사우보나(Sawubona)'라는 말은 줄루족(Zulu, 남아프리카공화국의 한 종족-옮긴이)의 일반적인 인사말이다.[21] 그런데 영어권에서 흔히 쓰이는 인사말 헬로우(hello)보다 그 의미가 훨씬 더 깊다. 사우보나는 문자 그대로 '내가 당신을 봅니다'라는 뜻이다. 이때의 '본다'는 의미는 단순히 눈에 보이는 걸 본다는 의미를 훨씬 뛰어넘는다. 결국 사우보나는 "나는 당신의 개성을 봅니다. 나는 당신의 인간성을 봅니다. 나는 당신의 존엄성을 봅니다" 정도의 의미다.[22]

'사우보나'라는 인사말은 당신은 내게 물체가 아니라고 말한다.

당신은 거래 대상이 아니다. 당신은 직책이 아니다. 당신은 스타벅스 마키아토를 사려고 줄을 선 내 앞에 서서 걸리적거리는 다른 한 사람이 아니다. 당신은 지금 당신이 입고 있는 그 운동 셔츠가 아니다.

당신은 존재한다. 당신은 소중하다. 당신은 일개 라벨이나 정체성 또는 종족으로 전락될 수 없다. 누군가에게 당신은 하나의 기억이다. 당신은 살아 숨 쉬는 불완전한 인간으로, 기쁨과 고통, 승리감과 좌절감, 사랑과 슬픔 등을 겪는다.

'사우보나'라는 인사말에 대한 일반적인 응답은 '응기코나(ngikhona)'다. '내가 여기 있습니다'라는 의미지만, 진정한 의미는 그보다 더 깊다. 당신이 상대의 눈에 늘 보이고 이해되어왔으며 당신 자신의 개인적 존엄성이 상대에게 늘 인정받아왔다고 느끼게 하는 말인 것이다.[23]

이렇게 줄루족 식으로 생각하기 시작하면, 우리는 서로의 주파수에 반응하게 되며 서로의 관점을 그냥 지나치지 않고 제대로 보게 된다. 관점이 다른 사람들의 눈으로 세상을 보는 것은 고사하고 그들과 눈도 마주치지 않으려 하는 세상에서, 이는 얼마나 드물고 또 멋진 일인가!

'사우보나'라는 인사말을 할 때는 거창한 몸짓은 하지 않는다. 그것은 다른 사람의 관점을 자신의 관점으로 돌리려 하지 않으면서 그저 그 관점에 호기심을 보인다는 의미다. 그것은 우리가 다른 사람들의 모든 행동을 지지하지 않을 때조차 그 사람들과 관계를 맺는다는 의미다. 그것은 우리들을 분리하고 또 분리해 상위 집단과 하위 집단으로 나누려는 그 어떤 시도도 거부한다는 의미다. 그것은 우리에게 아름다움은 생각의 다양성을 비롯한 다양성 안에서 꽃핀다는 걸 상기시켜준다는 의미다. 그것은 사람들 간의 차이나 어떤 문제를 고치려 하기보다는 뭔가를 배우려 하는 호기심 어린 즐거움으로 본다는 의미다. 그것은 우리가 서로 생각이 다를 때조차 우리의 공통된 인간성을 기억해낸다는 의미다. 그것은 제대로 보는 걸 중단해버린 세상에서 제대로 보기로 선택한다는 의미다.

경외심을 느껴보라

"오, 세상에! 저기 저쪽… 저걸 봐!"

우주비행사 빌 앤더스(Bill Anders)가 외쳤다.[24] 아폴로 8호의 임무는 인류 사상 최초로 유인 우주선을 달 궤도 안에 진입시키는 것이었다. 우주선이 달 주변을 돌고 있을 때 앤더스의 눈에 한 물체가 지평선 위에 떠 있는 게 보였고, 그래서 바로 동료 우주비행사 짐 러벨(Jim Lovell)과 프랭크 보먼(Frank Borman)을 향해 외친 것이다.

그 물체는 지구였다. 세 사람은 38만 킬로미터가 넘는 거리에서 우리 지구를 본 최초의 인간들이 되었으며, '지구가 떠오르는' 순간을 잘 포착해 이른바 '지구돋이(Earthrise)'라는 역사적인 사진을 찍기도 했다.

그렇게 우리는 난생처음 달의 관점에서 우리 자신을 보았다. 생명력 없는 시커먼 우주 공간을 배경으로 푸른색과 흰색이 뒤섞인 생동감 넘치는 지구를 본 것이다. 거기에는 국가들 간의 국경은 없었다. 아주 작은 공 같은 그 지구 내 한구석에 사는 사람들이 다른 구석에 사는 사람들을 미워해야 할 이유도 없었다. 우리의 걱정과 집착들로 인해 생명의 아름다움이 빛을 잃을 이유도 없었다. 미국 시인 아치볼드 매클리시(Archibald MacLeish)는 이렇게 적었다.

"지구를 있는 그대로의 모습, 즉 영원한 침묵의 바다 위에 떠 있는 작고 푸르고 아름다운 모습으로 보다 보면, 우리 자신이 지구 위에서 함께 항해하는 사람들로, 또 영원한 추위 속에 함께 그 눈부신 아름다움을 즐기며 살아가는 형제들로 보이게 된다."[25]

우주 탐험 임무를 수행하던 어느 한 시점에서, 러벨은 자신의 엄지손가락을 우주선 창 쪽으로 들어 올려 지구가 다 가려지게 했다. 50억이 넘는 인간들과 그가 알아온 모든 것들이 그의 엄지손가락 뒤쪽에서 살고 있었다. 그는 이렇게 적었다.

"지구는 우리 은하계 안에서 작은 점 하나에 지나지 않으며, 광대한 우주 안에서 그 흔적조차 찾기 힘들다."[26]

러벨은 자기 존재에 대해 의문이 들기 시작했다. 그는 늘 세상을 떠난 뒤 천국에 가고 싶었다. 그런데 자신이 태어나면서 이미 천국에 가 있었다는 걸 깨달았다. 거리가 멀어지자 모든 게 명료해졌다. 아폴로 14호의 우주비행사 에드거 미첼(Edgar Mitchell)은 이렇게 설명했다.

"저 멀리 달에서 보면 국제 정치라는 것도 아주 하찮아 보인다.

당신은 아마 정치인의 목덜미를 잡고 저 멀리 약 38만 킬로미터까지 끌고 가 이렇게 말해주고 싶을 것이다. 저걸 좀 봐, 이 빌어먹을 자식아!"[27]

영국 작가 피코 아이어(Pico Iyer)는 이렇게 적고 있다.

"달까지 가든, 아니면 이곳 지구 안에서 낯선 땅으로 가든 처음엔 우리 자신을 잃는다. 그러나 여행을 하다 보면 결국 우리 자신을 발견하게 된다."[28]

집 안에 너무 오래 머물다 보면 이런저런 관점에 싫증이 나고 모든 관점을 잃게 된다. 그러다 낯선 데서 낯선 바람을 쐬다 보면 이런저런 구태에서 벗어나 마음을 열고 새로운 존재 방식들을 받아들이게 된다.

프랑스어에서는 이런 상태를 '데페이즈망(depaysement)'이라 한다. 영어의 'disorientation', 즉 낯선 땅을 여행할 때 느끼는 방향 감각 상실 정도의 뜻이다. 당신의 세계는 온통 뒤죽박죽이 된다. 적절함 또는 부적절함에 대한 감각 또한 뒤집히게 된다. 집에서라면 화를 낼 만한 일들에도 웃는 법을 배우게 된다. 다수는 소수가 된다. 알지 못하는 언어들의 메아리에 둘러싸인 채 당신은 모국어가 낯설게 느껴졌던 유아 시절로 되돌아가게 된다. 다시 어린 바보가 되는 것이다.

이런 상황은 당신의 낡은 피부를 벗는 데 이상적인 상황이다. 우리의 믿음들과 관점들과 버릇들은 환경에 의해 영향을 받는다. 그러니 환경을 바꿔라. 그러면 더 이상 도움이 되지 않는 것들을 버리는 게 더 쉬워진다. 많은 흡연자들이 여행 중에 금연하는 게 더 쉽다는 걸 알게 되는 것은 바로 그 때문이다. 담배를 피는 행위가 새로운 환경에서는 달리 느껴지는 것이다.[29]

'지구돋이' 사진의 파급 효과가 그렇게 큰 데는 또 다른 이유도 있다. 우리의 푸른 지구가 잿빛 달 표면 위로 떠오르는 걸 보면서 만감이 교차하는 것이다. 그것은 우리가 자연 속에서 길을 잃을 때나 우리 아이가 태어나는 걸 경험할 때 또는 우주의 광대함에 대해 깊이 생각할 때 느끼는 것과 같은 감정이다.

그런데 그런 감정인 경외심은 우리 삶에서 느끼기 아주 힘들다. 직장에는 온갖 문제가 있고 집에는 온갖 스트레스가 있으며 매스컴에선 온통 불안한 뉴스들뿐이다. 우리는 우리를 다른 사람들과 연결시켜주고 우리의 생각을 보다 겸손하게 만드는 가장 기본적인 감정들 중 하나인 경외심을 박탈당했고, 그래서 그 경외심에 굶주려 있다.

경외심 때문에 소름만 돋진 않는다. 각성도 하게 된다. 경외심을 느낄 때면 자아가 진정되고 낡은 피부에 대한 집착도 줄어든다. 일련의 연구들에 따르면, 경이로운 밤하늘 풍경이 담긴 동영상들을 시청한 참가자들은 사형 제도에 대한 확신이 약해졌으며, 이민에 대한 생각이 다른 사람들과도 좀 더 적극적으로 소통하려 했다.[30] 또 다른 연구 결과에 따르면, 경외심을 느낄 때 사람들은 자신의 지식이 짧다는 걸 보다 잘 인식했다.[31]

당신이 만일 어떤 틀에 갇혀 있어 낡은 피부에 더 집착하는 듯하다면 경외심을 느껴보라. 낯선 땅에서 길 잃은 느낌을 받아보라. 구름 한 점 없는 밤에 밖으로 나가 마음을 변화시키는 가장 강력한 대상들 중 하나인 밤하늘을 올려다보라.

집에 되돌아와 보면 당신의 집은 변하지 않았을 것이다. 그러나 당신은 변했을 것이다. 미국 출신 영국 시인 T.S. 엘리엇(T.S Eliot)은 이렇게 적었다.

"우리는 탐구를 멈춰선 안 된다. 그리고 모든 탐구의 마지막에서는 결국 처음 출발했던 장소로 되돌아와, 처음으로 그 장소에 대해 제대로 알게 될 것이다."[32]

3장
해독하라

> 현명한 사람이라면 모르고 싶어 할 수도 있는 것들이 많다.
> ─랄프 왈도 에머슨(Ralph Waldo Emerson), 〈악마학(Demonology)〉

당신의 마음을 해방시켜라

그것은 한 작곡가에게 닥친 최악의 악몽이었다.[1] 어느 날 갑자기 양쪽 귀에서 웅웅거리는 소리가 들리기 시작했다. 이후 몇 년간 그의 청력은 꾸준히 나빠졌다. 그는 자신의 음악을 듣기 위해 피아노 건반을 워낙 세게 내리쳤고, 그 바람에 종종 건반이 부서지곤 했다. 그의 상태는 계속 악화됐고 치료 가능성은 전혀 없었다. 때는 청각 장애에 대한 지식이 거의 없던 1800년대였다. 그의 삶에 의미를 부여하던 소리가 그의 삶에서 영영 사라져가고 있었다.

40대 중반쯤 되자 그는 더 이상 음악을 들을 수 없게 되었다. 소리는 그의 상상력 속에서만 들렸지만 그는 작곡을 계속했다. 어쨌든 음악은 언어이며 그는 평생을 그 언어를 완전히 익히는 데 보냈다. 그는 악보들이 어떻게 들리는지, 또 서로 다른 여러 악기들이 어떻게 서로 어울리는지도 잘 알고 있었다. 그래서 악보를 전혀 듣지 않고도 전체 교향곡을 작곡할 수 있었다.

그는 청각 장애 때문에 할 수 없었고, 또 청각 장애 덕에 할 수 있었다. 청각이 약해져갈수록 점점 더 독창적인 작곡을 할 수 있게 된 것이다. 그의 자서전을 쓴 사람은 이렇게 적었다.

"청각 장애로 인해 작곡자로서의 그의 능력이 훼손된 게 아니라 오히려 더 향상됐을 수도 있다."[2]

그 작곡가의 초창기 작품들은 그의 스승이었던 요제프 하이든(Joseph Haydn)으로부터 많은 영향을 받았다. 청각을 잃게 되면서 그는 당대에 유행하던 음악들을 들을 수 없게 되었고, 그 바람에 그 음악들로부터 영향을 받지 않게 되었다. 다른 음악가들의 음악을 듣지 못하게 되면서 그는 완전히 자기 내면의 음악에 집중할 수 있었다.

예일대학교 음악 교수 크레이그 라이트(Craig Wright)에 따르면, 그 작곡가의 독창성은 청각 장애로 인해 어쩔 수 없이 음악을 내면의 귀로 들어야 하는 데서 온 것이었다.[3] 그러니까 청각 장애 덕에 음악에서 기본 요소들을 뽑아내는 그만의 독특한 작곡 스타일이 나오게 됐다는 것이다. 그런 다음 그는 보다 높은 음높이에서 보다 큰 음량으로 어떤 화음이나 리듬을 계속 반복함으로써 그 기본 요소들을 발전시켜나갔다. 그리고 그런 작곡 스타일 덕에 그는 모든 시대를 통틀어 가장 위대한 작곡가들 중 한 사람이 되었다. 루트비히 판 베토벤(Ludwig van Beethoven)은 그렇게 탄생했다.

피아노 앞에 앉아 있는 베토벤을 상상해보라. 집중을 방해하는 게 없다. 사람들의 수다도 없다. 음악도 없다. 물론 스마트폰도 인터넷도 없다. 그의 상상력 속에서 춤추는 악보들만 있을 뿐이다.

대부분의 사람들은 이런 종류의 고독 속에선 기분이 먹먹해지고, 그래서 다른 사람들의 생각과 견해들로 그 침묵을 메우려 든다. 17세기의 프랑스 수학자 블레즈 파스칼(Blaise Pascal)은 이렇게 적었다.

"인간의 모든 불행은 한 방 안에서 어떻게 침묵을 지켜야 하는지 알지 못하는 데서 온다."[4]

이후 상황은 점점 더 악화되어만 갔다. 오늘날처럼 정보를 얻는 게 쉬운 시대는 결코 없었다. 정보를 얻는 게 쉬워지면서 많은 게 편리해졌지만, 다른 사람들이 무슨 생각을 하는지도 너무 쉽게 알 수 있게 되었다. 베토벤이 살았던 시대에는 정보를 얻으려면 최소한 도서관이나 신문 가판대를 찾아가야 했다. 그러나 지금은 마우스 클릭과 스크롤만으로도 온갖 사실과 견해들을 접할 수 있다.

모든 알림이 다른 누군가의 휴대폰을 울린다. 모든 이메일이 우리를 다른 누군가의 현실로 이동시킨다. 모든 뉴스 속보가 우리 뇌를 드라마와 갈등으로 연결시킨다. 윌리엄 셰익스피어(William Shakespeare)는 시대를 초월한 이런 명언을 남겼다.

"우리는 아무 의미도 없는 소리와 분노로 가득 찬 이야기 속에 살고 있다."

그 모든 소리와 분노 속에선 우리 자신의 소리를 들을 수 없다. 또한 다른 사람들의 소리에 우리 귀가 먹게 되고 그들의 색깔에 우리

눈이 멀게 된다. 따라서 다른 사람들의 목소리 음량을 줄이면 미묘한 멜로디도 들리고 새로운 목소리의 속삭임들도 들리기 시작한다. 그 새로운 목소리는 낯설면서도 낯익게 느껴질 것이다. 분명 전에 들은 듯한데 어디서 들었는지 기억은 나지 않는…. 결국 당신은 그게 자신의 목소리라는 걸 깨닫게 될 것이다. 오랜만에 다시 당신 자신을 만나게 되는 것이다.[5]

그런 상태에서 당신은 혼자지만 외롭진 않다. 그간 쭉 당신의 동반자였고 앞으로도 늘 동반자가 될 사람과, 그러니까 당신 자아와 얘기를 나누게 될 테니까. 또한 그간 놓쳐왔던 아이디어들이 침묵 속에서 들리게 될 것이다. 또 당신 내면에는 당신 이야기의 다음 장과 당신 교향곡의 다음 멜로디를 이미 알고 있는 현명한 존재가 있다는 걸 알게 될 것이다.

당신에게 가장 부족한 자원

나는 정말 어리벙벙한 상태로 한밤중에 잠이 깼다. 그날 나는 어떤 등식에 대한 꿈을 꿨다. 나는 교실 안에 있었고 까만 칠판에는 흰 분필로 간단한 등식이 쓰여 있었다.

$$0.8 \times 0.2 = 0.16$$

분명히 말하지만, 나는 수학과 관련된 꿈은 거의 꾸지 않는다. 그런 꿈을 꾼다면 그것은 대학 시절 이론물리학 기말 시험을 완전히 망쳐버렸던 악몽인 경우가 많다. 그날 그 꿈은 악몽은 아니었지만, 나는 그 등식 때문에 자꾸 신경이 쓰였다. 중학교 시절에 배운 수학에 따르면, 0.8 곱하기 0.2는 실제로 0.16이다. 내가 신경이 쓰인 것은 그 등식 밑에 숨어 있는 의미였다. 두 숫자를 곱한 게 각 숫자보다 작을 수가 있다니(0.16은 0.8보다 작고 0.2보다도 작다)!

내 내면의 천체 물리학자 입장에선 이런 결과가 이해된다. 그러나 그 꿈속에서 나는 수학 초심자 입장에서 그 등식을 쳐다보고 있었고, 그래서 그 결과에 완전히 멘붕이 왔다. '어떻게 저리될 수 있지? 두 숫자를 곱하면 그 결과는 늘 각 숫자보다 더 커져야 하는 거 아닌가?' 꿈은 대개 서서히 지워지는 잉크로 써진다. 그러나 그 꿈은 한동안 머물렀다. 마치 그 꿈속에 내가 배워야 할 어떤 메시지가 담겨 있기라도 한 듯. 그러다가 불현듯 머릿속에 이런 메시지가 떠올랐다.

'1.0보다 작은 0.8이나 0.2 같은 소수 또는 분수를 곱할 경우, 그 결과는 각 소수 또는 분수보다 작아진다.'

우리 대부분은 무슨 일을 하든 그 일에 100퍼센트 집중하지 못한다. 집중력 내지 관심이 분산되는 것이다. 우리는 화상 회의를 하면서 이메일을 확인한다. 한 손으론 입에 샌드위치를 집어넣으면서 다른 한 손으론 휴대폰으로 전화를 건다. 잠자리에서 일어나기 전부터 이메일을 확인하기 시작해, 우리가 깨닫지 못할 만큼 자주 그리고 계속 이메일을 확인한다(평균적인 미국인들은 하루에 74회).[6] 예를 들어 슬랙(Slack, 클라우드 컴퓨팅 기반의 인스턴트 메신저 및 프로젝트 관리용 협업 툴-옮긴이) 사용자들은 평균 5분 간격으로 메시지를 확인해, 터무니없을 만큼 높은 비율로 자신의 관심을 분산시킨다. 아이러니하게도 사람들의 업무를 도울 목적으로 개발된 앱인 슬랙이 사람들로 하여금 아무것도 하지 못하게 하는 것이다.

일을 할 때 우리는 노는 걸 생각한다. 그리고 또 놀 때는 일을 생각한다. 우리는 완전히 여기 있는 것도 아니고, 완전히 저기 있는 것도 아니고 늘 어중간한 상태에 머물러 있다. 그래서 그 결과가 늘 안 좋다. 늘 투입하는 것보다 생산되는 게 적다. 우리가 가진 전체 능력의 일부만 발휘되는 것이다.

지금 당신의 휴대폰은 어디 있는가? 당신 역시 다른 대부분의 사람들과 비슷하다면 그 답은 아마 '손 닿는 곳에'일 것이다. 우리는 이제 휴대폰과 떼려야 뗄 수 없는 사이가 되었다. 우리는 걸어 다닐 때도 저녁 식사를 할 때도 휴대폰을 가지고 다니며, 화장실에 갈 때도 휴대폰을 가져가 가장 은밀한 순간까지 공유한다. 아침에 제일 먼저 찾는 것도 휴대폰이고, 잠자리에 들기 전 제일 마지막에 확인하는 것도 휴대폰이다. 우리는 늘 휴대폰을 켜놓지 않으면 더없이 중요한 정보들을 놓칠 것처럼 믿고 있다. 그러나 뭔가를 놓칠지 모른다는 그 두려움에 대처하느라 우리는 우리에게 가장 부족한 자원에 무심해지게 된다.

당신에게 가장 부족한 자원은 시간도 아니고 돈도 아니다. 그것은 당신의 'attention', 즉 관심이다. 영어로 '관심을 보이다'라고 할 때 '지불하다'의 뜻을 가진 동사 'pay'를 써서 'pay attention'이라 하는데, 거기에는 그럴 만한 이유가 있다. 관심이 돈보다 더 중요하기 때문에 관심을 보이는 걸 돈을 지불하는 것에 비유한 것이다. 그러니 관심을 아끼고 잘 투자하며 가장 중요한 데 쓰도록 하라. 그리고 잊지 마라. 오늘날의 무료 서비스(소셜 미디어 경우처럼)는 전혀 무료가 아니다. 부분적인 관심 형태로 비용을 지불하는 데다 집중력도 잃게 되기 때문이다.

관심은 분산시킬 수 없다. 오직 한 번에 한 가지에만 쏟을 수 있는 것이다. 관심이 더없이 소중한 것은 바로 이 때문이다. 경제 주체들은 일찍이 이 부족한 자원인 관심의 가치를 알아봤고, 그래서 그걸 상품화했다. 소셜 미디어 기업들은 관심을 파는 기업들이다. 당신은 그들에게 무료로 관심을 주고, 그들은 돈을 받고 당신의 관심을 판다. 그래서 당신이 그들의 앱을 열 때 그들은 돈을 벌고, 당신이 그 앱을 떠날 때 그들은 돈을 잃게 된다.

종종 당신이 무엇에 관심을 쏟느냐에 따라 당신의 현실이 결정된다. 당신의 관심 덕에 그 관심 대상은 당신 마음속에서 힘을 얻게 되고 확장된다. 그래서 당신의 현실을 바꾸는 가장 손쉬운 방법은 관심을 사용하는 법을 바꾸는 것이다. 위대한 리더를 만날 때 사람들은 흔히 이런 말을 한다.

"그는 내가 방 안에 있는 유일한 사람인 것처럼 느끼게 해줬어요."

그렇게 철저한 관심을 당신이 하는 모든 일에 쏟는다고 상상해보

라. 그와 관련해 미국 작가 칼 뉴포트(Cal Newport)는 기억에 남을 만한 말을 했다.

"비단 일만 철저히 해야 하는 게 아니다. 노는 것도 쉬는 것도 듣는 것도 읽는 것도 철저히 해야 한다. 사랑도 그리고 그 외에 모든 것도."

그런 사고방식을 가지려면 당신 자신의 한계들을 알아야 한다. 예를 들어 내 경우 글을 쓸 때 두 시간 정도 지나면 성과가 뚝 떨어지기 시작한다. 네 시간 정도 지나면 기껏해야 내 능력의 20퍼센트도 발휘되지 못한다. 그런데도 글 쓰는 걸 강행하면 결국 편집할 가치도 없고 이해하기도 힘든 글이 된다. 그럴 때는 키보드에서 손을 떼고 다른 뭔가에 관심을 쏟는 게 훨씬 낫다. 미국 작가 니콜라스 카(Nicholas Carr)는 이렇게 적고 있다.

"함께 활성화된 뉴런(neuron)들이 서로 연결되듯 함께 활성화되지 않는 뉴런들은 서로 연결되지 않는다."[7]

이 일에서 저 일로 왔다 갔다 하느라 한 가지 일에 제대로 집중하지 못하면, 오래 써온 기능들을 뒷받침하던 신경세포망이 약화되기 시작한다. 책을 집어 들었는데, 자신도 모르는 새에 이미 읽은 데를 읽고 또 읽는 경우가 그 예다. 우리는 집에서 영화를 보거나 누군가와 긴 대화를 하면서도 수시로 휴대폰을 들여다보곤 한다. 뭔가에 제대로 집중하지 못한 채 계속 왔다 갔다 하는 것이다.

"정보가 풍부해지면서 이젠 관심이 부족해지고 있다."[8]

미국 사회학자 허버트 사이먼(Herbert Simon)의 말이다. 만일 당신의 관심이 충동적으로 분산되어 사방팔방으로 흩어진다면 당신은 기억을 제대로 하지 못하게 될 것이다. 연상을 제대로 하지 못하고 결론도 제대로 맺지 못하며 새로운 통찰력도 제대로 못 갖게 될 것이다. 생각조차 제대로 못 하게 될 것이다.

학계의 연구 결과 역시 이 같은 결론을 뒷받침해 동시에 여러 가지 일을 하는, 이른바 '멀티태스커'들은 단순한 인지 기억에 취약하다고 한다.[9] 그리고 관심 과다 상태가 되면 정보를 처리하고 그 정보를 장기 기억으로 바꾸는 능력 또한 눈에 띄게 줄게 된다.

단순히 당신이 하는 일에 관심을 집중한다고 해서 이 문제가 해결되진 않는다. 이 문제를 해결하려면 다른 행동들을 제치고 한 가지 행동만 선택해야 한다. 평균적인 지식 노동자들이 그러하듯, 그야말로 몇 분 간격으로 이 일에서 저 일로 옮겨 다니며 당신의 관심을 쓸모없이 조각내선 안 된다.[10]

관심을 쏟는 데는 의도가 있어야 하고, 집중을 하는 데는 목적이 있어야 한다. 그런데 우리는 한 알림에서 다른 알림으로, 한 이메일에서 다른 이메일로 옮겨가는 등 정신없이 바쁜 삶을 살면서 충동적으로 움직이는 경우가 많다. 그러나 만일 잠시 마음을 가라앉히고 다음에 할 일에 의도적인 관심을 쏟는다면, 당신 내면의 제세동기(defibrillator)가 작동해 생명력을 되찾을 것이고, 또한 당신의 잠재력을 십분 더 잘 발휘할 수 있을 것이다. 이는 위대한 리더가 당신에게 악수를 청하며 이런 인사를 하는 것과 비슷하다.

"안녕하세요, 만나서 반갑습니다. 당신과 잘 지내려 합니다. 나는 이제 방 안의 다른 사람들은 다 무시하고 가장 중요한 사람 대하듯 당신을 대할 겁니다."

당신 자신에게 매일 이렇게 물어보라. '오늘 난 내게 가장 부족한 자원을 어떻게 사용해야 할까? 내 관심을 어디에 쏟아야 좋을까?' 그리고 또 물어보라. '그럴 만한 가치도 없는데 관심을 쏟고 있는 건 무얼까? 그 바람에 어떤 일에 관심을 쏟지 못하고 있을까?'

0.8×0.2=0.16. 지금 내 책상 위에는 이 등식이 적힌 포스트잇이 붙어 있다. 그것은 내 능력을 분산시키지 말고 100퍼센트 다 활용하며 살아야 한다는 사실을 상기시켜준다.

어떤 정보는 유해하다

> 당나귀 오줌 웅덩이에 떠 있는 지푸라기에 파리 한 마리가 앉아 있다.
> 그 파리가 자랑스레 고개를 치켜들고 외친다.
> "나는 이 배의 선장이요, 이 대양의 지배자다!"
> —루미

"당신의 디지털 모닝 로테이션(digital morning rotation, 교대 근무하듯 아침에 하는 온라인 작업 정도의 의미다-옮긴이)은 어떻게 되나요?" 그가 물었다.

"디지털 모닝 뭐요?" 내가 되물었다.

"디지털 모닝 로테이션이요." 그가 다시 말했다. "매일 아침 제일 먼저 확인하는 앱이나 웹사이트들이요."

나는 '디지털 모닝 로테이션' 같은 걸 하는 사람이 아니다. 그래서 분연히 그런 것은 안 한다고 말할 뻔했다. 그런데 입을 열기 전 잠시 생각해보니, 그것은 거짓말이었다.

사실 나는 디지털 모닝 로테이션을 하고 있었다. 매일 아침 모닝 커피를 마시기도 전에 인스타그램(Instagram), 페이스북(Facebook), 좋아하는 뉴스 웹사이트들, 좋아하는 스포츠 웹사이트들을 확인하고 있었으니까. 뭔가가 유행하고 있는지 알고 싶었다. 누군가가 내가 올린 포스트를 좋아하는지 알고 싶었다. 또 뉴스 속보가 떴는지 알고 싶었다.

나는 그런 일상들을 서로 연결해서 체계적으로 하고 싶었지만, 현실은 그 반대였다. 온라인상에서의 일을 현실적으로 비유하자면, 매일 아침 식사 때 영양가도 없는 초콜릿 M&Ms를 닥치는 대로 막 집어먹는 꼴이었다. 나는 아침마다 1과 0이라는 2진법 숫자들로 내 뇌를 태우고 있었고, 그러면서 그런 나를 못마땅해하고 있었다.

정보는 음식과 같다. 어떤 정보는 유해하다. 그리고 건강한 정보마저도 너무 많다 보면 유해해질 수 있다. 일단 소화된 정보는 가뜩이나 혼잡한 환경 속에서 귀중한 공간을 차지하며 당신의 정신에 큰 악영향을 줄 수도 있다. 'information', 즉 정보(영어 단어 'information' 안에는 '형성하다'라는 뜻의 동사 'form'이 들어 있다는 것에 주목할 것-옮긴이)는 안쪽으로부터 우리 자신을 형성(form)한다. 쓰레기같은 음식들을 흡입하면 당신의 삶 역시 쓰레기같이 된다. 쓰레기가 들어오면 쓰레기가 나가는 것이다.

인터넷이라는 이름의 바닥도 안 보이는 거대한 탱크들 안에는 끊임없이 새로운 쓰레기들이 유입된다. 그래서 '로테이션'을 끝낼 때쯤이면 우리는 이미 뒤처진다. 우리가 놓친 모든 걸 만회하기 위해 재출발해야 하는 것이다. 그것은 끝도 없는 두더지 잡기 게임 같은 것이어서 우리 정신은 늘 숨 가쁘게 돌아가야 한다.

누군가가 당신이 매일 받아들이는 정보(친구들의 페이스북 상태 업데이트, 낚시성 글들, 의미 없는 폭풍 트윗 등)를 수집해 한 권의 책 안에 넣은 뒤 이렇게 말한다고 상상해보라. "이 책을 처음부터 끝까지 다 읽어보길 바라." 당신은 분명 그렇게는 못 한다고 할 것이다. 그러나 같은 정보를 하루 내내 조금씩 분산해서 건네준다면 아마 보다 소화하기 쉬워질 것이다. 말하자면 서서히 난도질당해 죽어가는 것이다.

게다가 불이 꺼지고 나서도 한동안 연기는 나는 법이다. 다음에 할 일로 옮아간 뒤에도, 우리는 여전히 우리의 받은편지함에 쌓여 있을 업무 관련 이메일을 생각하거나, 친구가 휴가 때 바닷가에서 찍은 사진들을 보며 부러워하거나, 지금 이 순간 킴 카다시안(Kim Kardashian, 미국 방송인이자 모델 겸 사업가-옮긴이)은 무얼 하고 있을까 궁금해하기도 한다.

객관적으로 봐도 쓰레기 같은 정보들이 있다. 전 남친 또는 전 여친의 연애 소식이나 '나이 들어 보이지 않는 멋진 아역 스타 10인' 같은 낚시성 글들이 그 좋은 예다.

그리고 또 건강한 정보로 위장된 쓰레기 정보들도 있다. 잊을 만

하면 터져 나오는 인위적인 뉴스 속보들이나 사람들의 감정에 불을 지르려고 편견 없는 기사로 위장된 논평 기사들이 그 좋은 예다.

우리는 이런 종류의 정보들을 받아들이면서 그것을 합리화시키려 한다. '늘 최신 동향을 파악해야 한다'거나 '늘 시대에 뒤처지지 않아야 한다'고 믿으려는 경향이 있는 것이다. 사회적·정치적 대격변기에 정보를 입수하는 것은 시급한 일로 느껴지지만, 실은 제대로 생각할 여유가 없는 게 더 큰 문제다.

셜록 홈스(Sherlock Holmes)는 뇌를 텅 빈 다락에 비유했다. 당신은 '뇌 다락'을 당신이 원하는 가구들로 장식할 수 있지만, 공간이 한정되어 있다. 당신의 뇌 속에 있는 모든 것들은 다른 무언가를 희생시켜가며 거기 있는 것이다.

깜짝 놀랄 만한 다음 통계 수치들을 생각해보라. 2021년에 평균적인 사람들은 매일 145분을 소셜 미디어상에서 보냈다.[11] 평균적인 성인은 분당 200단어에서 260단어를 읽는다.[12] 그리고 평균적인 책에는 대략 9만 단어가 들어 있다. 그래서 만일 평균적인 성인이 소셜 미디어를 사용하지 않고 책을 읽는다면 1년에 118권에서 153권 정도를 읽게 된다. 결국 쓰레기 정보를 받아들이는 데 보내는 매 순간순간 당신 자신을 변화킬 수도 있는 책을 읽지 못하게 되는 것이다.

내가 '뇌 다락'에 어떤 것들을 집어넣는지 궁금하다면 다음을 보라. 내가 해온 절충 방식 내지 균형 잡는 방식이다. 나는 SN비(signal-to-noise ratio, 유용한 정보와 무익한 정보의 비율-옮긴이)가 높은 자료를 찾는다. 나는 또 대개 팟캐스트보다는 오디오북을, 블로그 포스트

보다는 책을, 뉴스 속보보다는 에버그린 콘텐츠(evergreen contents, 시간에 따라 변화되지 않는 콘텐츠-옮긴이)를 더 좋아한다. 그 이유는 간단하다. 책들은 대부분의 팟캐스트나 블로그 포스트들과는 다른 방식으로 엄선되고 편집된다. 또한 책을 쓰는 것은 1년 가까이 걸리지만, 블로그 포스트를 작성하는 것은 몇 시간이면 된다. 두 시간짜리 팟캐스트 대화는 그 속에 보석 하나가 묻혀 있을 수도 있지만, 두 시간짜리 오디오북은 당신의 삶을 바꿔놓을 수도 있다.

여러 가지 이유들로 나는 뉴스 소비에 이런저런 제한을 많이 둔다. 광고 중심의 비즈니스 모델들로 인해, 뉴스 산업은 지구촌 소식들을 충실히 알리는 산업보다는 일종의 엔터테인먼트 산업으로 변해버렸다. 또한 뉴스는 지식인들을 위한 일종의 프로 레슬링처럼 변해버렸다. 링 안에선 대본대로의 드라마가 펼쳐지고, 사람들은 자신이 좋아하는 레슬러들이 접이식 의자를 들고 서로 두들겨 패는 걸 보면서 환호한다.

게다가 실제 뉴스들로는 폭발적으로 늘어난 콘텐츠 수요를 감당할 수 없게 되고, 그 결과 과거의 뉴스들이 재활용되기도 하고 같은 뉴스 속보들이 여러 다른 형태로 소개되기도 한다. 우리가 뉴스에 관심을 보이는 것은 계속 필요한 정보를 얻기 위해서인데, 가끔은 뉴스에서 인위적인 드라마와 갈등을 만들어내려 함으로써 오히려 필요한 정보를 제대로 못 얻게 된다. 매스컴은 계속 우리 편도체의 같은 부위들을 자극해 분노를 유발하고 불안감을 조성하려 하는 것이다.

뉴스는 또 현실에 대한 우리의 인식을 왜곡시킨다. 정작 중요한 많은 일들은 뉴스거리로 취급되지 않는다. 그리고 우리는 주요 뉴스 제목들에 홀려 세상은 냉소와 비관으로 가득 차 있다고 생각한다. 이와 관련해 미국 공상과학 작가 로버트 하인라인(Robert Heinlein)은 이렇게 적었다.

"정신 건강상의 많은 문제들은 낯선 사람 50억 명의 온갖 문제들과 죄악들에 매몰되어 허우적대는 불필요하면서도 해로운 습관에 기인한다."[13]

나는 24시간 주기로 쏟아져 나오는 온갖 뉴스의 광란과 추측에 사로잡히기보다는 모든 게 잠잠해지고 어느 정도 명료해진 뒤에 일어나는 일들에 대한 글들을 읽는 걸 훨씬 더 좋아한다. 내가 찾고 있는 냉철한 후일담은 대개 뉴스(news)가 더 이상 새롭지(new) 않게 된 뒤에 나오는 책이나 장문의 기사들에서 나온다.

또한 나는 '후에 읽을' 글들의 목록이나 '후에 볼' 것들의 목록도 활용한다. 그러니까 뭔가가 흥미로워 보인다면 그걸 당장 읽거나 보지 않는 것이다. 그리고 나중에 그 목록에 적힌 일들을 되돌아보면서 놀라곤 한다. 시간이 지나서 보면, 당시엔 거부할 수 없을 만큼 매력적으로 보이던 일들이 실은 전혀 흥미롭지 않은 쓰레기 같은 일인 경우가 많기 때문이다. 나는 수시로 그 목록의 일들 중 절반 정도를 지우곤 한다. 그와 관련해 영국 기자 겸 작가 올리버 버크먼(Oliver Burkeman)은 이런 조언을 한다.

"그 목적은 그 목록들을 '양동이'(비워야 할 필요가 있는)가 아닌 '개울'(당신 옆을 지나 흘러가는 강, 그리고 여기저기서 물고기 등을 건져 올리는 강)처럼 보기 위해서다."[14]

　이것은 내가 만든 절충 방식인데, 이런 방식이 당신에겐 맞지 않을 수도 있다. 당신의 '뇌 다락'은 당신 '자신의 공간'이다. 그 공간에 뭘 넣을지 누가 머물게 할지는 당신이 결정하는 것이다. 당신이 주도적으로 그런 결정을 하지 않는다면, 다른 누군가가 결정을 할 것이다. 그리고 그 누군가는 당신보다는 자신에게 가장 이익이 되는 쪽으로 결정할 것이다.

생각에 부치는 시

안녕하세요, 나는 생각이에요.

　나는 서로 어우러져 나를 존재하게 만드는 백만 가지 변수들의 결과예요. 나는 당신 마음에 들어가기 위해 온라인상에서 오래 기다려왔어요.

　나는 오늘 아침 당신이 샤워할 때에, 그러니까 아주 잠시 당신의 잠재의식으로 통하는 길이 열리는 때에 당신에게 나 자신을 드러내기로 마음먹었어요.

　지금 나는 여기 이렇게 당신 마음속에 먼 메아리로 나타나고 있어요. 나는 아직 그리 강하지 못해요. 불안정하게 깜빡거릴 뿐이에요. 천천히 쿡쿡 찌를 뿐이에요. 당신 내면 깊은 곳에서 떠올라 천천히 당신의 대기 속으로 올라가는 연약한 물방울.

나는 당신 마음의 문을 두드려요. 똑똑! 나 왔어요! 내가 보여요? 선물들을 가져왔어요. 당신이 아직 모르는 아이디어가 있어요. 당신을 괴롭혀온 문제를 해결해줄 통찰력이 있어요. 당신이 놓쳐온 기회가 있어요.

그런데 아무 답이 없네요. 당신 마음속이 너무 시끄러워 내 말이 안 들리나봐요.

당신은 이제 샤워를 끝내고 몸을 닦고 휴대폰을 집어 들어요.

내 거품이 펑 터지고 나는 영영 사라져요.

거부할 수 없는 충동이 올 때

두 상자의 쿠키를 상상해보라. 한 상자 안에는 쿠키들이 낱개로 은박지에 싸여 있다. 그래서 그 쿠키를 먹으려면 먼저 은박지를 풀어야 한다. 또 다른 상자 안에는 쿠키들이 포장되어 있지 않다. 칸막이도 없어서 각 쿠키를 바로 입안에 넣을 수 있다.

연구 결과에 따르면, 이 사소한 차이로 인해 큰 차이가 생겨난다.[15] 사람들은 낱개로 포장된 쿠키 박스를 다 비우는 데 시간이 훨씬 더 오래 걸렸다. 또한 사람들은 갖고 있는 돈을 한 봉투 안에 다 넣을 때보다 여러 봉투에 나눠 넣을 때 도박을 덜 했다.

은박지든 봉투든 칸막이가 있으면 사람들은 자신의 행동에 더 신경을 쓰게 된다. 잠시 모든 걸 멈추고 자신이 하고 있는 일로 인해

보다 강한 자제력을 발휘할 수 있게 될지 생각해보라. 그러면 무의식적인 충동을 자제하고 의식적인 선택을 할 수 있게 된다.

이런 접근 방식은 마음속 어수선함을 관리하는 데도 도움이 될 수 있다. 그렇다고 당신의 스마트폰을 은박지에 쌀 필요는 없다(설사 그렇게 하는 게 도움이 된다 해도). 당신과 당신의 충동적인 행동들 사이에 정신적 과속 방지턱을 설치해 삶이 보다 차분히 흘러가게 하는 게 중요하다. 그러면 모든 걸 잠시 멈추고 당신이 진정 하고 싶은 게 뭔지 생각해볼 수 있게 될 것이다. '나는 진정 입속에 계속 쿠키를 집어넣고 싶은가?', '나는 진정 계속 스크롤해가며 소셜 미디어를 보고 싶은가?', '이 버튼을 누르는 게 진정 지금 내가 할 수 있는 최선의 일인가?'

그렇다고 굳이 자제하거나 포기할 필요는 없다. 스마트폰 사용을 포기하거나 소셜 미디어 사용을 중단할 필요는 없는 것이다. 대부분의 경우 잘못된 습관이나 약물 중독 등을 갑자기 중단하는 것은 오래 가지 못할 뿐 아니라 바람직하지도 않다. 대체로 나는 '전부 아니면 전무' 식 접근법에 회의적이다. 근본 원인은 건들지도 못한 채 문제의 습관이나 증상만 해결하려 하기 때문이다. 사람들이 다이어트를 끝낸 뒤 원래 상태로 되돌아가는 것도 바로 그 때문이다.

따라서 보다 덜 충동적이며 의도적으로 행동하는 게 목표가 되어야 한다. 당신 자신이 집중력을 흐트러뜨리는 특정 행동을 반복하려 할 때 잠시 멈추고 생각해보라. 가려운 데를 바로 긁지 말고 잘 살펴보라. 그리고 이렇게 자문해보라. '난 지금 어떤 욕구를 충족시키려 하는가?', '이런 욕구는 어디서 오는 건가?' 우리는 종종 짜릿한 흥분을 맛보거나 현실 도피를 하고 싶다는 욕구를 충족시키기 위해 집중력을 흐트러뜨리는 행동을 한다.

그러나 그런 행동들로는 우리의 욕구를 확실히 충족시킬 수 없다. 가끔은 집중력을 흐트러뜨리는 그런 행동들이 순간적인 짜릿함을 안겨주기도 하지만, 그런 기분은 금방 사라진다. 기쁨을 주고 의미를 더해줄 것이라고 생각하는 일들이 그 반대 결과를 보이는 경우도 많다. 집중력을 흐트러뜨리는 행동에 너무 깊이 빠진 채 우리 몸이 진저리 치고 있다는 사실조차 알지 못하게 된다.

자, 이제 간단한 연습을 해보자. 책을 내려놓고 스마트폰을 집어 들어라. 그런 다음 최소 10분간 소셜 미디어나 이메일 또는 주식 시장 등 집중력을 흐트러뜨리는 것들 중 평소 즐기던 것들을 해보라. 그리고 일단 그 토끼굴 같은 데서 빠져나오면 다시 책을 들어라. 당신 자신을 살펴보라. 기분이 어떤가? 만족감이 드는가? 행복한가? 아니면 뭐라 설명할 수 없는 불편함 같은 게 느껴지는가? 수면 바로 밑에서 낮은 수준의 스트레스가 스멀스멀 올라오는가? 충족되지 않은 짜릿함에 대한 갈망 같은 게?

내 경우는 종종 이렇다. 트위터(Twitter)를 보면 나 자신이 노이로제 환자처럼 느껴진다. 페이스북을 보면 중학교 시절의 악몽들을 다시 꾸는 기분이 된다. 인스타그램을 보면 왠지 위축된다. 뉴스를 보면 온 세상이 미쳐 돌아가는 것처럼 느껴진다. 내가 집중력을 흐트러뜨리는 그런 일들에 쉬 빠져들지 않게 된 것은 엄격한 규율 내지 수련 덕이 아니었다. 나 자신을 꾸준히 관찰하면서, 그런 일들을 하고 나면 오히려 종종 기분이 더 나빠진다는 걸 깨달은 덕이다.

그런 서비스들은 우리에게 불쾌감을 주기도 하지만, 그럼에도 불구하고 우리는 계속 그 서비스들을 다시 이용하게 된다. 그런 서비스들이 가변적인 보상을 통해 우리의 심리적 약점을 이용하기 때문이다. 실험실 환경에서 쥐들은 간헐적 강화(intermittent reinforcement, 어떤 행동에 대해 일정하지 않은 간격으로 띄엄띄엄 강화하는 것-옮긴이)에 가장 강하게 반응한다. 만일 어떤 레버를 누를 때마다 매번 먹을 걸 보상받는다면 쥐들은 결국 흥미를 잃는다. 그러나 보상이 가변적일 경우, 그러니까 어떨 땐 먹을 걸 주고 어떨 땐 아무것도 주지 않을 경우 쥐들은 그야말로 코가 꿰게 된다.

연구 결과에 따르면, 도파민(dopamine) 수치가 오르는 것은 보상 그 자체 때문이 아니라 보상에 대한 기대 때문이라고 한다. 그리고 보상이 예측 불가능한 일정으로 나뉘어 주어질 경우, 그러니까 등식에 '아마'나 '어쩌면'이 추가될 경우 그 결과 생겨나는 도파민 수치 증가는 코카인 흡입에 의한 도파민 수치 증가와 맞먹는다.[16] 이는 슬롯머신이 강한 중독성을 발휘하는 이유이기도 하다. 반복해서 레버를 당겨대지만 보상은 간헐적으로 주어지기 때문이다.

노인들이 몇 시간 동안 계속 무분별하게 슬롯머신을 잡아당기는 걸 보면서 한심하다고 느낄 수도 있다. 그러나 당신 역시 매일 스마트폰을 가지고 그런 '한심한' 행동을 한다. 받은편지함이나 소셜 미디어 피드를 열 때마다 슬롯머신 레버를 당기고 있는 셈이다. 우리의 스마트폰은 우리가 갇힌 공간에서 간헐적인 사랑을 쥐 먹이 주듯 흔들어 보인다. 또 각종 제품들은 마치 슬롯머신이 주는 보상처럼 예측 불가능한 일정으로 도착한다. 그리고 우리는 디지털 흡혈귀로 변해 주어지는 그 먹이들을 먹으면서 늘 도파민 잭팟(jackpot)이 터지길 고대한다.

흔히 하는 말이지만, 마약 밀매상과 실리콘 밸리 기업들만 자신들의 고객을 '이용자(user)'라 부르는데, 거기엔 그럴 만한 이유가 있다. 그러나 이런 현상은 사회적으로 용인된다. 공항 터미널 안을 둘러보라. 만일 디지털 고무젖꼭지를 빨고 있는 모든 사람들이 그 대신 담배를 핀다면, 아마 전염병 발발 선언이라도 해야 할 것이다.

온라인 보상과는 달리 시간은 예측 가능한 일정대로 흘러가며, 그래서 우리는 시간에 안주하게 된다. 더 이상의 시간이 허용되기 전까지 시간은 늘 있으니까. 당신은 이곳 지구에서 당신에게 주어진 한정된 시간을 어떻게 쓰고 싶은가? 지난 삶을 되돌아보며 너무도 많은 시간을 〈카다시안 패밀리(the Kardashians, 미국 리얼리티 쇼-옮긴이)〉를 보는 데 허비했다는 사실을 깨닫고 싶은가? 아니면 보다 중요한 일들에 정신을 집중하고 자랑할 만한 예술 작품을 만들고 싶은가? 시대를 초월한 애니 딜러드(Annie Dillard)의 지혜로운 말을 기억하라.

"물론 우리가 하루하루를 보내는 방법이 우리가 삶을 보내는 방법이 된다."

그냥 내버려둬라

나는 죄책감이 든다. 내 책꽂이에 꽂혀 있는 아직 읽지 못한 책들에 죄책감이 든다. 내 팟캐스트 앱에 대기 중인 아직 듣지 못한 팟캐스트들에 죄책감이 든다. 아직 열어보지 못한 소식지들과 아직 보지 못한 고전 영화들에 죄책감이 든다. 내 받은편지함 속에 들어 있는 아직 답하지 못한 이메일들에 죄책감이 든다.

16세기에 살았던 사람들, 그러니까 인터넷은 고사하고 인쇄기도 접할 수 없었고, 그래서 21세기의 후손들처럼 산더미 같은 정보를 따라가야 할 필요가 없었던 다소 부러운 사람들에게 죄책감이 든다. 더 이상 따라갈 수 없다는 걸 깨닫기 전까지는 죄책감이 든다. 당신도 계속 따라갈 수는 없다. 그 누구도 계속 따라갈 수 없다.

아이스크림콘을 녹기 전 상태로 계속 유지하는 것은 불가능하다. 나는 지금 당신이 어쩌면 모든 것에 도달하지 못할 것이라는 말을 하고 있는 게 아니다. 당신은 절대 도달하지 못할 것이라는 말을 하고 있는 것이다. 맛있는 음식이 엄청 많이 쌓인 접시를 보며 아주 기분 좋아할 날은 절대 오지 않을 것이다. 심지어 먼 미래에도 말이다.

이 모든 게 불행한 일로 느껴질지 모르지만, 실은 자유로워지는 일이다. 내가 정말 중요한 일들에 정신을 집중할 수 있는 것은 내가 더 이상 계속 따라갈 수 없다는 걸 깨달을 때뿐이다. 그러면서 나는 집중할 일들을 보다 신중하게 선별하게 된다. 그리고 구독 철회 버튼을 보다 과감히 누르게 된다. 책 뒤쪽으로 가면 뛰어난 통찰력을 만나게 될 것이라는 헛된 기대 때문에 흥미도 못 느끼는 책을 억지로 끝까지 읽기엔 삶이 너무 짧다.

내가 아는 사람들은 모두 어떤 책에 푹 빠져 있다. 그들은 할당받은 책은 아무리 힘들다 해도 억지로라도 다 끝내야 하는 고등학생들처럼 행동한다. 그리고 다른 책을 읽는 것은 죄책감이 들기 때문에, 그들은 단순히 그 책을 중도 포기하는 게 아니라 책 읽는 행위 자체를 완전히 중단한다. (만일 이 책이 아직까지도 당신의 관심을 끌지 못하고 있다면 읽는 걸 중단해도 좋다.)

그러니 아이스크림콘이 좀 녹더라도 그냥 내버려둬라. 뭔가 안 좋은 일이 일어나더라도 그냥 내버려둬라. 안 좋은 일들은 그 정도가 다 다르다. 안 좋은 일들이 다 같은 정도로 일어나진 않는 것이다. 파국에 이를 수 있을 만큼 안 좋은 일들도 있고 물론 그런 일들은 예방할 가치가 있지만, 장기적인 영향은 주지 않을 만큼 약간 안 좋은 일들도 있다.

우리는 종종 이 두 종류의 안 좋은 일들을 구분하지 않고 모든 안 좋은 일들을 똑같이 안 좋은 일로 취급한다. 그런 함정에 빠지지 않으려면 이렇게 자문해보라. '이건 약간 안 좋은 일인가, 아주 안 좋은 일인가?', '이 일을 무시한다면 어떻게 될까?', '어떤 일이 일어날까? 그리고 그 일이 일어날 가능성이 얼마나 될까?'

그렇다고 내가 지금 경솔해지라고 권하는 것은 아니다. 그 정반대다. 어떤 공들을 과감히 버릴 것인지 조심스레 주도적으로 결정하는 게 우리의 목표다. 그래야 가장 중요한 공들을 가지고 계속 저

글링(juggling)을 할 수 있다.

사실은 이렇다. 늘 뭔가가, 그리고 어딘가가 잘못되어 있기 마련이다. 그러니 일부 이메일들은 답을 말고 내버려둬라. 일부 사람들이 불만을 토로하게 내버려둬라. 일부 기회들이 그냥 지나가게 내버려둬라. 약간 안 좋은 일들이 일어나게 그냥 내버려둘 때, 비로소 당신은 위대한 일들을 성취할 수 있다.

당신의 발목을 잡는 가장 큰일

"내가 오늘 여기에 온 것은 모든 악어들과 싸우기 위해서가 아니라 이 늪을 건너기 위해서다."[17]

나는 놀라운 책 《가능성의 예술(The Art of Possibility)》에서 한 익명의 NASA 직원이 한 이 말을 봤다. 참으로 공감이 가는 말인데, 그것은 우리가 이 말과 반대로 하는 경우가 많기 때문이다. 우리는 늪을 건너는 게 아니라 악어들과 싸우려 한다.

늪은 무섭고 불확실한 곳이다. 우리가 반대편까지 갈 수 있을지 없을지도 알 수 없다. 그리고 설사 늪을 건넌다 해도 우리는 우리가 어떤 사람이 될지 두렵다.

우리는 늪을 건너는 불편함을 감추기 위해 악어들과 싸운다. 이 프로젝트를 마치거나 저 제품을 출시하는 대신 우리가 가장 잘 아는 일들, 그러니까 이메일 문제를 처리하거나 끝없는 회의에 참여하는 일 등을 하면서 시간을 보낸다. 악어들은 눈에 띄지만(우리 바로 앞에 있으니까), 늪의 반대편 기슭은 시간적으로도 공간적으로도 멀어 보인다. 그래서 어떤 날이든, 우리 앞으로 온 임의의 이메일이 정말 중요한 다른 일들에 우선하게 된다.

그런데 악어들과 싸우는 게 전혀 정당화되지 못하는 것은 아닌 듯하다. 어쨌든 악어들이 거기 있고 그 악어들이 우리를 위협할 수도 있으니까. 악어들이 100데시벨이나 되는 소리를 질러대며 우리의 관심을 끌면, 우리는 그들과 싸우지 않을 수 없다. 그렇게 우리는 사전 대책을 강구하기보다는 하루의 대부분을 그리고 삶의 대부분을 방어적인 자세로 보낸다.

이 모든 게 생산적인 것처럼 느껴질지 모르지만, 실은 그렇지 않다. 우리는 모든 걸 피하고 있는 건데, 대체 무엇을 피하고 있는 건가? 우리는 악어들을 죽이고 있지만 반대편 기슭은 조금도 가까워지지 않고 있다. 결국 우리는 매 전투에서 이기고 있지만, 전쟁에선 지고 있는 것이다. 미국 기업가 겸 작가 팀 페리스(Tim Ferriss)는 이렇게 적고 있다.

"뭔가 중요하지 않은 걸 잘한다고 해서, 그게 중요해지진 않는다."[18]

당신을 성공한 벤처 기업가로 만드는 것은 당신이 성사시키는 거래들의 질이지 당신의 트위터 팔로워 수가 아니다. 당신을 성공한 작가로 만드는 것은 당신이 쓴 책들의 질이지 받은편지함을 얼마나 자주 비우는지가 아니다. 당신을 위대한 소프트웨어 엔지니어로 만드는 것은 당신이 만드는 소프트웨어의 질이지 당신이 각종 미팅에서 보내는 시간의 양이 아니다. 당신의 제품을 성공작으로 만드는 것은 그 제품의 우수성이지 그것을 홍보하는 TV 광고의 카메라 앵글이 아니다. 우리는 꼭 해야 하는 일이라고 우리 자신을 설득해가며 사소한 일들을 하느라 바쁘며, 그러느라 정작 우리를 한 단계 위로 끌어올려줄 보다 중요하고 복잡한 프로젝트들은 회피한다.

비범한 사람들은 악어들은 무시하고 늪을 건너는 일에 집중한다. 그들은 하루하루를 '해야 할 일 리스트(to do list)'에 있는 항목들을 하나하나 확인하며 보내진 않는다. 그들이 하는 일은 워낙 커서 체크박스 항목으로 줄일 수가 없다.

직관에 반하는 일이지만 해야 할 일 리스트는 해야 할 일을 미루는 강력한 동인이 되기도 한다. 해야 할 일 리스트에 담긴 일들을 전부 대등하게 취급할 경우, 무엇보다 급한 출간 제안서 쓰는 일은 뒤로 미루고 책상을 정리한다거나 보험 회사에 전화를 거는 등 급하지도 않은 일들을 하게 될 수 있는 것이다. 그렇다고 해야 할 일 리스트를 버릴 필요는 없다. 그 리스트를 네 부분으로 나눈 일정표나 일정 전용 앱, 멋진 메모장 등으로 바꿀 필요도 없다.

간단하다. 중요한 일들을 결정하고, 과감히 그 일들에 최우선 순위를 두어라. 해야 할 일 리스트가 제대로 작성됐는지 파악하는 일을 그 리스트에 꼭 넣도록 하라. 또한 당신 삶 속의 악어들을, 그러니까 늪을 건너는 데 도움이 되지 않는 사소한 걱정거리들을 확인하도록 하라. 그리고 당신 자신에게 이렇게 물어보라. '내 스스로 생산적이라는 느낌을 받으려면 어떻게 해야 하나?', '이게 늪을 건너는 데 도움이 되나?', '정말 중요한 일에 집중하지 못하게 하는 건 아닌가?' 그런 다음 해야 할 일 리스트에서 악어들을 지워라. 그리고 앞으로는 더 많은 일들을 하려 할 게 아니라 정말 중요한 일들을 하도록 하라.

또 이렇게 자문해보라. '지금 가장 시급한 일은 무엇인가?', 그리고 또 자문해보라. '내가 할 수 있는 가장 중요한 일은 무엇인가? 그런데 왜 나는 지금 그걸 하고 있지 않은가?' 시급한 일은 원래 오래 가지 않는다. 그러나 중요한 일은 오래간다.

어쨌든 선택권은 우리에게 있다. 우리는 계속 악어들과 싸우면서 우리를 건너편 기슭까지 날려 보내줄 마법의 도약판이 나타나길 기다릴 수도 있다. (스포일러: 그런데 그런 마법의 도약판은 없다.) 아니면 악어들은 무시하고 시급한 일 대신 중요한 일에 집중하면서 조금씩 조금씩 늪을 건널 수도 있다.

절대 멈추는 걸 두려워하지 마라

> 침묵을 왜 그리 무서워하는가?
> 침묵은 모든 것의 뿌리다.
> 침묵의 빈 공간 안으로 빨려 들어가면,
> 많은 목소리들이 당신이 듣고 싶어 하는 메시지들을
> 천둥처럼 큰 소리로 들려줄 것이다.
> ―루미

아리스토텔레스에 따르면, 자연은 진공 상태를 아주 싫어한다. 그는 일단 진공 상태가 만들어지면 곧 그 주변의 조밀한 물질들로 채워지게 된다고 주장했다.

나 역시 한때는 진공 상태를 아주 싫어했었다. 그래서 살아오며 진공 상태를 발견할 때마다 나는 '생산성을 높이기 위해' 그 속에 주변의 조밀한 물질들을 채워 넣곤 했다. 아니 억지로 구겨 넣곤 했다.

그런데 생산성은 내 정체성과 연결되어 있었다. 충분히 하고 있지 못하다는 것에 대한 두려움은 충분하지 못하다는 것에 대한 두려움이었다. 나는 보람을 느끼기 위해 계속 부산을 떨어야 했고 탄수화물을 끊어야 했으며 아침 일상에 신경을 써야 했다. 나는 빨리 해야 할 일 리스트에 있는 일들을 얼마나 빨리 해내는가 또는 얼마나 자주 받은편지함을 비우는가 하는 것에서 성취감을 느꼈다. 그리고 하루하루 늘 다른 누군가를 위해 보다 큰 생산성을 낼 수 있게 해줄 새로운 일꾼, 새로운 시스템, 새로운 앱을 찾았다.

나는 늘 다음 일에 대한 '필요성' 같은 걸 느꼈다. 대학 교수로 재직 중일 때 나는 동시에 여러 편의 학술 논문을 쓰곤 했다. 한 논문을 쓰다 휴식이 필요하면 다른 논문을 썼다. 나의 첫 책 《문샷(Think Like a Rocket Scientist)》이 출간되고 나서 바로 그다음 주에 나는 당신이 현재 읽고 있는 이 책에 대한 출간 제안서를 쓰기 시작했다. 그런 행동 패턴 덕에 나는 다작을 할 수 있었고, 다작 덕에 내 삶에 새로운 의미가 생겨났다.

나는 나만 이러는 게 아니라는 걸 안다. 우리는 생산성의 제단에서 예배를 드린다. 우리는 탈진이나 질병 또는 잠과 같이 집중력을 흐트러뜨리는 것들에 굴복하지 않는 사람들을 숭배한다. 보다 적은 시간에 보다 많은 일을 하는 것에 대해, 그리고 분당 더 많은 말을 하고, 리터당 더 많은 킬로미터를 가고, 시간당 더 많은 장치들을 쓰는 것에 대해 그 누가 왈가불가하겠는가?

개인 생활보다 일을 더 중시하는 작금의 우리 문화를 잘게 썬 샐러드만큼 잘 보여주는 것도 없다. 잘게 썬 샐러드는 식사라는 번잡한 일로부터 지식 노동자들의 두 눈과 한 손을 해방시켜주는 최상의 음식으로, 그 덕에 지식 노동자들은 식사를 하면서도 계속 일을 할 수 있다. 그와 관련해 미국 작가 지아 톨렌티노(Jia Tolentino)는 이렇게 적고 있다.

"건강에 안 좋은 도시 생활 중인 지식 노동자들은 잘게 썬 샐러드 덕에 잠시 시간을 내 영양가 높은 음식을 한 그릇 먹을 수 있으며, 그 덕에 하루에 16시간 동안 이메일을 보낼 수 있고 (…) 그들이 직장 내에서 제 역할을 다하려면 추가 근무를 해야 하며, 그래야 12달러 정도 하는 일반 샐러드를 사 먹을 수 있다."[19]

내 경우 잘게 썬 샐러드 생활 방식 때문에 비싼 대가를 치렀다. 나는 그 당시 상황 속에서 워낙 생산성이 높아 그 바깥쪽 것들은 볼 수 없었고, 그래서 뻔히 보이는 데 숨어 있는 기회들을 잡지 못했다. 또한 주변에서 큰 혼란이 일어나 제대로 생각할 시간도 공간도 없었으며, 제대로 생각하지 못하자 제대로 된 결정을 내릴 수도 없었다. 결국 저지른 실수들을 바로잡느라 많은 시간을 허비해야 했다.

바쁘게 사는 것은 부자연스러운 일이다. 일종의 게으름이기도 하다. 빠른 속도로 움직이는 길이긴 하나 방향이 없다. 그리고 또 바쁘게 사는 것은 내면을 들여다보고 거기 있는 걸 보고 충격에 빠지지 않으려고 쓰는 마취제 같은 것이다.

당신이 만일 포악한 호랑이가 언제 덤불 속에서 튀어나올지 몰라 끊임없이 '투쟁 또는 도피' 상태에 있어야 한다면, 아마 해결책을 찾는 일에 거부감이 느껴질 것이다. 만일 내면을 들여다보고 있다면 외부의 위협은 눈치채지 못할 테니 말이다. 만일 또 당신이 살아남는 일에 집착해 늘 인지된 위협들에 대응하고 있다면, 당신은 매슬로(Maslow)의 5단계 욕구 중 가장 아래쪽에 위치한 생리적 욕구에 사로잡힌 것이다. 당신에겐 스스로 생각할 능력도 없고 통찰력을 100퍼센트 발휘할 기회도 없을 것이다.

속도를 낮춘다 해서 뒤로 처지진 않을 것이다. 당신은 에너지를 덜 사용하게 되고 더 빨리 나아가게 되고 더 깊이 들어가게 될 것이다. 늘 자동차 액셀러레이터를 있는 힘껏 밟으려 하는 사고는 창의적인 사고의 적이다. 창의성은 만들어지는 게 아니라 발견되는 것이다. 또한 창의성은 죽어라 일할 때가 아니라 느긋하게 일할 때 생겨난다. 액셀러레이터에서 발을 떼는 것이 오히려 속도를 높이는 최선의 방법일 수도 있는 것이다. 이 같은 정서는 미국 네이비 실(Navy SEAL, 미국 해군의 엘리트 특수 부대-옮긴이)에서 흔히 내거는 다음 슬로건에도 잘 나타나 있다.

'느린 게 순조롭고, 순조로운 게 빠르다(Slow is smooth, smooth is fast).'

네이비 실 요원들은 저격용 소총과 유탄 발사기를 가지고 활동한다. 파워포인트를 이용해 힘들게 만든 당신의 프레젠테이션도 그들의 활동에 비하면 아무것도 아니다. 천하의 네이비 실 요원들이 속도를 줄일 수 있다면 당신도 그럴 수 있다.

아이디어들은 종종 요란하게 나타나지 않는다. 퍼레이드가 펼쳐지지도 않는다. 큰일은 결코 자신이 큰일이라고 외치지 않는다. 얼핏 보면 아주 작은 일처럼 보이기도 한다. 당신의 삶에 빈 공간이 없다면, 그러니까 당신의 삶이 온통 잡소리로 가득 차 있다면 미묘한 속삭임이 들려올 때 그것을 들을 수 없다. 우리가 들어온 가장 큰 거짓말들 중 하나는 생산성을 높이려면 뭔가를 해야 한다는 것이다. 그러나 가장 잘한 일은 뭔가를 하지 않는 것, 속도를 늦추는 것 그리고 당신 자신에게 시간과 공간을 주는 것에서 비롯된다.

자연은 위대한 스승이다. 자연은 다음과 같은 옛날 공식을 따른다. '가만히 앉아 있어라. 때가 오기를 기다려라.'

나무들은 생산성을 높이겠다고 1년 내내 열매를 맺으려는 터무니없는 짓은 하지 않는다. 그보다는 가을과 겨울에 동면 상태에 들어가 잎사귀들을 떨구고 자원을 최대한 아껴 쓴다. 위에서 잡아당긴다거나 흙이 빨아들일 수 있는 것보다 더 많은 물을 줌으로써 나무를 더 빨리 자라게 할 수는 없다.

우리 인간에게는 계절이 있다. 어떤 계절에는 행동에 나서는 게 좋다. 그러나 또 어떤 계절에는 속도를 늦추고 한발 뒤로 물러서서 물이 흡수될 시간을 주는 게 좋다. 미국 화가 코리타 켄트(Corita Kent)는 휴지기 동안 한가로이 앉아 자기 집 창밖에서 자라는 은행나무를 지켜보곤 했다. 다음은 그녀의 말이다.

"뭔가 위대하고 새로운 일들은 대개 내 안에서 아주 조용히 생겨나는 듯하다. 그리고 나는 그런 일들 역시 은행나무와 마찬가지로 나중에 특유의 모습들을 띠게 된다는 걸 잘 안다."[20]

느긋하고 여유로운 것은 게으른 것과는 다르다. 진공 상태는 자동적으로 채워지는 상태가 아니다. 옛말에도 있지만, 음악을 만드는 것은 사실 음표들 간의 침묵이다. 뭔가를 취하려면 손에 쥐고 있는 걸 놔야 하고, 뭔가를 채우려면 빈 공간을 만들어야 한다.

빈 공간을 1년에 두 번 있는 태양 아래서의 휴가를 위해 남겨둘 순 없다. 하루 종일, 아니 잠시만이라도 소음을 멀리해보라. 아침에 잠이 깼을 때 잠시 침대 위에서 느긋한 시간을 가져보라. 비행기 모드로 있어보라. 자리에 앉아 천정을 쳐다보라. 팟캐스트나 오디오북을 듣지 말고 공원 안에서 정처 없이 거닐어보라.

내면의 침묵으로 하여금 작금의 혼돈을 잠재우게 하라. 무리듬의 리듬에 몸을 맡겨보라. 모든 것은 빈 공간의 텅 빈 상태에서 탄생한다. 새롭고 위대한 것들은 모두 당신의 내면 안에서 조용히 생겨난다. 그 새롭고 위대한 것들에게 활짝 피어나 영광을 누릴 수 있는 시간을 주어라.

ozanvarol.com/genius를 방문하면, 이 책의 1부에서 언급된 전략들을 실행에 옮기는 데 도움이 될 각종 워크시트들과 도전 과제들 그리고 연습 문제들을 만나볼 수 있다.

2부

탄생

2부의 구성

4장. **본연의 자신을 발견하라**: 본연의 자신에 더 가까워지고, 가장 중요한 원칙들과 내면의 놀라운 힘을 발견함으로써 특별한 존재가 되는 것에 대해

5장. **삶의 목적을 찾아내라**: 삶의 목적을 찾고 또 그 목적대로 사는 것에 대해

2부에서 살펴볼 내용들

- 왜 자신이 만든 감옥에 갇혀 있는지(거기서 어떻게 빠져나올 것인지)
- 모든 시대를 통틀어 가장 성공한 음악가들 중 한 사람이 된, 인기 있는 가전제품 판매원의 아주 흥미로운 이야기
- 대부분의 사람들이 왜 경력 선택을 잘못하는지(그럴 때 어떻게 해야 하는지)
- 내 인생을 송두리째 바꿔버린 이메일이 남긴 교훈
- 행복 추구와 삶의 목적을 위해 생각해볼 기본 원칙들
- '당신의 열정을 따르라'라는 말이 왜 잘못된 조언인지(그럴 때 어떻게 해야 하는지)
- 당신의 삶을 제대로 통제하기 위해 물어볼 수 있는 간단한 질문
- 더 이상 너무 많은 생각을 하지 않고 직접 행동에 나서는 비결

4장
본연의 자신을
발견하라

그들은 자신들과 다르다며 나를 보고 웃는다.
나는 모두 똑같다며 그들을 보고 웃는다.
—커트 코베인(Kurt Cobain)

당신의 색을 받아들여라

뭔가에 속하는 것. 살아오면서 오랜 시간 동안 내가 가장 원했던 것이다. 나는 무질서하게 뻗어가는 인구 수백만 명의 도시 이스탄불에서 외아들로 살았다. 어린 시절에 나는 대부분의 시간을 우리가 살던 조그만 아파트의 내 방 안에서 숨어 지냈다.

나는 취향이 유별났고, 그래서 늘 나 자신이 남들과 다르다고 느꼈다. 어릴 때부터 내가 좋아한 장소는 내 머릿속이었다. 나는 컴퓨터 및 책과 사랑에 빠졌다. 독학으로 컴퓨터 코드 짜는 법을 배웠으며, 아이작 아시모프(Isaac Asimov) 같은 공상과학 소설가들이 만들어낸 환상의 세계에 빠져 지냈다. TV 다큐멘터리 〈코스모스(Cosmos)〉 원작 시리즈의 VTR 녹화 테이프들을 통해 우주에 대한 칼 세이건(Carl Sagan)의 강연을 들었다. 당시 나는 영어를 전혀 몰랐고, 그래서 그가 무슨 말을 하는지 알 수 없었다. 그러나 어쨌든 그 강연을 들었다.

초등학교 4학년이 될 때까지만 해도 내가 남들과 다른 것은 별문제가 되지 않았다. 초등학생 때에는 모두들 똑같은 옷, 그러니까 빳빳한 흰색 칼라가 달린 밝은 청색 교복을 입고 학교에 갔으며, 남자애들은 모두 머리를 짧게 밀었다. 그랬다. 나만 빼고 모든 남자애들이 그랬다.

나는 머리 깎는 것에 관한 한 자유분방했고, 그것이 불도저 같은 교장 선생님의 분노를 자아냈다. 그는 학교장보다는 교도소장에 더 잘 어울리는 분이었다. 학교 집회에서 그는 내 머리가 표준보다 더 긴 걸 발견했고 성난 코뿔소처럼 으르렁대기 시작했다. 그는 한 여학생의 머리에서 머리핀을 빼내 내 머리에 꽂으면서 공개적인 망신을 주었다. 관행을 따르지 않은 것에 대한 응징이었다. 튀르키예인들에게 망신은 죽음보다 더한 것이다. 그 이후 나는 머리 깎는 걸 절대 까먹지 않았다.

일단 내 유별난 면들이 단점으로 드러나자, 또 그 때문에 차별 대우를 받기 시작하자 나는 내 색깔을 주변 색깔에 맞추는 등 문어처럼 변신하기 시작했다. 그리고 사람들이 물어보면 내가 정말 좋아하는 색은 보라색임에도 불구하고 파란색이라고 말하곤 했다. 파란색은 평범한 남자애들이 좋아하는 색이고, 나는 진정, 그야말로 진정 평범한 남자애가 되고 싶었으니까.

나는 착한 남자애가 되는 법을 배웠고, 어떻게든 세상 사람들이 기대하는 사람이 되려고 애썼다. 사람들은 어린 내게 흔히 이런 말들을 했다. "넌 이렇게 생각해야 해.", "넌 이런 사람이 되는 걸 두려워해야 해.", "넌 이런 사람들과 함께 시간을 보내야 해.", "네가 해도 좋은 게임들은 이런 것들이야.", "넌 이런 식의 미래를 원해야 해.", "넌 셋 중 하나를 택해야 해. 의사나 변호사 또는 엔지니어." 오, 이런!

중학교에 들어가면서 나 자신이 뭔가에 속하지 못하고 있다는 느낌이 점점 더 강해졌다. 단순히 헤어스타일만 다른 게 아니었다. 공립 초등학교에서는 비슷하게 경제적으로 어려운 집안 출신 아이들끼리 서로 부대끼며 지냈지만, 사립 중학교에서는 모든 게 주로 이스탄불의 부유한 엘리트 집안 출신 아이들 중심으로 돌아갔다. 부모님들은 내 등록금을 내줄 여유가 없었지만, 어렵게 어렵게 해결책을 찾아냈다. 내 경우 그것이 영어를 배우고 외국 유학을 가볼 수 있는 최선의 선택이었기 때문이다.

다른 모든 아이들이 날 때부터 가지는 '소속 칩'이 내겐 없다는 생각을 하며 나는 중학교 시절의 상당 부분을 보냈다. 나는 공상과학 소설이나 HTML 프로그래밍에 대해서라면 몇 시간이고 떠들 수 있었지만, 테니스는 쳐본 적도 없었고 프라다(Prada)라는 브랜드는 들어본 적도 없었다. 내겐 패션 감각도 없었고 기본적인 색 조합 감각도 없었다. 인정하기 싫지만 음악 취향도 저급해 훨씬 더 인기 있고 수준 높은 미국 얼터너티브 록 밴드 너바나(Nirvana)의 노래들보다는, 멜로디가 단순한 스웨덴 팝 밴드 에이스 오브 베이스(Ace of Base)의 노래들이 더 좋았다.

나는 초등학교 4학년 때 교장 선생님이 가르쳐준 교훈을 잊지 않았다. 나는 다른 사람들과 교류하는 일을 머리 깎는 일처럼 생각하기 시작했으며, 강박적일 정도로 평범한 생활을 하려 했다. 그리고 다른 사람들은 무엇을 생각하고 무엇을 원하는지 예상해, 그에 맞춰 내 색깔을 바꾸곤 했다. 그것은 상당한 효과가 있었다. 내 대인 관계는 날로 확대됐고 시간이 지나면서 나는 맞추는 일의 대가가 되었다.

정장이든 드레스든, 아니면 당신 자신이든 맞추는 일은 비슷하다. 스스로를 정해진 틀에 맞출 때까지 여기에선 생각을 잘라내고, 저기에선 우선순위를 바꾸고, 또다시 여기에선 행동을 수정하는 것이다. 그러나 옷의 경우와 달리 바뀐 자아는 원래의 자아와 닮은 데가 거의 없다. 깜빡깜빡하는 실제의 내 자아는 특정 사람들에게는, 또 특정 상황하에서는 빛이 났겠지만, 나는 나 자신조차 나를 알아보지 못하게 될 때까지 사람들이 기대하는 일을 하는 경우가 많았다.

미국 대학으로 유학을 떠나면서 나는 모든 걸 처음부터 다시 시작해야 했다. 나는 몸에 딱 맞는 유럽식 진을 카고 반바지로 갈아입었다. 또한 남학생 사교 클럽에 가입했으며 비어 퐁 게임(beer pong game, 맥주가 채워진 잔들에 탁구공을 던져 넣는 게임-옮긴이)을 마스터했다. 내 억양은 다른 사람들과 구분되는 특징들 중 하나였으나, 2학년이 끝나갈 무렵에는 그 억양 또한 고쳤다.

"이 친구, 대체 억양이 어떻게 된 거야?"

어느 날 밤 내 룸메이트 조(Joe)가 미국식 라이트 라거인 밀워키즈 베스트(Milwaukee's Best)를 홀짝이다 불쑥 내뱉은 말이다. 비쩍 마른 나는 지구 반대편에서 온 묘한 이름의 학생이었지만, 그들처럼 말을 하면 그들처럼 될 수 있다고 생각했다.

나는 대다수가 이슬람교도인 국가에서 자란 사람들이 종종 그럴 수 있듯 이슬람교도가 아니었다. 이슬람교도들의 지옥이 있다면 나는 분명 그리 가게 되리라. 9·11 테러가 터지기 전까지만 해도 내가 이슬람교도 국가 출신인 것은 문제가 안 됐다. 쌍둥이 빌딩이 무너져 내리자 내가 튀르키예에서 자랐다는 사실이 다른 모든 사실들을 덮어버렸다. 이슬람교도 혐오증이 확산되면서 좋은 친구라고 생각했던 사람들마저 등을 돌렸고, 나는 어느새 편견에 찬 비판의 표적이 되어 있었다. 이제 간신히 나 자신을 모든 것에 맞췄다고 생각했는데, 다시 또 한데 나앉은 꼴이 된 것이다.

그런데 사실 자신을 모든 것에 맞추려는 시도가 성공한 듯 보였을 때도 나는 그저 피상적인 소속감만 느꼈다. 뭔가에 소속된 것은 '내'가 아니었다. 그것은 '재단된 버전의 나'였다.

모든 것은 천천히 시작된다. 먼저 당신은 자신이 실제 믿는 것과 상반되는 얘기들을 하기 시작한다. 그러면서 모든 게 당연하다는 듯 연신 고개를 끄덕인다. 당신 자신의 경계들을 잊고 다른 사람들을 불러들임으로써 당신의 영혼은 침범당하게 된다. 시간이 지나면서 당신은 자신의 안식처 안에서조차 다른 사람들의 눈치를 봐야 하는 신세가 된다.

당신 자신을 다른 것들에 맞추려 하면 뭔가에 속하는 것도 더 힘들어진다. 이와 관련해 미국 작가 브레네 브라운(Brene Brown)은 이렇게 말한다.

"속한다는 것은 당신 자신을 인정받는다는 것이다. 맞춘다는 것은 당신이 다른 모든 사람들과 같다는 걸 인정받는 것이다. 내가 나 자신이 된다면 나는 속한 것이다. 그러나 당신과 같아진다면 나는 맞춰진 것이다."[1]

지금 나는 진행 중인 연구 상태로 남아 있다. 지금도 나는 가끔 다시 순응주의자가 되어 나 자신을 다른 사람들에게 맞추고 싶다는 충동에 빠지지만, 애써 그 충동을 억누르려 애쓰고 있다. 여러 가지 측면에서 내 집필 활동은 자립을 위한 것이다. 그러니까 나 자신을 돕고 본연의 자신과 재연결되기 위해, 또 진정한 내 색깔을 세상에 보여주기 위해 집필 활동을 하고 있는 것이다.

나는 또 내 유별난 면들을 있는 그대로 인정하기 위해 매일 소소한 행동들을 한다. 우선 가끔 내가 좋아하던 스웨덴 팝 밴드 에이스 오브 베이스의 노래를 실컷 듣는다. 내 스포티파이(Spotify, 스웨덴의 음원 스트리밍 서비스-옮긴이) 재생 목록을 들여다보면 그야말로 음악 세계의 아마겟돈(Armageddon, 지구 종말의 날 선과 악의 세력이 싸울 최후의 전쟁터로, '대혼돈' 정도의 의미다-옮긴이)이다. 좋은 음악이 죽어나가는 곳이니까. 그래도 나는 좋다. 그런 음악을 들으면서 누군가에게 맞춰진 낯선 사람이 아닌 진짜 내 자아를 만날 수 있기 때문이다.

내 아내 캐시(Kathy)를 처음 만나고 얼마 안 지났을 때 그녀가 내게 물었다.

"좋아하는 색이 뭐예요?"

나도 모르게 "파란색이요" 할 뻔했지만, 나는 바로 그 말을 삼키고 본연의 자신으로 돌아왔다.

"보라색이요." 내가 말했다. "난 보라색을 좋아해요."

캐시는 나를 보더니 그녀 특유의 아름답고 전염성 강한 미소를 지어 보였다.

"나는 어려서부터 보라색 좋아하는 남자와 결혼하고 싶었어요."

그 순간 나는 마침내 내가 누군가에게 속했다는 걸 알았다.

비범한 사람이 되는 법

1954년 조니 캐시(Johnny Cash, 미국 싱어송라이터 겸 배우-옮긴이)는 선 레코드(Sun Records)의 오디션 룸으로 걸어 들어갔다. 당시 그는 무명 가수였다. 그는 낮에 집집마다 다니며 가전제품을 팔았고, 밤이면 가스펠을 불렀다. 그는 파산 상태였고 결혼 생활은 파탄 났다. 캐시는 오디션에서 가스펠을 부르기로 했다. 그가 가장 잘 아는 게 가스펠이었으니까. 게다가 1954년에는 가스펠이 대유행이었다. 다른 사람들도 다 가스펠을 부르고 있었다.

영화 〈앙코르〉(조니 캐시의 삶을 다룬 영화-옮긴이)에도 나오지만,

오디션은 캐시가 계획한 대로 흘러가지 않았다.[2] 캐시가 따분한 가스펠을 부르기 시작하자, 선 레코드사 소유주인 샘 필립스(Sam Phillips)는 30초쯤 관심을 보이는 척하더니 바로 노래를 중단시켰다.

"그 노래는 이미 들었네." 코웃음 치듯 필립스가 말했다. "골백번은 들었을걸. 바로 그렇게. 자네가 방금 부른 그대로 말야."

그는 이렇게 말을 이었다. "우리가 온종일 라디오에서 듣는 지미 데이비스(Jimmy Davis, 미국 가스펠 가수-옮긴이) 풍의 노래 말야. 내면의 평화를 노래하는 노래." 그러면서 그는 캐시에게 요구했다. "뭔가 다른 노래를 해보게. 진심이 담긴 노래. 자네의 느낌이 담긴 노래. 진정 사람들을 구원해줄 노래는 바로 그런 노래니까."[3]

"캐시, 그것은 하나님을 믿는 것과는 아무 관계없네." 필립스가 말했다. "자네 자신을 믿는 것과 관계가 있지."

필립스의 그 말에 캐시는 순간 '당신에게 오래된 좋은 가스펠을 들려줄게요' 식의 순응주의적인 태도를 벗어던지게 된다. 참담한 담보 대출 채무 불이행, 김빠진 결혼 생활 그리고 너무 오랜 공군 복무 등에 묻혀 있던 그의 자아가 마침내 밖으로 나오게 된다.

그는 마음을 가다듬은 후, 자신의 기타를 치며 〈Folsom Prison Blues〉를 부르기 시작한다. 그 순간 그는 가스펠 가수가 되려던 걸 그만둔다. 그러곤 조니 캐시가 된다.

결국 그날 캐시는 음반 취입 계약을 하고 오디션 룸을 걸어 나왔다. 그 모든 게 가능했던 것은 그가 자신을 다른 사람들에게 맞추려는 본능적인 성향을 거부했고, 또 다른 사람들과 구분되는 자신의 모든 것들(수수한 태도, 독특한 목소리, 그리고 훗날 그에게 'The Man in Black', 즉 '검은 옷을 입은 남자'라는 애칭이 붙게 해준 검은색 옷 등)을 있는 그대로 받아들였기 때문이다.

우리는 무리를 따르면 안전할 것이라고 믿는다. 그러면서 사람들이 기대하는 것과 받아들이는 것들 뒤에 숨는다. 우리는 또 개인적으로 잘못되는 위험을 무릅쓰기보다는 집단적으로 잘못되는 걸 택한다. 그래서 잘못되는 한이 있어도 다른 모든 사람들이 부르는 가스펠을 부르는 것이다. 그렇게 우리는 추세를 좇고 최신 유행을 택하며, 조니 캐시처럼 이도 저도 아닌 애매한 입장을 취한다.

코로나19 팬데믹 초에 여러 기업들이 소비자들에게 보낸 이메일들을 생각해보자. 어쩔 수 없는 일이었겠지만, 그 이메일들의 제목은 한 가지 따분한 제목('코로나19와 관련해 최고경영자가 보내는 특별 메시지')이 약간씩 변형된 것이었으며, 그 안에는 똑같이 상투적인 인사말('소중한 고객님께')과 똑같이 닳고 닳은 말('전례 없는 불확실성의 시대에')이 담겨 있었다.

개인적인 삶에서와 마찬가지로 회사 생활에서도 대부분의 사람들은 바람직하지 않은 똑같은 본보기를 따르며 일한다. 특히 '전례 없는 불확실성의 시대'에는 다른 사람들을 따라 하게 되어 있다(나는 어땠는지를 돌아보라). 우리는 동료들과 경쟁자들이 우리가 모르는 뭔가를 알고 있다고 생각하며 그들을 그대로 따라 한다. 또한 상대할 가치가 있는 청중은 절대 다수의 청중이라고 믿어, 자신의 모난 면들을 다듬고 자신만의 특성들을 버린 뒤 그들을 따라 가스펠을 부르기 시작한다.

"아무도 그런 식으론 하지 않아"라는 반응이 나오면 대화가 시작도 되기 전에 중단된다. 아무도 그런 식으로 하지 않는다면 그것은 해선 안 된다. 아무도 그런 식으로 하지 않는다면 어찌 될지 알 수 없기 때문이다. 그래서 아무도 그런 식으로 하지 않는다면 우리 역시 그런 식으로 해선 안 된다.

이렇듯 '남들 하는 대로 따라 하는' 접근 방식을 택하면 모두들 한가운데로 몰리게 된다. 그러나 한가운데에는 워낙 많은 가스펠 가수들이 몰려 점점 줄어드는 파이 조각을 차지하기 위해 치열한 경쟁을 벌인다. 영국 뮤지션 브라이언 이노(Brian Eno)는 이렇게 말한다.

"사람들은 종종 가장 크고 가장 분명한 과녁을 겨냥해 그 정중앙을 맞추고 싶어 한다. 물론 다른 사람들 역시 다 정중앙을 겨냥한다. 그러나 정중앙을 맞추기란 절대 쉽지 않다."

그렇다면 그 대안은? "일단 화살을 날리고, 그런 뒤 그 화살이 꽂힌 곳을 중심으로 과녁을 그려라." 그러면서 그는 이렇게 설명한다. "그리고 최종적으로 자신만의 틈새를 만들어라."[4]

미국 록 가수 브루스 스프링스틴(Bruce Springsteen)은 자기 자신만의 틈새를 만들었다. 그는 자기 목소리가 대단하지 않다고 생각했다. 그는 이렇게 적고 있다.

"나는 기타를 칠 줄 알았다. 그러나 세상에 뛰어난 기타리스트는 쌔고 쌨으며, 그중 상당수는 실력이 나와 비슷하거나 더 나았다."[5]

다른 사람들과 같은 과녁을 겨냥하는 대신, 스프링스틴은 먼저 화살을 날린 뒤 그 화살이 꽂힌 곳 주변에 과녁을 그렸다. 그는 다른 뮤지션들과 차별되는 자신만의 특성에, 그러니까 직접 곡을 쓸 수 있는 능력에 초점을 맞췄다. 그러고는 "Waste your summer praying in vain for a savior to rise from these streets(이 거리에서 구원자가 나오길 빌며 여름을 헛되이 보내라)"와 같이 아메리칸드림과 미국의 현실 간의 괴리를 보여주는 곡들, "For my 19th birthday I got a union card and a wedding coat(19번째 생일에 나는 조합원증과 결혼 예복을 받았지)"와 같이 노동자들의 심정을 대변하는 곡들, 그리고 "I want to know if love is real(사랑이 진짜인지 알고 싶어)"처럼 팬들로 하여금 그의 음악 안에서 자기 자신의 일부를 찾을 수 있게 해주는 곡들을 써내면서 일대 센세이션을 일으켰다. 처음에는 청중과 음반사 에이전트들, 다른 밴드 멤버들은 물론 그 외의 거의 모든 사람들에게 무시당했던 바로 그 사람이 결국 록계에 센세이션을 불러일으킨 당사자가 된 것이다.

방송인 오프라 윈프리(Oprah Winfrey)의 이야기도 이와 비슷하다.[6] 그녀는 자신의 첫 직장인 저녁 뉴스 기자 자리에서 해고됐다. 그 이유는? 자신의 이야기와 자신의 감정을 분리하지 못했기 때문이다. 그러나 윈프리는 자신의 감정들을 지우려 하지 않고 오히려 있는 그대로 받아들였다. 그 확고한 성향 덕에 결국 세계에서 가장 공감능력이 뛰어난 인터뷰 진행자가 되었고, 또 이름만 대면 다 아는 유명인이 되었다.

비범한 사람이 되려면 본연의 자신에 더 가까워져야 한다. 그렇게 할 때 당신은 다른 사람들을 밀어내는 동시에 끌어당기는 자석과 같은 존재가 된다. 당신은 모든 사람이 좋아하는 사람도 될 수 없고, 그 누구도 싫어하지 않는 사람도 될 수 없다. 또한 당신이 만일 이룰 수 없는 목표를 이루려 한다면, 당신이 갖고 있는 자석의 힘만, 그러니까 당신이 갖고 있는 힘의 원천만 줄어들게 된다. 보라색을 좋아하는 사람들을 끌어들이는 유일한 길은 당신의 보라색을 보여주는 것이다.

그러나 그것이 가식이라면 당신의 보라색을 있는 그대로 받아들여도 소용없다. 그것이 단순히 사람들의 관심을 끌기 위한 술책이라면 말이다. 그것이 단순히 다른 사람들의 관심을 끌기 위한 것이거나 다른 모든 사람들을 그대로 따라 하기 위한 것이라면 말이다. 이는 단순히 규칙 파괴를 위한 규칙 파괴가 아니다. 기존 규칙들에 맞선다는 명분도 없이 일으키는 충동적인 반란이 아니다. 그보다는 본연의 자기 모습으로 살고 싶다는 욕구에 의해 의도적으로 각종 규칙들에 맞서는 것이다.

사실 우리는 모든 것들을 대조 내지 차이 때문에 구분한다. 또한 어떤 것들은 주변의 것들과 다르기 때문에 눈에 띈다. 당신이 만일 배경과 구분이 안 된다면, 즉 특이점도 없고 지문도 없고 대조되는 점도 없고 이상도 없다면 당신은 눈에 띄지 않게 된다. 그저 배경의 일부가 되어버린다. 당신이 눈에 띄게 되는 것은 오로지 당신의 특이점들, 그러니까 당신을 본연의 당신으로 만드는 것들을 지우지 않고 있는 그대로 받아들일 때뿐이다.

다른 것들과 같지 않다

나는 서점 안으로 걸어 들어가 새로운 책들을 찾아내는 걸 아주 좋아한다. 모든 사람들의 서가에 꽂혀 있는 베스트셀러 책들이 아니라 발견되지 않은 보석들 말이다. 아직 임자를 만나지 못한 좋은 책들. 아직 일반 대중의 눈에 띄지 못한 책들. 마케팅에 많은 돈을 쏟아부을 수 없는 중소 출판사들의 책들.

지난 몇 년간 나는 평소 자주 이용하는 몇몇 서점에서 실망스런 추세를 목격했다. 당신이 어떤 일을 하고 있든 관계없이, 그 추세에는 중요한 교훈들이 담겨 있다. 서점 안으로 들어가면 가장 먼저 베스트셀러 코너가 눈에 띄고, 거기에 이른바 요즘 핫하다는 책들이 진열되어 있다. 새로 나온 그 베스트셀러들을 지나가면 다른 서가들에서 가장 눈에 띄는 책들 역시 이전에 나온 베스트셀러들이다. 서점 직원에게 책을 권해 달라고 하면, 짐작 가겠지만 그 직원은 베스트셀러 코너에 있는 책들을 몇 권 권한다.

서가에 꽂힌 모든 책들은 저자의 성에 따라 알파벳순으로 정리되어 있는데, 이는 자신이 정확히 어떤 책을 원하는지 알고 서점에 들어오는 사람들의 수가 급격히 줄고 있기 때문에 고안된 분류 시스템이다. 이런 유형의 서점에는 개성이라곤 없다. 별나지도 않다. 매력도 없다. 주목할 만한 게 없다. 온라인 소매 서점보다 나은 게 없다. 그러니 잠재적인 고객들이 무엇 때문에 굳이 오프라인 서점을 찾겠는가?

오프라인 서점들은 가격과 편의성 면에서 온라인 소매 서점들과 경쟁이 안 된다. 그러나 오프라인 서점들은 온라인 소매 서점들이 할 수 없는 일들을 할 수 있다. 고객들에게 개인 맞춤형 경험 기회를 줄 수 있는 것이다. 최고의 서점들이 하는 일이 바로 그런 것이다. 그 서점들은 광고와 컴퓨터 알고리즘과 베스트셀러 목록으로는 제공할 수 없는 진정한 맞춤형 서비스를 진짜 인간들이 제공한다. 또한 고객들이 마음에 드는 책들을 찾기 쉽게 서가들을 아주 잘 정리해놓고 있다. 책들을 단순히 알파벳순으로 늘어놓는 게 아니라, '시간 여행의 책들(Time Travel)', '주말에 읽을 만한 흥미진진한 책들(Page Turners You Can Read in a Weekend)', '들어본 적도 없는 필독서들(Must-Read Books You've Never Heard Of)', '어른들도 좋아할 청소년 도서들(Young Adult Books That Adults Will Also Love)' 식의 범주들을 만들어 내놓는 것이다.

이제 다른 산업 분야로 눈을 돌려, 미국 항공사 버진 아메리카(Virgin America)의 경우를 생각해보자. 2007년에 그 항공사는 기존 방식과는 전혀 다른 재미있는 항공 안전 비디오를 찍었다.[7] 그 비디오 멘트들 가운데 내가 좋아하는 대목은 이렇다.

"안전벨트를 한 번도 조작해본 적 없는 0.0001퍼센트의 사람들께 그 조작법을 알려드리자면 다음과 같습니다."

이 대목은 사람들이 머릿속으로 생각은 하면서도 입 밖으로 내뱉어본 적 없는 마음을 집어냈다. ('저 사람들은 왜 아직까지도 사람들에게 안전벨트 매는 법을 가르치려 들지?') 또한 버진 아메리카는 자신들의 상징색인 보라색을 받아들여, 대부분의 항공사들이 기내에 사용하는 두통을 유발하는 백색 조명 대신 은은한 보라색 조명을 사용했다. 이런 점들 때문에 버진 아메리카는 사실상 똑같은 서비스들을 제공하는 항공사들로 북적대는 항공 시장에서 두각을 드러낸다. 그리고 다른 항공사들이 이를 따라 할 때쯤에, 버진 아메리카는 이미 항공 여행 시장에서 즐거움과 유행을 선도하는 항공사 자리를 굳히게 된다.

벤앤제리스(Ben & Jerry's)는 체리 가르시아(Cherry Garcia, 록 밴드의 이름을 따서 만든 아이스크림-옮긴이), 카라멜 수트라(Karamel Sutra, 수트라는 불교 경전 이름-옮긴이)와 같은 재미있는 이름의 아이스크림 맛으로 신선한 즐거움을 주며 시장을 이끈 전통적인 강자였다. 그러나 2000년에 다국적 대기업 유니레버(Unilever)에 인수된 뒤, 벤앤제리스는 그 특유의 맛들을 조금씩 잃게 된다. 새로 지명된 임원들이 사람들을 내보내고 공장들을 폐쇄해 회사 분위기도 말이 아니었다.[8]

그러다 2010년 요스테인 솔하임(Jostein Solheim)이 최고경영자 자리에 오르면서 모든 게 나아지기 시작했다. 그런데 벤앤제리스 고유의 기업 문화를 살리기 위한 그의 노력은 곧 새로 개발된 아이스크림 이름 때문에 시험대에 오르게 된다. 그 아이스크림 이름은 스웨디 볼(Schweddy Balls, 여기서 'balls'는 남자의 '고환'을 뜻하는 속어로, 문제가 됨-옮긴이)로, 미국 코미디 프로그램 〈새터데이 나이트 라이브(Saturday Night Live)〉에서 요리사 피트 스웨디(Pete Schweddy)가 만든 크리스마스 특별 요리 이름에서 따온 것이었다.[9]

솔하임은 그 아이스크림 이름을 승인했을까? 위험한 결정이 될 소지가 많았다. 일부 부모 단체들은 격분할 게 뻔했다. 일부 매장들은 판매를 거부할 게 뻔했다. 그러나 보다 더 중요한 것이, 그러니까 아이스크림 이름을 독특하게 짓는 걸로 유명한 벤앤제리스의 기업 문화가 솔하임의 결정에 달려 있었다. 10여 년간 격동의 세월을 거쳐온 벤앤제리스의 직원들 입장에선 새로운 리더가 과연 '보라색', 즉 회사 고유의 특징을 받아들일지가 초미의 관심사였다. 솔하임은 결국 새로운 아이스크림 이름을 승인했다.

예상했던 대로, 일부 소매업체들의 반응은 적대적이었다. 벤앤제리스 임원진과의 한 미팅에서, 월마트(Walmart) 최고경영자는 "난 스웨디 볼은 팔지 않을 겁니다!" 하면서 고래고래 소리를 질러댔다. 이 일화만 봐도, 그 새로운 아이스크림이 벤앤제리스에 얼마나 큰 부담을 안겨줬는지 알 수 있다. 어쨌든 그 이후 벤앤제리스는 잃어버렸던 매력을 되찾게 된다.[10]

그렇다, 새로운 아이스크림 맛은 독특했다. 그리고 그 독특함 덕에 다른 아이스크림들의 맛과 구분됐다. 사람들이 당신 얘기를 하고, 또 다른 사람들을 제치고 당신을 선택하는 것은 당신의 독특함 때문이다. 당신이 만일 그 독특함을 줄이고 또 당신에게 도움이 되는 유별난 면들을 없애버린다면, 당신은 평범한 바닐라 아이스크림이 되어버릴 것이다. 평범한 바닐라 아이스크림으로는 사람들의 관심을 끌 수 없다. 이는 다른 서점들과 똑같이 서가를 정리하는 서점의 경우도 마찬가지이고, 똑같은 항공 안전 경고를 지겨울 만큼 되풀이하는 항공사도 마찬가지이며, 같은 노래를 똑같은 방식으로 부르는 가스펠 가수도 마찬가지다.

한발 물러서서 자문해보라. '우리의 독특함은 무엇인가?', '우리는 고객들에게 무엇을 제공해 그들을(또 우리를) 즐겁게 해줄 수 있을까?', '어떻게 하면 똑같은 걸 제공하는 다른 기업들과 구분되는 방식으로 우리의 독특한 개성을 고객들과 공유할 수 있을까?'[11]

20여 년 전에는 아마 서가의 책들을 저자의 성에 따라 알파벳순으로 정리해야 할 중요한 이유가 있었을 것이다. 그러나 당신이 만일 오늘날 세상이 어떻게 돌아가는지 다시 생각해보지 않는다면, 아마 다른 누군가가 생각할 것이다.

가장 위험한 형태의 모방

사람들이 모방이란 말을 할 때는 남들의 것을 그대로 베끼는 걸 뜻하는 경우가 많다. 그러나 보다 위험한 형태의 모방이 있는데, 그것은 자기 모방이다. 처음 성공을 맛보게 되면 모든 걸 반복하고 싶다는 강한 유혹에 빠지게 된다. 자신이 전에 한 걸 그대로 모방하고 싶은 것이다.

내 경우 지금 여러분이 읽고 있는 이 책을 쓸 때 그런 유혹에 빠졌다. 나의 첫 책《문샷》을 쓸 때만 해도 나는 그 어떤 것도 모방할 생각이 없었다. 그 책이 어떤 방향으로 써져야 한다는 생각도 없었다. 나는 그저 나의 찰흙을 가지고 마음껏 만지작거렸고 마음껏 놀았으며 또 마음껏 원하는 모양을 빚었다.

이 책을 쓸 때 나는 이미 집필 경험이 있었다. 이제 나는 바로 앞서 쓴 책 때문에라도 사람들의 기대에 부응해야 했다. 이 책과 비교될 전작이 있었으니까. 그래서 이 책을 쓰면서 나는 처음엔 《문샷》에 성공을 안겨준 바로 그 공식을 그대로 베꼈다. 구조와 포맷 그리고 그 밖의 모든 것들을 자기 복제하듯 베낀 것이다.

그러나 그것은 통하지 않았다. 말이 자연스레 흐르질 않았다. 이전 공식에 매달리면 매달릴수록 집필 작업은 더 힘들어졌다. 그래서 나는 이전 공식을 손에서 놓았다. 더 이상 통하지도 않는 공식에 억지로 매달리는 대신 매순간 나타나는 각종 아이디어와 토픽과 테마 등 집필 과정에서 만나는 것들에 호기심을 보였으며, 또 그 모든 것들의 불확실성을 그대로 받아들였다.

오리지널 작품을 그대로 베끼면 그 작품을 눈에 띄게 만들었던 특성들이 희석된다. 속편이나 리메이크 작품이 오리지널 작품의 매력을 뛰어넘지 못하는 것은 바로 그 때문이다. 어쨌든 공식을 포기하자 머릿속에서 다시 말이 흐르기 시작했다. 키보드를 두드리는 손가락들이 보다 자유롭게 느껴졌고 나중엔 아예 춤추듯 키보드 위를 날아다녔다. 그 덕에 나는 한 달간 기록적으로 많은 글을 썼다. 이와 관련해 캐나다계 미국 가수 조니 미첼(Joni Mitchell)은 이렇게 말한다.

"당신에겐 두 가지 선택이 있다. 그대로 머물면서 처음 성공을 안겨준 공식을 지킬 수도 있다. 그대로 머물러 있으면 사람들이 돌을 던질 것이다. 그리고 만일 변한다면 또 변했다고 돌을 던질 것이다."[12]

나 같으면 이왕이면 변했다는 이유로 돌을 맞고 싶다. 마지막 걸작을 재현하기 위해 하염없이 도자기 물레 앞에 앉아 있고 싶진 않다. 남들의 것을, 특히 자신의 이전 것을 베끼는 걸 그만둘 때 사람들로부터 주목받게 되며, 비로소 현재의 당신 자신만 만들 수 있는 작품을 내놓을 수 있다.

전략 뒤에 숨어 있는 원칙을 마스터하라

웹사이트에서 처음 팝업창이 튀어나오는 걸 봤을 때의 일이 어렴풋이 기억난다. 정말 신기했다!

'오, 저 작은 박스 좀 봐! 난데없이 나타났어! 누군가가 내가 여기 있다는 걸 아나봐!'

원치도 않는 할인 쿠폰이었지만 그 10퍼센트 할인 혜택을 받기엔 내 이메일 주소 타이핑 속도가 너무 느렸다. 팝업창은 금방 사라져버렸으니까.

그런데 단 몇 주도 안 지나 팝업창은 모든 웹사이트에서 튀어나오기 시작했다. 처음에 받았던 행복한 느낌이 곧 짜증으로 변했다. 팝업창 전략이 흔해지자 사람들은 그것을 무시하기 시작했다. 팝업창이 진부한 항공기 내 안전벨트 안내처럼 되어버린 것이다. 너무 자주 반복해 나오면서 배경화면의 일부처럼 되어버린 것이다.

이번엔 요리의 경우를 예로 들어보자. 당신이 만일 요리를 잘하고 다른 누군가의 레시피까지 이용한다면, 기본적으로 인스타그램에 올릴 정도의 요리를 할 수 있다. 하지만 인생사는 그렇게 흘러가지 않는다. 정확히 똑같은 재료들과 똑같은 레시피를 쓴다 해도 사람마다 그 결과가 천차만별이라는 데 인생의 묘미가 있다. 그럼에도 불구하고 여전히 다른 사람들의 레시피를 베끼는 게 안전하다는 느낌이 든다. 실패한다면, 그러니까 똑같은 전략을 썼는데 똑같은 결과가 나오지 않는다면 요리책 탓을 하면 되니까.

그러나 맹목적으로 다른 사람들의 레시피를 따를 경우 남들에 대한 의존도가 점점 더 높아지게 된다. 레시피 뒤에 숨겨진 논리를 이해하지 못하거나 요리의 기본을 마스터하지 못하게 되는 것이다. 각 재료가 어떤 역할을 하는지도 모른 채 여기서 소금 한 티스푼을 넣고, 저기서 올리브유 반 컵을 넣는 등 맹목적으로 따라 하기만 하는 것이다. 그 결과 뭔가가 잘못됐을 때 또는 레시피를 바꿔 당신 자신의 요리를 하다 문제가 생길 때 해결책을 찾지 못하게 된다.

미국 요리 연구가 줄리아 차일드(Julia Child)는 타고난 요리사는 아니었다. 그녀는 주섬주섬 자신의 레시피들을 만들어냈지만 요리 기술을 마스터하진 못했고, 그러다 서른일곱이라는 나이에 프랑스 르 꼬르동 블루(Le Cordon Bleu) 요리 학교에 들어갔다. 미국 요리 전문 저널리스트 로라 셔피로(Laura Shapiro)는 이렇게 적고 있다.

"르 꼬르동 블루에서 요리를 배운다는 것은 모든 요리를 최소의 단계들로 쪼개 힘들고 지루한 각 과정을 하나하나 직접 해내야 한다는 의미다."

그런 과정을 통해 차일드는 난생처음 각 레시피가 효과를 발휘하는 방법과 이유 뒤에 숨겨진 원칙들을 이해하게 되었다.[13] 요리의 기본을 마스터한 차일드는 TV에 출연해 그것을 대중에게 가르쳐 주고자 했다. 그리고 그것이 그녀의 매력 중 일부가 되었다. 굳이 자신의 레시피를 숨기려 하지 않은 것이다. 차일드는 요리의 각 단계에서 어떤 효과가 나는지, 또 자신이 뭔가를 할 때는 왜 그렇게 하는지를 낱낱이 다 밝혔다. 시청자들에게 요리의 신비한 과정을 일일이 다 보여줌으로써, 자신으로 하여금 원하는 결과를 얻을 수 있게 해준 요리의 기초를 가르쳐줬다. 요리 초보자도 그런 기초로 무장할 경우 주방에 대한 통제권을 쥘 수 있었다.

여기서 중요한 단어는 '통제권'이다. 우리는 대개 통제권을, 그러니까 다른 사람들이 사용하는 레시피에 대한 통제권과 우리가 과거에 사용했던 레시피에 대한 통제권을 포기한다. 원래 과정은 뒤를 돌아보는 것이다. 과정은 어제의 문제에 대응하는 데서 나온 것이니까. 만일 지금 하고 있는 일을 계속한다면, 즉 마지막으로 번개가 친 곳에 계속 피뢰침을 꽂는다면 당신은 더 이상 사람들로부터 주목받지 못하게 될 것이고, 또 당신을 주목받게 만들어주던 것들을 잃게 될 것이다. 통제권을 되찾으려면 다른 사람들이 하는 걸 맹목적으로 따라 하거나 당신이 과거에 했던 걸 아무 생각 없이 반복할 게 아니라 당신이 하는 것들에 대해 뚜렷한 목적을 가져야 한다. 그리고 뚜렷한 목적을 가지려면 당신이 지금 하는 일들을 왜 하는지 알아야 한다.

매주 열리는 현황 회의가 뚜렷한 목적을 갖는 데 도움이 되는가? 아니면 늘 해오던 일을 계속하는 게 더 쉬워서, 또 회의하는 걸 좋아하는 윗사람과 골치 아픈 대화를 하지 않으려고 회의를 고집하고 있는 것인가?

당신의 브레인스토밍 회의는 그저 사람들이 서로 똑똑해 보이려고 뽐내는 자리인가? 아니면 실제로 가치 있는 아이디어들을 내놓고 구체적인 결정들을 내리기 위한 자리인가?

당신 회사의 웹사이트에 뜨는 팝업창은 무엇을 위한 것인가? 그 덕에 당신이 원하는 결과들이 나오고 있는가? 아니면 순전히 누군가가 웹사이트에 팝업창이 뜨게 하면 좋을 것이라 해서 그렇게 하고 있는 것인가?

다른 사람들의 툴과 전략과 레시피를 그대로 따라 하지 말고, 그 뒤에 감춰진 원칙을 마스터하도록 하라. 일단 그 원칙을 알고 나면, 그러니까 일단 전략 뒤에 감춰진 '왜(why)'를 알고 나면 당신 자신만의 뛰어난 '어떻게(how)'를 만들어낼 수 있다.

당신의 기본 원칙들

경영서를 읽어봤다면 아마 코닥(Kodak)의 몰락 이야기를 접한 적이 있을 것이다. 1975년 코닥의 한 젊은 엔지니어가 최초의 디지털 카메라를 개발했다. 그러나 코닥 경영진은 그 기술을 상품화하는 게 아니라 오히려 찍어 누르기로 결론짓는다. 그 기술이 코닥의 전통적인 필름 사진 사업과 경쟁하게 될 것이 예상됐기 때문이었다.

결국 코닥은 자신들이 최초로 개발해 사장시켜버린 바로 그 디지털 카메라 기술 때문에 무너지게 된다. 후에 디지털 카메라 시장에 뛰어들었지만, 그 노력은 너무 미미했고 너무 늦었다. 침몰하는 타이타닉(Titanic)호에서 갑판 의자들을 재정리하는 꼴이었다.[14] 결국 코닥은 2012년에 파산했다.[15]

그러나 코닥 이야기처럼 널리 알려지진 않았지만, 태평양 건너편에서 일어난 훨씬 더 중요한 기업 이야기가 또 있다. 그것은 바로 후지필름(Fujifilm) 이야기다.

디지털 카메라들이 인기를 끌게 되면서, 코닥의 주 경쟁업체인 후지필름 역시 비슷한 문제에 봉착했다. 가장 중요한 사진 필름 시장 규모가 급격히 줄어들고 있었던 것. 하지만 코닥의 경우와는 달리, 후지필름 경영진은 자신들의 역사적 전통을 양보하는 한이 있더라도 '우린 이런 사람들이고 이런 걸 해낼 수 있다'는 걸 보여주겠다는 정신으로 거센 도전을 헤쳐나갈 의지가 있었다.[16]

미래에 대해 다시 생각해보기 위해 후지필름 리더들은 이렇게 자문했다.

'우리의 기본 원칙들, 그러니까 우리 회사의 핵심 능력들 가운데 어떤 걸 새로운 목적에 맞춰 쓸 수 있을까? 우리가 유독 더 잘할 수 있는 그것들로 어떤 산업들에 도움을 줄 수 있을까?'

그렇게 해서 나온 결론은? 화장품이었다. 그렇다, 잘못 들은 게 아니다. 2007년에 후지필름은 '사진발이 잘 받는' 고기능성 스킨케어 제품들을 판매하는 화장품 브랜드 '아스타리프트(Astalift)'를 출범시켰다.

얼핏 보면 사진과 스킨케어 제품 사이에는 아무 공통점도 없는 것처럼 보일 수도 있다. 그러나 겉만 보고 판단해선 안 된다. 알고 보니, 사진 필름을 유해 자외선으로부터 보호해주는 항산화제가 인간의 피부도 보호해줄 수 있었다. 게다가 또 알고 보니, 필름에 들어가는 물질의 거의 절반을 차지하는 콜라겐은 피부에 가장 풍부한 단백질이고 또 미용 제품들에 흔히 들어가는 재료이기도 했다. 그래서 후지필름은 콜라겐과 항산화제에 대한 자신들의 경험을 토대로 스킨케어 제품 제조법을 개발했다. 수십 년간 필름 사진을 제조해온 후지필름의 여러 부서들이 방향을 틀어 화장품 개발에 매달렸다.

필름업계의 오랜 경쟁사 코닥이 파산 선고를 한 2012년에, 사업 다각화에 나선 후지필름의 연매출은 200억 달러를 넘었다. 후지필름은 자신들의 자산을 재분배해 의료 및 제약, 생명과학 등으로 사업 영역을 넓혀갔다. 물론 그 파생 사업들 가운데 상당수는 실패했다. 그러나 후지필름은 몇 안 되는 사업에서 큰 성공을 거둠으로써 그 나머지 사업들로 인한 손실을 만회할 수 있었다.

게다가 후지필름은 절대 필름 사업을 완전히 포기하지 않았다. 필름 제조업체로서의 역사와 문화를 지키기 위해, 즉 자신들만의 독특한 아이스크림 맛을 지키기 위해, 그들은 여전히 필름 제품들을 만들어내고 있다. 물론 필름 제품의 수익이 전체 수익에서 차지하는 비중은 아주 미미하다. 그러나 그 비중은 점점 커져가고 있는데, 그것은 아날로그 이미지와 물리적 매체에 대한 향수가 커지면서 전통적인 필름 제품들의 인기 역시 높아지고 있기 때문이다. 이것이 바로 어떤 시스템을 핵심 요소들로 분해했다가 다른 방법으로 재조립하는 '기본 원칙' 사고의 힘이다.

다른 예들도 얼마든지 있다. 유튜브(YouTube)는 원래 비디오 데이트 웹사이트로 출발했다. 아직 스와이핑(swiping, 터치스크린을 손가락으로 옆으로 쓸어 넘기는 것-옮긴이) 기술이 등장하기 전인 2005년 2월 14일, 유튜브의 공동 창업자 세 사람은 싱글들이 비디오를 만들어 파트너가 될 만한 사람들에게 자신을 소개할 수 있는 웹사이트를 개설했다.[17]

"우리는 밸런타인데이에도 할 일이 없는 총각들이었어요."

공동 창업자 스티브 첸(Steve Chen)의 설명이다. 그들은 연인 관계를 맺어주는 사랑의 큐피드가 되려 했으나 일이 잘 풀리질 않았다. 그래서 그들은 자신들의 기반 기술을 활용해 사람들로 하여금 모든 종류의 비디오를 쉽게 업로드할 수 있게 해주는 서비스를 시작했다.

무려 160억 달러 가치를 지닌 기업으로 성장하기 전에, 슬랙(Slack)은 타이니 스펙(Tiny Speck)으로 불리던 게임 개발 기업이었다.[18] 2010년대 초에 그 회사는 〈글리치(Glitch)〉라는 다중 사용자 온라인 롤플레잉 게임을 만들었다. 그 게임에는 사용자들끼리 서로 커뮤니케이션을 할 수 있는 내부 채팅 툴이 있었다. 〈글리치〉가 지속적인 사용자들을 만들어내지 못하자 공동 창업자들은 그 게임의 내부 채팅 툴을 가지고 독립된 제품을 만들어냈다.

기본 원칙 사고의 힘은 비즈니스 분야 이외의 훨씬 더 많은 분야에서 활용될 수 있다. 이 사고를 활용해 당신 내부에 숨겨진 새로운 재료들을 찾아내 새로운 당신을 만들 수도 있다. 그러니 잠시 시간을 내 당신 자신의 기본적인 조립 블록들, 그러니까 당신의 각종 재능 및 관심, 선호도가 담긴 레고 블록들에 대해 알아보라.

이때 생각해봐야 할 몇 가지 의문들이 있다. '당신을 당신답게 만드는 것은 무엇인가?', '살아오면서 겪은 삶의 일관된 주제들은 어떤 것들인가?', '다른 사람들에겐 일 같지만 당신에겐 놀이같이 느껴지는 건 무엇인가?', '당신 자신은 전혀 능력이라고 생각지 않지만 다른 사람들은 그렇게 생각하는 건 무엇인가?', '가장 친한 친구나 파트너에게 물어본다면 그들은 무엇이 당신의 초능력, 그러니까 다른 보통 사람들보다 더 나은 능력이라고 할까?'

우리는 비교적 쉽게 오는 우리의 초능력을 불신하는 경향이 있다. 어렵게 얻는 것은 높이 평가하지만, 쉽게 얻는 것은 평가 절하하는 것이다. 우리는 뭔가를 하면서 계속 아등바등 힘든 시간을 보내지 않을 경우 그 일을 제대로 하고 있지 못하다고 믿는다. 그러나 실제 우리의 삶에선 엄청난 열과 압력을 가하지 않고도 다이아몬드를 만드는 게 가능하다.

당신이 남들보다 더 잘하는 일들 뒤에 어떤 비결들이 숨어 있나 살펴보라. 예를 들어 당신이 행사를 조직하는 데 아주 뛰어나다면 그것은 단순히 당신이 뛰어난 행사 주관자라는 의미만은 아니다. 당신이 커뮤니케이션에 능하고 사람들을 잘 결집시키며 기억할 만한 경험을 잘 만들어낸다는 의미이기도 한 것이다. 그런 능력들 덕에 당신은 어쩌면 당신이 생각하는 것보다 훨씬 더 다양한 일들을 해낼 수도 있다.

내 삶에 일관되게 나타나는 핵심 주제들 가운데 하나는 스토리텔링(storytelling)이다. 어린 시절 나는 할아버지의 언더우드 타자기 사용법을 배운 순간부터 이야기들을 썼다. 초등학교 다닐 때는 많은 시간을 각본과 이야기, 내가 만든 잡지(독자는 내 부모님뿐이었지만)에 올릴 기사 등 각종 글을 쓰는 데 보냈다. 성인이 되어 변호사 일을 할 때는 설득력 있게 고객들을 변호하는 데 스토리텔링을 이용했다. 그 뒤 교수 일을 할 때도 학생들의 흥미를 끌고 또 영감을 주기 위해 스토리텔링을 이용했다. 그리고 지금은 또 저자로서 내 생각들을 기억에 남는 방법으로 전달하기 위해 스토리텔링을 이용하고 있다. 레시피는 계속 변하지만 핵심 재료만은 늘 그대로인 것이다.

당신은 당신의 기본 원칙들을 심하게 억누르는 경우가 많은데, 그것은 그 기본 원칙들 때문에 당신이 다른 사람들과 달라지기 때문이다.

내 경우 놀이는 내 기본 원칙들 중 하나다. 나는 어린 시절에도 장난기가 아주 많았지만, 그것이 순응하는 데 방해가 되기 시작하면서 규율로 그 장난기를 억눌렀다. 그러나 지금의 나는 예전의 그 장난기를 되찾고 있으며, 집필 작업이 가장 잘될 때는 대개 내 내면의 아이가 밖으로 나와 장난을 치며 놀 때다.

당신 내면의 아이는 종종 갇혀 있던 당신의 기본 원칙들을 다시 풀어놔주는 열쇠다. 스페인 건축가 안토니 가우디(Antoni Gaudi)가 한 말이라지만, 독창성은 원래의 자신으로 돌아갈 때 생겨난다. 그러니 원래의 당신 자신과 다시 연결되도록 하라. 어린 시절에, 그러니까 세상이 당신 머릿속에 각종 사실과 메모들을 쑤셔 넣기 전에, 또 교육이 당신이 즐기는 일들로부터 즐거움을 앗아가기 전에, 그리고 또 세상이 시간을 보내는 당신의 방법을 좌지우지하기 전에 당신은 무엇을 하는 걸 좋아했었는가?

일단 당신의 핵심 요소들을 해체한 뒤 처음부터 다시 새롭게 태어나라. 그러나 단순히 과거의 것들을 그대로 베끼지는 마라. 앞으로 나아가면서 다시 생각해보라. 잠재적인 새 미래를 찾아내기 위해 새로운 방식으로 당신의 기본 원칙들을 재구축하라. 후지필름과 슬랙이 그랬던 것처럼 당신 스스로 새로운 경력이나 새로운 분야로 나아가라. 그리고 또 유튜브가 그랬던 것처럼 다른 소비자들에게 다가가는 일에 집중하라.

기본 원칙들을 찾아내면 당신은 자신의 그 엄청난 풍요로움과 복잡함 속으로 걸어 들어가게 될 것이다.

당신 자신을 다양화시켜라

> 나는 거대하고, 내 안에는 군중이 있으니까.
> —월트 휘트먼, 〈나 자신의 노래(Song of Myself)〉

매일 아침과 점심과 저녁에 똑같은 걸 먹는다고 상상해보라. 1800년대 초에 수백만 명의 아일랜드인들이 실제 그랬다.[19] 그들은 거의 전적으로 럼퍼(Lumper)라는 품종의 감자를 먹었으며, 일반적인 노동자가 하루에 먹는 감자의 양은 약 6.4킬로그램이었다. 일모작으로 재배되는 그 감자로 전 인구가 먹고 살았는데, 아메리카 대륙으로부터 오는 증기선들과 함께 원치 않는 방문객이 아일랜드 해안에 도착했다.

그 방문객은 'Phytophthora infestans', 즉 '감자역병균'이라는 이름의 병원체였다. 그 이름은 그리스어에서 온 말로, '식물 파괴자'라는 뜻이다. 그 병원체로 인해 필수 식량원인 아일랜드 감자의 수확량은 급감했고, 감자는 끈적끈적하니 먹을 수 없는 물질로 변해버렸다.

그 이후에 찾아온 '대기근'은 무려 7년간 계속됐다. 1892년까지 100만 명이 목숨을 잃었으며, 기근 발생 10년 후에는 200만 명 이상이 영영 아일랜드를 떠나 아일랜드 인구는 거의 25퍼센트나 급감했다. 이 같은 비극에는 영국 정부의 무능과 소작농들을 쫓아낸 영국 지주들의 잔학성 등 여러 요인들이 작용했다.

기근이 발생한 또 다른 주요 원인은 아일랜드 감자에 유전학적 다양성이 결여되어 있었다는 것이다.[20] 아일랜드 빈곤층 대부분이

'럼퍼 감자'를 주식으로 삼고 있었는데, 그 감자가 '식물 파괴자'에 특히 취약한 것으로 드러났다. 그 결과 그 병원체는 감자는 물론 그 감자에 의존해 살아가던 사람들까지 죽음으로 내몬 것이다.

농업이든 사업이든, 아니면 인간이든, 어떤 시스템이든 다양성이 결여되면 취약해진다. 예를 들어 기업이 몇 년이고 계속 같은 감자 변종에만 과잉 투자할 경우 결국 경쟁에서 밀려나게 된다. 코닥처럼 오직 물리적 필름만 판매하는 기업으로 스스로를 한정 지을 경우, 새로운 디지털 혁명은 무시하게 된다. 스스로를 오직 대쉬보드 장착용 GPS 제품만 제조하는 기업으로 한정 지을 경우, 가민(Garmin, 미국의 GPS 전문 기업-옮긴이)처럼 스마트폰 혁명을 무시하는 실수를 저지르게 된다. 또한 스스로를 오프라인 비디오 대여점으로 한정 지을 경우, 스트리밍 혁명을 무시한 채 블록버스터와 같은 길을 걷게 된다. 이 경우들처럼 다양성이 결여되면 혁신과 멀어지게 되어 기업이 존폐의 기로에 서게 된다.

블랙베리(BlackBerry)라는 스마트폰 브랜드를 개발한 림(RIM)의 경우를 생각해보자. 그 회사의 전 회장이자 공동 최고경영자였던 짐 발실리(Jim Balsillie)는 한 인터뷰에서 이런 말을 했다.

"저는 하는 일 외에는 절대 하지 않는 인물의 전형입니다."

인터뷰 진행자는 림에서 블랙베리 외에 다양한 제품들을 내는 것에 대해 어떻게 생각하느냐고 물었다. 그의 반응은?

"아뇨." 웃으면서 그가 말했다. "우리는 제품 다양화는 별로 생각하지 않고 있습니다. 달까지 가든가, 지구에 충돌하든가 둘 중 하나죠." 계속 미소를 지은 채 발실리가 말했다. "하지만 기왕이면 달까지 가는 게 좋겠죠." 마지막으로 그가 덧붙였다.[21]

계속 그렇게 가던 림은 결국 아이폰(iPhone)이란 이름의 소행성과 충돌했다. 2009년부터 2014년까지 단 5년 만에 림의 스마트폰 시장 점유율은 거의 50퍼센트에서 1퍼센트 아래로 떨어졌다.[22]

복사기로 유명한 제록스(Xerox)의 전설적인 팰로앨토 연구소(PARC)는 우리가 알고 있는 최초의 퍼스널 컴퓨터를 발명했을 뿐 아니라 마우스, 이더넷 네트워킹, 레이저 프린팅, 그래픽 사용자 인터페이스와 같이 혁신적인 것들도 만들어냈다. 그러나 그것들을 가지고 아무것도 하지 않았다. 아무튼 제록스는 컴퓨터가 아닌 사무용 복사기 제조업체였으니까.

대신 제록스는 팰로앨토 연구소 견학을 통해 스티브 잡스(Steve Jobs)라는 사람에게 자신들이 개발한 퍼스널 컴퓨터를 비롯한 혁신적인 제품들을 보여줬다. 잡스는 꼼꼼히 메모까지 해가며 그 제품들을 살펴보았고 팰로앨토 연구소의 핵심 인재들을 스카우트했다. 그런 다음 자신이 본 제품들에서 영감을 얻어 퍼스널 컴퓨터 맥(Mac)의 전신인 리사(Lisa)를 만들어냈다.[23]

만일 이 기업들이 자신들의 '럼퍼 감자', 즉 가장 큰 성공을 거둔 자신들의 제품에 자신들의 정체성을 연결 짓지 않았다면, 아마 새로운 기회들이 나타났을 때 그것들을 잡을 수도 있었을 것이다.

기업이 한 가지 정체성에 매달리다 보면 사람들에게도 영향을 주게 된다. 우리는 우리 자신의 한 부분만, 그러니까 한 차원, 한 성격,

한 직업만 보여주도록 교육받았다. 그래서 다음과 같이 뻔한 질문들이 제기된다. "나중에 뭐가 되고 싶나요?" 또는 "생계를 위해 어떤 일을 하고 있나요?" 이 질문들 밑에 깔린 의미는 분명하다. 당신이 어떤 사람인가 하는 것은 당신이 하는 일(의사나 변호사 또는 엔지니어 일 등)로 규정된다. 그리고 당신이 하는 것은 정해진 한 가지 일이다.

그런데 만일 당신의 정체성이 이렇게 당신의 직업과 관계가 있다면, 그 직업을 잃게 될 때 또는 더 이상 그 직업을 갖지 않겠다고 마음먹을 때 어찌 될까? 당신이 평생 완벽하게 다듬으려고 애써온 전문 분야가 무용지물이 된다면 어찌 될까?

유일한 탈출구는, 또 진정한 회복에 이르는 유일한 길은 다양성을 갖추는 것이다. 당신 자신을 투자 대상으로 보고 최대한 실패 위험을 줄여라. 일단 기본 원칙들을 정하고 나면 그 원칙들을 섞고 또 섞어라. 다양한 관심사들을 추구하라. '당신 자신'을 다양화하라. 당신이 다양한 특징들과 능력들을 갖추고 있어 다른 목적에 활용할 수 있다면, 미래와 함께 발전하는 데 상당한 이점을 누리게 될 것이다.

다양화한다는 것은 문어처럼 색을 바꾸는 게 아니다. 현재의 당신을 환경에 맞춰 바꾸는 게 아닌 것이다. 온전한 자신을, 그러니까 자신의 모든 것을 드러내는 것이다. 그리고 당신이 아직 완성되지도 않았고 완성될 수도 없는 인간이라는 걸 이해하는 것이다. 당신이 단 한 가지 고정된 그 무엇이라고 생각한다면 그것은 각 경험으로부터 배우며 계속 진화한다는 삶의 이치와는 맞지 않는다.

또한 다양화는 단순히 당신의 회복력만 좋아지게 하는 것이 아니다. 다양화는 새로운 힘의 원천도 되어준다. 그와 관련해 프랑스 생물학자 프랑수아 자코브(Francois Jacob)는 이런 말을 했다.

"창조한다는 것은 재조합하는 것이다."[24]

뭔가를 창조하는 사람들은 자신의 호기심을 따라 안 가본 길도 간다. 예를 들어 래퍼들이 소설을 쓴다. 배우들이 그림을 그린다. 기업가들이 영화를 제작한다. 노벨상을 수상한 과학자들은 일반적인 과학자들보다 대략 세 배 정도 더 예술적인 취미 활동을 한다.[25] 그들은 각 표현 매체는 다른 표현 매체에 영향을 준다는 사실을 알고 있다. 그리고 부차적인 프로젝트에 시간을 쏟으면 주요 프로젝트가 그만큼 더 깊이 있고 풍요로워진다는 사실은 물론, 다양한 길을 추구하다 보면 자유로운 안정감이 생긴다는 사실도 알고 있다. 그래서 우리 모두에겐 새로운 차원에서 이런저런 실험을 해볼 수 있는 우리 자신의 개인적인 연구 개발 부서가 필요하다.

또한 당신 자신을 다양화하면 잠재적 가치가 있는 위험들을 무릅쓰는 일 또한 더 쉬워진다. 삶의 어느 시점에서 달 탐사선을 발사했다가 그것이 달을 살짝 빗겨 난다 해도, 여전히 달 표면에 무사히 착륙할 수 있는 것이다.

어밀리아 분(Amelia Boone)은 애플사의 변호사이자 지구력 운동선수이기도 하다. 처음 운동을 시작했을 때 분은 턱걸이를 한 개도 하지 못했다. 그러나 이후 월드 터피스트 머더(World's Toughest Mudder,

세계에서 가장 힘든 진흙탕 장애물 경주-옮긴이)에서 세 차례나 우승했다. 24시간 동안 계속되는 이 경주에 비하면 마라톤은 평범한 산책에 불과하다.

그런데 대퇴골이 부러지면서 분은 더 이상 경주를 할 수 없게 됐다. 그러나 그 부상도 그녀에게 큰 타격은 되지 못했는데, 그것은 회복 시간에 자신이 좋아하는 변호사 일을 할 수 있었기 때문이다. 게다가 그녀에겐 아직 디디고 설 한쪽 다리가 있었다.[26]

다양화를 할 때는 그 조합이 특이할수록 잠재 가치가 더 크다. 예를 들어 가수가 춤추는 걸 배우면 분명 도움이 되겠지만, 그런 조합은 전혀 눈에 띄지도 않고 특이하지도 않다. 그러나 보다 드문 조합을 하면 예상치 못한 이점들이 생긴다. 컴퓨터 코딩 작업을 할 수 있는 의사. 공개석상에서의 연설에 능한 계약자. 법에 대해 잘 아는 엔지니어. 하이즈먼 트로피(뛰어난 미식축구 선수에게 주어지는 상-옮긴이) 수상자 허셜 워커(Herschel Walker)처럼 발레도 하는 미식축구 선수.[27] 당신이 너무 복잡해 분류하기도 힘들고, 그래서 사람들이 당신을 '모순 덩어리'라고 부른다면 당신은 제대로 잘 살고 있는 것이다.

당신이 만일 여러 개의 하이픈으로 연결된 형용사가 붙는 삶을 살고 있다면, 당신 자신을 다른 사람들과 비교하는 것은 별 소용이 없을 것이다. 예를 들어 로켓 과학자였다가, 변호사였다가, 다시 교수였다가, 다시 또 작가가 된 튀르키예 출신 미국인을 위한 표준 지침서 같은 것은 없다. 내 경우에는 고정된 한 길을 걷는 걸 거부함으로써 나 자신의 이야기를 써올 수 있었다. 그리고 그 이야기는 군데군데 짜릿한 반전들이 있는 등 현재까지는 흥미진진한 이야기다. 외부에서 보면 이 모든 변화가 어지럽게 느껴질 수도 있지만, 다양화된 정체성 덕에 삶은 내게 나 자신의 모험을 선택하는 보람찬 게임이 되었다.

미래는 단 한 가지 이야기 또는 단 한 가지 정체성을 뛰어넘는 사람들의 것이다. 그 사람들은 자신이 하는 일이나 자신이 믿는 것에 의해 스스로를 규정짓지 않는다. 그들은 변호사 일을 할 수도 있지만, 그렇다고 변호사는 아니다. 연기를 할 수도 있지만, 배우는 아니다. 민주당 후보를 지지할 수도 있지만, 민주당원은 아니다.

그들은 단 한 가지 이야기에 사로잡히지 않는다. 그들은 다양한 작물들의 다양한 씨앗들을 뿌린다. 그들은 거대하다. 그들 속에는 다양성이 들어 있다.

5장
삶의 목적을 찾아내라

성취한 사람들은 가만히 앉아 뭔가 일이 일어나길 기다리지 않는다.
그들은 밖으로 나가 뭔가 일이 일어나게 만든다.
—엘리너 스미스(Elinor Smith, 미국 비행사)

당신 삶의 시나리오는?

스물아홉 살 난 그 배우는 물끄러미 자신의 계좌 잔고를 쳐다봤다.[1] 계좌에 남은 돈은 106달러밖에 안 됐다. 그의 배우 경력은 아무 진전이 없었다. 그는 할리우드에 있는 자신의 싸구려 아파트 집세를 낼 형편도 못 됐다. 사료를 살 돈이 없어 자신의 개를 팔려고까지 했다.

그는 모든 걸 다 잊고 싶어 세계 헤비급 타이틀 매치를 보기로 했다. 현 챔피언인 무함마드 알리(Muhammad Ali)가 비교적 알려지지 않은 클럽 복서(club fighter, 보통 작은 복싱 클럽에서 정기적으로 시합을 하는 실력이 대단치 않은 복서-옮긴이)인 척 웨프너(Chuck Wepner)와 싸우고 있었다. 그 싸움은 곧 알리의 승리로 끝날 것으로 예상됐다. 그러나 모든 예상을 깨고 웨프너는 15라운드까지 싸운 뒤 KO

를 당했다.

별 볼 일 없어 보인 복서가 역사상 가장 위대한 복서들 중 한 사람에 맞서 끝까지 싸운 것이다. 이 놀라운 인간 정신의 승리에 감동받은 배우는 자신이 직접 영화 대본을 써보기로 마음먹는다. 다른 사람들의 영화에서는 연기를 할 기회가 없으니, 자기 자신이 직접 연기할 주인공을 만들어내기로 한 것이다. 그는 펜을 집어 들어 종이들에 줄을 그은 뒤 영화 대본을 쓰기 시작했다. 그는 단 3일 반 만에 영화 대본 집필을 끝냈다.

그리고 어느 날, 또다시 한 오디션에서 퇴짜를 맞고 문을 나서던 그는 느닷없이 몸을 돌려 방 안에 있던 영화 프로듀서들에게 자신의 영화 대본 얘기를 했다. 그 얘기에 흥미를 느낀 프로듀서들은 그의 영화 대본을 읽어보았고 마음에 들어 했으며, 2만 5,000달러에 판권을 사겠다는 제안을 했다. 그러나 조건이 있었다. 흥행을 보증해줄 유명 배우에게 주역을 맡긴다는 조건이었다.

배우는 그 제안을 거부했다. 그가 그 영화 대본을 쓴 것은 자신이 주역을 맡기 위해서였기 때문이다. 그는 아내에게 이렇게 말했다.

"그러느니 차라리 대본을 뒤뜰에 파묻어 애벌레들이 주역을 맡게 하겠어. 대본을 팔면 나 자신을 증오하게 될 거야."

프로듀서들은 그 배우의 거절을 협상 전략으로 오해했고, 그래서 판권 인수 비용을 계속 올렸다. 10만 달러. 그다음에 17만 5,000달러. 그다음엔 다시 25만 달러. 마지막으로 36만 달러. 그러나 그 배우는 요지부동이었다. 프로듀서들은 계속 주역은 유명 배우에게 맡겨야 한다고 주장했지만, 그 배우는 자신이 대본에서 전하고자 한 교훈대로 살고자 했다. 자신의 꿈을 좇고 또 자기 자신에 대한 믿음을 갖는 게 가장 중요하다는 교훈 말이다.

프로듀서들은 결국 두 손 두 발 다 들었고, 예산을 낮게 잡는다는 조건으로 영화 제작을 하기로 했다. 영화 촬영은 단 28일 만에 끝났다. 그리고 그 배우는 제작비를 줄이기 위해 자기 아버지와 형, 아내 등 가족들은 물론 심지어 자신의 애완견인 버커스까지 영화에 출연시켰다.

영화는 모든 예상을 뒤엎었다. 전 세계적인 흥행 성공으로 2억 2,500만 달러를 벌어들였으며, 1977년에 최우수 작품상을 비롯해 아카데미상 3개 부문을 석권하기도 했다. 그 영화는 〈록키〉였으며, 배우는 젊은 실베스터 스탤론(Sylvester Stallone)이었다.

스탤론의 입장이었다면, 아마 대부분의 사람들이 주역은 다른 배우에게 넘기고 그냥 영화 대본을 팔았을 것이다. 하지만 스탤론은 배우가 되고 싶었다. 장기적인 목표가 명확했기 때문에 결정은 간단했다. 설사 아무 성과도 내지 못한 채 큰돈을 만질 수 있는 거래를 놓친다 해도, 그는 잠재적인 블록버스터에서 주인공 역을 맡을 기회를 놓치고 싶지 않았고, 특히 자신을 위해 만든 역을 맡을 기회를 놓치고 싶지 않았다.

씨앗을 땅속에 거꾸로 넣는다 해도 그 씨앗은 싹을 틔우면서 스스로 자세를 바로잡는다. 뿌리는 제대로 자라려면 어떤 방향으로 향해야 하는지를 알기 때문에 계속 몸을 돌려가며 방향을 제대로

잡는다.² 그러나 식물들과는 달리 사람들은 대개 자신이 잘못된 방향으로 향하고 있다는 걸 알면서도 계속 그 방향으로 가려 한다. 왜? 늘 그래 왔으니까. 그 결과 그들은 결국 본연의 자신과 맞지 않는 삶을 살게 된다.

자신에게 이렇게 물어보라. '난 내 삶에서 무엇을 원하는가? 내가 진정 하고 싶은 것은 무엇인가?'

그런데 당신이 진정 원하는 게 무언지를 판단하는 게 믿기 어려울 만큼 어려울 수도 있는데, 우리 대부분이 그렇듯 다른 사람들이 당신이 추구했으면 하는 것들에 순응하며 살아왔거나, 또는 다른 사람들이 당신이 원했으면 하는 것들을 추구하며 살아왔다면 특히 더 어려울 수 있다. 그럴 땐 다음과 같은 방식으로 시작해보라.

일단 당신의 열정은 잊어라. 열정을 따르면 판단하기가 훨씬 더 어려워진다. 대신 당신의 호기심을 따르라. 당신은 어떤 일에 흥미를 느끼는가? 식물학에 대해 더 배우라거나 용접 강좌 같은 걸 들으라거나 포기했던 바느질 취미를 다시 살리라고 채근하는 내면의 작은 속삭임에 '좋다'고 답하라. 뭔가가 당신의 호기심을 자극한다면 거기에는 다 그럴 만한 이유가 있다. 당신이 향해야 할 길을 알려주고 있는 것이다. 충족시켜주면 줄어드는 식욕과는 달리 호기심은 충족시켜주면 오히려 더 커진다. 좇아갈수록 빵 부스러기들이 점점 더 많이 나타나게 되는 것이다.

그러니 당신 자신에게 이렇게 물어보라. '이것에 대해 아는 사람이 아무도 없거나, 이것에 대해 친구들에게 설명해줄 길이 없다면,

또는 소셜 미디어에 이것에 대한 글을 올릴 수도 없다면 그땐 어떻게 해야 할까?'

이런 질문과 관련된 원칙은 간단하다. 호기심을 느끼는 일이 얼마나 멋져 보이거나 훌륭해 보이든, 그것은 아무 상관없다는 것이다. 보이지도 않는 배심원들에게 감동을 주려 하다 보면, 결국 그들의 뜻에 순응해 본연의 자신에 맞는 행동을 하지 못하게 되는 경우가 많다. 어떤 선택이든 당신에게 활기를 불어넣어주지 못한다면 그 선택은 잘못된 선택이다. 미국 작가 겸 철학자 하워드 서먼(Howard Thurman)은 이렇게 말한다.

"세상이 무엇을 필요로 하는지 묻지 마라. 당신에게 활기를 불어넣어주는 게 무엇인지 묻고 그걸 하라. 세상이 필요로 하는 것은 활기 넘치는 사람들이기 때문이다."[3]

한때 나는 내게 활기를 불어넣어주는 일을 하는 것은 방종한 행동이라고 생각했었다. 그러나 실은 그 정반대다. 당신이 원하는 것들을 추구하는 것은 세상에 부담을 안겨주는 게 아니다. 오히려 횃불을 들어 올리는 것이다. 당신이 원하는 걸 추구하는 것은 결국 다른 사람들이 보고 따를 만한 새로운 존재 방식을 제시하는 것이기 때문이다. 미국 힙합 가수 리조(Lizzo)의 노래 〈Juice〉의 노랫말 중 "If I'm shinin', everybody gonna shine(내가 빛나면 모든 사람이 빛나게 돼)" 부분을 살짝 비틀자면 "When you shine, you help others shine(당신이 빛나면 다른 사람들이 빛나는 데 도움이 돼)"인 것이다.[4] 그러니까 빛이 당신의 프리즘을 통과하게 되면서 당신 자신을 훨씬 뛰어넘는 아름다운 무지개가 만들어지는 것이다.

어떤 일이 당신에게 활기를 주고 어떤 일이 당신의 에너지를 고갈시키는지 알아내기 위해 에너지 일기를 쓰도록 하라. 그러니까 언제 뭔가에 몰두하고 열정을 느끼는지, 또 언제 지루하고 뒤숭숭해지는지를 추적 관찰하는 것이다. 당신 몸이 언제 이완되고 확대되는지, 또 언제 긴장되고 위축되는지, 당신 몸이 보내는 미묘한 신호들을 놓치지 마라. 세밀히 관찰할수록 더 좋다('오늘 오후에 이메일들에 답장하면서 숨 막혀 죽는 줄 알았어'). 당신이 뭔가를 아주 좋아할 때, 때론 그 이유를 설명하기 힘들지만 그것이 당신 마음을 따뜻하게 해주고 기쁨을 준다는 것은 안다. 우리는 평생 그런 내부 신호들을 무시하며 살기 때문에 그 신호들은 특별한 관심을 두지 않으면 놓치기 쉽다. 당신 몸이 언제 당신에게 그런 신호들을 보내는지, 또 언제 당신이 활기에 넘쳐 그런 신호들을 좇기 시작하는지를 알아내도록 하라.

그리고 당신이 행복감을 느끼는 순간들을 좇는 걸 조심하도록 하라. 내 경우엔 살아오면서 가장 중요한 순간들에 행복감을 느끼지 못했다. 오히려 앞으로 일어날 일을 생각하며 불안해했다. 기분도 그리 좋지 못했다. 충분히 준비됐다는 느낌도 갖지 못했다. 내가 짊어질 수 없을 것이라 확신하는 짐 때문에 겁이 났으며 마음도 무거웠다. 그러나 어쨌든 나는 그 일을 했다. 행복은 온갖 감정들의 파도가 나를 휩쓸고 지나간(그래서 내가 녹초가 된) 뒤에야 왔다. 당신이 만일 행복만 추구한다면 절대 당신의 안전지대를 벗어나지 못할 것이다. 모든 게 편한 안전지대 밖으로 나서면 당연히 더 이상 편하지 않기 때문이다.

또 당신 자신에게 이렇게 질문해보라. '내 이상적인 삶에선 화요일이 어떻게 느껴질까?'

이는 연기 강사 제이미 캐럴(Jamie Carroll)에게 배운 질문이다. 승진을 하거나 멋진 역을 맡거나 출판 계약을 맺는 등 토요일 밤의 멋진 순간들을 꿈꾸긴 쉽다. 그러나 그런 순간들은 아주 드문 데다 순식간에 지나간다. 그 나머지 시간은 화요일, 즉 평범한 하루하루인 것이다.

어쩌면 당신은 이런 생각을 할지도 모른다. '그렇다고 원하는 일만 할 순 없잖아!' 그러면서 또 이런 생각을 할지도 모른다. 원하는 것은 뭐든 할 수 있는 자유가 있다면, 당신의 삶은 허구한 날 담배와 술, 아무 생각 없는 비디오 게임들에 찌들어버리게 될 것이라고. 단언컨대, 뭐든 할 수 있는 자유가 주어진다면 잠시 그런 것들에 빠져 지내겠지만, 결국에는 그 모든 것에 질리게 될 것이다. 그런 일탈들로는 아직 충족되지 않은 욕구들, 즉 모험이나 몰입 등에 대한 욕구들을 대체하기 힘들다는 걸 알게 될 것이며, 아울러 그런 욕구들은 훨씬 더 건설적이고 장기적인 방식들로만 충족될 수 있다는 것도 알게 될 것이다. 당신 스스로 자신이 원한다고 생각하는 걸 할 수 있게 해줄 때, 비로소 자신이 진정 원하는 게(그리고 또 원치 않는 게) 무언지 알 수 있게 된다.

마지막으로 당신 삶의 목적을 생각해보라. 당신의 '왜?'는 무엇인가? 당신은 왜 여기 있는가? 만일 자신의 신문 부고란에 당신의 삶을 한마디로 표현한다면 뭐라고 표현하겠는가? 만일 당신이 임종 직전이라면 무엇을 하지 않은 것에 대해 후회하겠는가? 당신 삶의 목적은 당신의 기본 원칙들과 연관 있는 경우가 많다. 당신의 기본 원칙들을 떠올리면서 당신 자신을 표현하기 위해 그 원칙들을 어떻게 활용할 수 있을 것인지를 생각해보라.

폴라리스, 즉 북극성은 고정되어 있는 걸로 알려져 있지만, 실은 그렇지 않다. 하늘에 떠 있는 다른 모든 물체들과 마찬가지로 북극성 또한 움직인다. 따라서 약 2000년 후면 북극성은 더 이상 그 자리에 없을 것이다.[5] 당신이 삶에서 원하는 것 역시 주변 세상이 변하고 당신 자신이 변하면서 같이 변할 수 있다. 실제로 당신의 호기심을 좇다 보면 당신은 필히 변하게 될 것이다. 과거에 좇던 길에서 벗어나게 될 뿐 아니라 전혀 새로운 존재 방식들을 채택하게 될 것이기 때문이다. 그리고 목적의식 내지 의도를 갖고 선택하는 한 방향을 바꾸는 일은 아무 문제없다.

일단 당신이 무엇을 원하는지가 분명해지면, 그것에 다가가는 데 도움도 되지 않는 무의미한 경주들에 참여하지 말고 중요하지 않은 일들에서 손을 떼라. 만일 서둘러 당신의 주요 원칙들을 결정짓지 않는다면, 결국 정작 중요한 일들이 얼핏 시급해 보이는 일들에 밀려나게 될 것이다.

캐나다 출신의 미국 배우 짐 캐리(Jim Carrey)는 자기 아버지 퍼시 캐리(Percy Carrey)가 멋진 코미디언이 될 수도 있었다고 말한다. 그러나 퍼시는 코미디로 먹고사는 것은 우스꽝스런 짓이라 생각했고, 그래서 안전한 직업을 택해 회계사가 되었다. 그러다가 훗날 그는 해고를 당했고, 캐리의 가족은 졸지에 집도 없는 신세가 되었다. 자기 아버지의 삶을 되돌아보면서 캐리는 말한다.

"자신이 원치도 않는 일에서 실패할 수도 있는데, 그럴 때 그걸 자신이 좋아하는 일을 할 기회로 삼는다면 어떨까?"[6]

삶의 임무를 찾을 때 우리는 하고 싶은 일 쪽으로 달려가는 게 아니라 하고 싶지 않은 일로부터 달아나는 경우가 많다. 짐 캐리의 말처럼 우리는 '현실성으로 위장된 두려움'을 토대로 결정을 하는 경우가 많은 것이다. 당신이 원하는 걸 추구하는 것은 두려운 일일 수도 있다. 열심히 추구했다가 손에 넣지 못할 수도 있으니까.

천문학자 칼 세이건은 외계 생명체의 증거를 찾는 데 평생을 바쳤다. 하지만 실패했다. 외계 생명체의 증거를 찾지 못한 것이다. 그러나 그는 나를 비롯한 수백만 명의 사람들로 하여금 별들에 많은 관심을 갖게 만들었다. 인류를 위해 많은 헌신을 했고, 그것을 통해 자기 자신의 삶을 초월했을 뿐 아니라, 운 좋게 우주 안에 살고 있는 우리들로 하여금 그 우주를 이해할 수 있게 해줬다.

그 여정을 즐길 수만 있다면, 또 자신이 자랑스러워하는 예술을 창조할 수만 있다면 설사 목적지에 도달하지 못한다 한들 무슨 상관인가. 당신은 이미 승자다.

꿈꾸는 사람들과 행동하는 사람들

삶의 임무를 찾아내려면 행동에 나서야 한다. 다음 단계들을 찾아내려면 실마리들을 찾아야 하고 버튼들을 눌러야 하며 실험을 해야 한다.

대부분의 사람들은 실험을 하지 않는다. 일부 사람들은 전혀 행동에 나서지 않고 가만히 있는다. 편히 안락의자에 앉아 모험을 하는 사람들인 것이다. 혹시 잘못될까 두려워, 매사에 지나치게 많은 생각을 하고 이해득실의 토끼굴에 갇혀 꼼짝도 하지 못한 채 아무 행동도 취하지 않는 사람들. 그리고 또 사전 준비도 없이 아이디어를 곧바로 실행에 옮기는 사람들도 있다. 그들은 실험도 건너뛴다. 그래봐야 결국 섣부른 자신의 이론이 맞다는 게 확인될 뿐이라 믿기 때문이다. 내가 그간 살아오면서 따른 공식 같은 게 있다면, 그 공식은 이렇다.

'과도한 생각을 멈추고, 일단 실험하고 배우고 또 개선하라.'

실험은 토론을 능가한다. 행동은 최고의 스승이다. 당신은 당신이 원하는 일들의 이해득실을 일일이 따져볼 수 있지만, 직접 시도해보기 전에는 어떤 일이 제대로 되고 어떤 일이 제대로 되지 않을지 알기 어렵다.

예전에 법대 교수 일을 할 때 나는 온갖 잘못된 이유들로 법대에 온 많은 학생들을 가르쳤다. 누군가가 그 학생들에게 '토론에 능한 젊은이들'이라 했다. 그 학생들의 경우, 예를 들면 친척 중에 삼촌이 성공한 변호사였다. 그들은 성장 과정에서 TV 시리즈 〈법과 질서 (Law and Order)〉를 즐겨 봤고, 그래서 늘 검사가 되고 싶어 했다.

그러나 대부분의 경우 현실은 하늘을 찌를 듯한 그들의 기대에 미치지 못했다. 그것은 법 분야에서 일하는 게 자신에게 맞는지 판단하기 위해 사전에 실험을 해보지 못한 데서 비롯된 것이다. 대부분의 사람들은 변호사가 된다는 게 어떤 것인지 굳이 알아보려 하지도 않는다. 신경외과 의사가 된다는 게 어떤 것인지도. 아니면 또 팟캐스터가 된다는 게 어떤 것인지도.

법학대학에 대한 생각은? 〈법과 질서〉 같은 드라마 좀 그만 봐라. 삼촌한테 문제 많은 조언 좀 받지 마라. 그 대신 직접 법대 강의를 들어보라. 지역 로펌에서 인턴 생활을 해봐라.

신경외과 수술에 대한 생각은? 신경외과의와 얘기를 나눠, 신경외과에서의 하루하루에 대해 알아보라. 그들의 화요일은 어떨 것 같은가? 여러 신경외과의들의 생각을 들어봐라. 신경외과의와 하루 종일 같이 지내봐라. 자기 일을 즐기는 신경외과의들과 얘기를 나눠보고 이게 더 중요한 것이지만, 자기 일을 즐기지 못해 그 분야를 떠난 신경외과의들과도 얘기를 나눠봐라.

팟캐스터가 되고 싶은가? 실험적으로 팟캐스터가 되어 열심히 10편 정도의 에피소드를 만들고 당신이 그 일을 즐기는지 봐라.

실험을 하면 겸손해진다. 모든 게 당신 생각대로 되어갈지 확실치 않다는 걸 인정해야 하기 때문이다. 또한 실험을 하게 되면 특정 생각에 대한 집착이 줄어든다. 당신은 싱가포르로 이주하는 게 내

키지 않는다. 그게 어떤지 보려면 싱가포르를 2주만 방문해보면 된다. 이때 꼭 여러 실험을 통해 당신에게 가장 좋은 옵션을 선택할 수 있도록 하라. 그러니까 싱가포르만 방문하지 말고 이스탄불이나 홍콩 또는 시드니도 방문해보는 것이다.

그 목적은 '정확히 하자'는 게 아니다. 알아내자는 것이다. 다른 길들을 걷다 보면 가끔 막다른 길에 도달할 것이다. 아니면 당신이 온 길이 당신에게 맞는 길이 아니었다는 걸 알게 될 것이다. 그렇다. 로펌에서 인턴 생활을 한 여름이 끔찍할 수도 있다. 그러나 적어도 당신은 3년을 허송세월하며 불필요한 법대 학자금 융자만 지게 된 것은 아니다. 변호사 일이 당신에게 맞지 않는다는 걸 알게 됐고 또 다른 기회들을 맞을 수 있게 됐으니까.

사자 추적자들은 이런 경우를 '여기에 없는 길'이라 부른다. 그와 관련해 사자 추적자 보이드 바티(Boyd Varty)는 이렇게 적고 있다.

"길을 따라가다 사자의 흔적을 찾지 못하는 것도 그 흔적을 찾는 과정의 일부다…. 행동에 나서지 않는 것은 낭비이며, 가장 중요한 것은 계속 움직이고 조정하며 비판이나 조언을 기꺼이 받아들이는 것이다. 그리고 결국 '여기에 없는 길'이 '여기 이 길'의 일부인 것이다."[7]

길에서든 아니면 우리의 삶에서든, 최악의 실수는 각종 옵션들 사이에서 갈피를 못 잡다 결국 그중 어느 것도 시도해보지 못하는 것이다.

실험을 할 때 나는 나 자신에게 다음과 같은 세 가지 질문을 던진다.

첫째, '난 지금 어떤 테스트를 하려는 건가?'

당신은 이제 실험을 하려 하며, 따라서 어떤 테스트를 할 것인지를 알 필요가 있다. 나는 팟캐스팅을 즐기게 될까? 나는 싱가포르에서 살고 싶어질까?

둘째, '실패는 어떤 것인가? 성공은 어떤 것이고?'

비교적 머리가 맑을 때, 그러니까 카섹시스(cathexis, 심리적 에너지가 어떤 특정 대상이나 생각 등에 집중된 것-옮긴이)나 매몰 비용(sunk cost, 현재 진행 중인 정책이나 계획에 따라 이미 투입된 비용이나 노력 또는 시간 등-옮긴이) 때문에 판단력이 흐려지기 전에 실패와 성공의 기준을 정하도록 하라.

셋째, '실험은 언제 끝날까?'

막연한 '언젠가'는 좋은 답이 아니다. 실험 결과가 어떤지 평가해볼 날짜를 구체적으로 정해 달력에 표시해둬라. 뭐든 끝내는 것보다는 시작하는 게 훨씬 쉬우며, 따라서 출구 전략을 짜는 게 중요하다.

최선의 실험은 '그 결과가 어떨지 궁금한' 실험이다. 가능성으로 향하는 문을 열어주는 것은 바로 그런 불확실성이기 때문이다. 예기치 않은 결과로 이어지는 실험들이 대개 이미 예상한 결과로 이어지는 실험들보다 훨씬 더 가치가 있다.

이런 사고방식을 가지고 임할 경우 삶은 당신 자신의 실험실 안에서 치러지는 영원한 실험처럼 변하게 된다. 그러니 고착된 자아에 집착하려 하지 말고 새로운 가능성들에 도전해봐라. 정해진 계획들에 따르려 하지 말고 서로 다른 여러 미래들을 실험해봐라. 당신에게 어떤 게 적절하고 어떤 게 적절하지 않은지 알아내는 과정에서 가야 할 길이 나타나게 될 것이다.

금메달 추구의 문제

미국 TV 드라마 〈사인필드(Seinfeld)〉에서 조지 콘스탄자(George Costanza) 역을 맡아 유명해진 배우 제이슨 알렉산더(Jason Alexander)는 에미상 후보에 8번이나 올랐다. 그러나 결국 에미상은 받지 못했다.

미국 영화배우 글렌 클로즈(Glenn Close)는 오스카상 후보에 8번이나 올랐다. 그러나 결국 오스카상은 받지 못했다.

칼 세이건은 과학계에서 가장 권위 있는 과학 아카데미인 미국 국립과학아카데미 회원에 노미네이트가 됐었다. 그러나 거절당했다. 대부분의 회원들이 과학을 대중화시킨다는 이유로 칼 세이건을 경멸했고, 그래서 그의 회원 자격에 반대표를 던진 것이다.

공상과학 소설가 아이작 아시모프는 262번째 책을 내고서야 비로소 〈뉴욕타임스〉 베스트셀러 목록에 자신의 이름을 올렸다.[8] 잘못 본 게 아니다. 43년간 무려 261권의 책을 썼지만 그것들이 죄다 베스트셀러 목록에 오르지 못한 것이다.

그렇다고 해서 알렉산더와 클로즈가 실력 없는 배우들이었을까?

세이건이 형편없는 천문학자였을까? 아니면 앞서 나온 아시모프의 책 261권이 다 실패작이었을까?

물론 그렇지 않다. 그러나 우리의 삶에선 우리의 가치가 우리가 수집한 메달들 수로 판단되는 경우가 많다. 우리는 우리보다 앞서 선택된 사람들에 의해 선택되길 원한다. 우리는 금메달, 즉 외부의 인정, 사람들의 칭찬을 원한다. 그러니까 우리가 제대로 잘하고 있는지를 늘 다른 누군가가 결정하게 하는 것이다. 그리고 일단 인정을 받으면, 우리의 삶은 그 인정을 잃지 않으려는 힘겨운 줄타기 곡예가 되어버린다. 나폴레옹(Napoleon)이 이런 말을 했다고 한다.

"나는 정말 놀라운 발견을 했다. 인간은 훈장에 달린 리본을 받기 위해 자신의 목숨까지 건다는 것이다!"

우리는 리본, 그러니까 소셜 미디어 팔로워들과 멋진 직함 같은 것들을 얻는 일에 몰두한다. 허영심에 호소하는 그런 지표들이 사실상 중요한 것들과는 아무 상관도 없다는 걸 잊은 채 말이다. 그러면서 우리는 개선 대신 칭찬을 추구한다. 무의미한 게임들을 하고 무의미한 상들을 받는다. 허영심에 호소하는 지표들을 중시할수록 실패를 더 두려워하게 되고, 실패를 두려워할수록 보증된 성공을 더 추구하게 되며, 보증된 성공을 추구할수록 정해진 원칙들을 더 따르려 하고 그만큼 덜 두드러지게 된다.

만일 당신 내면의 나침반이 외적인 지표들에 따라 움직인다면 그 나침반은 계속 불안정할 것이다. 사람들의 인정은 수시로 변해서 나침반 바늘 역시 수시로 움직일 것이기 때문이다. 당신 내면의 나침반이 안정되려면, 그 나침반이 다른 사람들의 가치가 아닌 당신 자신의 가치에 따라 움직여야 한다.

아카데미 회원들이 찬성표를 던지느냐 반대표를 던지느냐 하는 것은 알렉산더와 클로즈와 세이건의 통제권 밖의 일이었다. 얼마나 많은 사람들이 자신의 책들을 사주느냐 하는 것은 아시모프의 통제권 밖의 일이었다. 그리고 사장이 당신을 승진시켜주느냐 하는 것 또는 당신이 원하는 일자리를 잡게 되느냐 하는 것은 당신의 통제권 밖의 일이다.

우리가 만일 자신의 통제권 밖에 있는 결과들을 토대로 사람들을 평가한다면, 그것은 모든 복권 당첨자들이 천재일 거라고 생각하는 것이나 다름없다. 당신 자신한테 간단한 질문을 하나 해보라. '이건 내 통제권 안에 있는가?'

당신의 삶에 대한 통제권을 다른 사람에게 넘기지 마라. 당신에겐 당신만의 방향 감각과 균형 감각이 있다. 당신 자신의 것들에 집중하고 그 외의 것들은 잊어라.

충분히 먹었는가?

우리는 충분히 먹었다. 실은 너무 많이 먹었다.

나는 아내 캐시와 함께 우리가 즐겨 찾던 포틀랜드의 식당들 중 한 곳에서 식사를 한 뒤 차를 몰고 돌아오는 중이었다. 집에 오는 차

안에서 우리는 우리 두 사람이 얼마나 배부른지에 대한 얘기를 나눴다. 캐시가 내 쪽을 보며 말했다.

"이상하지. 먹는 것에 관한 한 우린 충분히 먹었을 때 그걸 알잖아. 그런데 인생의 다른 측면들에선 그렇지 않단 말야."

아내의 말이 맞았다. 우리는 기를 쓰고 한 시간이라도 더 일하려 한다. 이미 충분히 일했는데도 말이다. 우리는 더 많은 돈을 벌려 애쓴다. 이미 충분한 돈을 벌고 있는데도 말이다. 우리는 더 많은 관심, 더 많은 칭찬을 받으려 한다. 아무리 많은 관심과 칭찬을 받아도 오랫동안 행복해질 순 없는데 말이다.

우리 몸은 현명하다. 음식을 배불리 먹으면 큰 소리로 그만 먹으라고 말한다. 하지만 우리 자아는 미련하다. 허구한 날 불만이다. 더 많은 돈, 더 많은 관심, 더 많은 모든 것을 원한다. 이미 충분히 갖고 있는데도 말이다.

백만장자(millionaire, 이때 100만, 즉 1,000,000은 7자리 숫자임-옮긴이)가 되고 싶은가? 그러나 일단 은행 예금액이 7자리 숫자에 도달하면 이젠 8자리 숫자를 원하게 된다. 1,000명의 팔로워를 원하는가? 그러나 일단 그 숫자에 도달하면 1만을 원하게 되고, 그다음엔 10만을 원하게 된다. 남들 사는 만큼 살고 싶은가? 그러나 일단 그렇게 되면 더 많은 걸 성취한 남들, 그러니까 더 멋진 집에 더 멋진 차를 가진 사람들만큼 살고 싶어진다. 당신이 말하는 '충분히'가 어느 정도인지를 정해놓지 않으면 기본적인 답은 늘 '더 많이'가 될 것이다.

흔히 하는 말로, 성장을 위한 성장은 암세포의 이념이다. '더-더-더'를 원하는 그 괴물은 절대 만족해하지 않는다. 모든 역경을 예방해줄 만큼 충분한 돈이란 절대 없다. 모든 불확실성을 없애줄 만큼 충분한 확실성도 없고, 모든 도전을 물리칠 만큼 충분한 힘도 없다.

그러니 당신 자신에게 이렇게 물어보라. 내게 '충분히'란 어느 정도인가? 그 상태가 된 걸 어떻게 알 수 있는가? '충분히'와 관련해 좋은 점은 그것을 정하는 것은 당신이란 것이다. 그와 관련해 비즈니스 전략가 세스 고딘(Seth Godin)은 이렇게 적고 있다.

"당신이 충분히 가졌다고 결정하면 정말 그런 것이다. 그리고 그 결정 덕에 당신은 상당한 자유를 누리게 된다. 마음이 평안해질 자유, 깨달음을 얻게 될 자유, 아직 오지도 않은 삶으로부터 숨지 않을 자유."[9]

이제 미국 소설가 커트 보니것(Kurt Vonnegut)이 소설 《캐치-22》의 저자 조지프 헬러(Joseph Heller)와 나누었다는 대화와 관련해 해준 유명한 이야기를 소개하겠다.[10] 그 두 사람은 어느 억만장자가 주최한 한 파티에 참석했다. 보니것이 헬러 쪽을 보며 말했다.

"이 파티 주최자가 어제 하루 동안에만 당신이 그간 소설《캐치-22》로 번 돈보다 더 많은 돈을 벌었다던데… 기분이 어떤가요?"

"내겐 그 사람은 절대 가질 수 없는 게 있는데요 뭐." 헬러가 답했다.

"대체 뭐가 있는데요, 헬러?" 보니것이 물었다.

"충분한 지식이요."

조심해서 측정하라

처음 교수가 됐을 때, 나는 〈유에스 뉴스 & 월드 리포트(U.S. News & World Report)〉가 매기는 대학 순위가 학생과 교수들 모두에게 지대한 영향을 미친다는 사실을 알고 깜짝 놀랐었다. 〈유에스 뉴스 & 월드 리포트〉는 미국에 있는 대학들과 다른 학위 프로그램들에 순위를 매긴다. 그 순위는 어떤 대학들이 다른 대학들보다 더 나은지를 결정하는 한 가지 공식에 따라 매겨진다.

그런데 대학에서 가장 중요한 게 교육의 질이라면, 〈유에스 뉴스 & 월드 리포트〉의 접근 방식에는 아주 중대한 결함이 있다. 대학들은 교육의 질과는 별 상관도 없는 경쟁률, 교수진 급여, 평균적인 동창생 기부율 같은 요소들을 토대로 순위가 매겨진다. 그 순위에서는 학생들이 제대로 배우고 있는가, 또는 학생들이 교육 경험에 만족하고 있는가 하는 것들은 측정되지 않는다.

그런데 학생들의 경우 이런 대학 순위 덕에 직접 고민해볼 필요 없이 쉽게 대학 선택을 할 수 있다. 그러니까 많은 학생들이 별 도움도 되지 않는 순위를 토대로 자신의 삶에서 가장 많은 돈이 드는 투자들 중 하나를 결정하고 있는 것이다. 또한 어떤 교육 프로그램이 자신에게 가장 잘 맞는지 깊이 생각해보지도 않고, 대학 순위에 모든 결정을 맡겨버리는 것이다. 그리고 그처럼 대외적인 평판을 중시한 투자의 대가로, 결국 분노 속에 다니던 대학을 때려치우며 내적 고통을 맛보기도 한다.

게다가 대학들은 보다 좋은 평판을 얻기 위해 교육 시스템을 가지고 장난질을 하기도 한다. 자신들의 에너지를 교육의 질을 높이는 데 쏟는 게 아니라, 자신들의 원칙과 각종 지표를 수정해 학교 순위를 높이는 데 쏟는 것이다.[11] 필요하지도 않은 교수들을 추가 채용하기도 한다. 또한 순위를 매기는 데 도움 되지 않는 학생들의 전학 신청에 필요한 허용 기준들을 낮추기도 한다. 그리고 또 신입생 모집에 많은 돈을 투자해 대학 지원자 수를 늘리고, 그런 다음 보다 많은 학생들을 불합격시켜 경쟁률을 높이기도 한다.

이런 식의 장난질을 할 수 없는 대학들은 편법을 쓰기도 한다. 조지워싱턴대학교와 에모리대학교 같은 명문대를 비롯한 많은 대학들이 대학 순위를 높이기 위해 각종 데이터를 조작했다가 적발되기도 했다. 미국 경영학자 피터 드러커(Peter Drucker)는 이런 유명한 말을 했다고 한다.

"측정되어야 관리가 된다."

얼핏 보기엔 일리가 있는 원칙이다. 결과를 수량화할 수 있을 때 비로소 당신의 행동들이 그 결과를 얻는 데 도움이 됐는지 알 수 있으니까.

그러나 측정되는 것은 관리만 되는 게 아니다. 측정되면 우리의 관심을 끌게 되고 우리의 행동까지 바꾸게 된다.[12] 조심하지 않으면 숫자들이 생각을 대체하게 될 수도 있다. 숫자들이 목적이 되어버릴 수도 있다.

기업 리더들은 종종 운전대에서 손을 뗀 채 일련의 숫자들에 통제권을 넘긴다. 그러고는 차가 길에서 벗어날 때는 물론 심지어 숫자들이 자신을 잘못된 방향으로 이끌 때조차도 계속 그 차를 몰고 간다. 근시안적으로 시속 몇 킬로인지만 보는 훈련이 되어 있어, 굳이 고개를 들어 차가 자신을 원하는 방향으로 데려가고 있는지 보지 않는 것이다.

미국 은행 웰스 파고(Wells Fargo)가 바로 그런 덫에 걸렸었다. 그 은행은 기존 고객들에게 새로운 금융 상품들을 팔라며 직원들에게 엄청난 압력을 가했다. 실현 불가능한 할당량을 채울 방법은 단 하나, 은행 시스템을 속여 허위 계좌들을 만드는 것뿐이었다. 그렇게 웰스 파고 직원들은 재가되지도 않은 150만 개 이상의 예금 계좌와 56만 5,000개 이상의 신용카드 계좌를 개설했다.[13] 결국 그 은행은 증권 사기 혐의로 집단 소송을 당했고, 그 문제를 해결하기 위해 4억 8,000만 달러를 지불해야 했다.[14] 측정하는 일에만 너무 매달릴 경우 우리는 상식을 비롯한 다른 모든 걸 잃게 될 수도 있다.

측정에는 또 다른 부정적 측면도 있다. 우리로 하여금 측정하기 쉬운 결과들에 집중하게 만드는 게 그것이다. 변호사들은 상담비를 6분마다 늘리는 방식으로 청구 가능 시간을 잰다. 컴퓨터 프로그래머들은 컴퓨터 코드를 줄 단위로 계산한다. 소셜 미디어 인플루언서들은 '좋아요'와 리트윗의 수를 가시적인 성과의 증거로 삼는다. 많은 사람들은 늘 통장 잔고 마지막 줄 금액의 0의 숫자나 받은편지함 안에 남아 있는 이메일들의 수를 추적 관찰한다. 또한 우리는 중요한 것들이 아니라 추적 관찰하기 쉬운 것들을 추적 관찰하며, 특정 지표들을 충족시킬 수 있다면 가치 있는 걸 성취한 것이라는 잘못된 생각을 한다.

글 쓰는 걸 예로 들어보자. 창작을 하려면 단편적 사실들을 연결해 전체적인 걸 볼 수 있어야 하며, 그러려면 또 별도의 시간을 내 잠재의식적으로 우리의 생각들을 통합 조정해야 한다. 나는 가끔 아무것도 하지 않은 채 그냥 물끄러미 창밖을 내다본다. 그런 행동은 생산적이지 못한 것 같지만, 실은 생산적이다. 그러나 집필 성과를 조립 라인에서 끌어내린 단어 수로 측정할 경우, 나는 뭔가를 성취했다는 느낌을 받지 못하며 그 결과 기분도 영 안 좋다.

현대 지식 노동자의 생산성은 측정하기 어려운 경우가 많다. 지식 노동자들은 결정들을 모은다. 그리고 자신들의 영향력을 판다. 그들은 변화가 일어나게 만든다. 게다가 지식 노동자들이 투입하는 것과 산출하는 것 사이에는 종종 긴 시차가 존재한다. 그들은 몇 날, 몇 주, 몇 달, 심지어 몇 년을 일하면서 수량화될 수 있는 것들은 보려 하지 않기도 한다.

사실 우리의 삶에서 질적으로 가장 가치 있는 것들은 측정할 수 없는 경우가 많다. 예를 들어 정직함, 겸손, 아름다움, 놀이 같은 가치들은 형태가 없고, 그래서 무시되기 쉽다. 당신이 작년보다 더 나은 부모인지 또는 더 나은 동료인지를 측정하기란 쉽지 않다. 그 결과 그처럼 측정하기 어려운 것들은 뒷전으로 밀리게 된다.

그러니 뭔가를 측정할 때 조심하라. 수시로 당신 자신에게 이렇게 물어보라.

'이 지표는 무엇을 위한 지표인가? 나는 측정 가치가 있는 걸 측정하고 있는가? 이 지표가 내게 도움이 되는가, 아니면 내가 이 지표에 도움이 되는가?'

지표는 그 자체가 목적은 아니기 때문이다. 그보다는 목적을 위한 수단이다. 그리고 만일 더 이상 목적에 도움이 되지 않는다면 그 지표는 이제 없애야 한다.

이것이 내게 맞지 않는다면

코넬대학교 교육 과정 목록을 훑어보면서 내 머릿속에서는 계속 이런 생각이 떠올랐다.

'이건 내게 맞지 않아.'

당시 나는 향후 4년 계획을 짜고 있던 대학 신입생이었다. 그런데 한 가지 문제가 있었다. 내가 들을 수 있는 전공들 가운데 그 어떤 것도 끌리지 않았던 것이다. 끌릴 만한 전공들이 몇 있었지만, 그중 어떤 것도 내가 정말 공부하고 싶은 전공은 아니었다. 그래서 나 자신에게 물어보았다.

'스스로 교육 과정 목록을 직접 짜보면 어떨까?'

미리 정해진 교육 과정 목록에 내 선호도를 껴맞추는 게 아니라 교육 과정 목록 자체를 바꿀 순 없을까 하는 생각을 해본 것이다. 나는 학적과를 찾아가 자신의 교육 과정을 직접 짤 수는 없는지 물었다. 그런데 놀랍게도 그 답은 '그럴 수 있다'였다. 소수의 신입생들에게 자유롭게 자신의 교육 과정을 짤 수 있게 해주는 잘 알려지지 않은 프로그램이 있었던 것이다.

나는 그 프로그램에 지원서를 냈고 심사를 통과했다. 그렇게 해서 나는 4년에 걸친 나 자신의 모험을 직접 설계했다. 다른 누군가가 내게 적합할 것이라고 개설해준 과목들을 듣는 게 아니라, 그야말로 내가 듣고 싶은 과목들만 골라 들을 수 있게 된 것이다.

대부분의 사람들은 살면서 가장 편안한 문을 지나간다. 그리고 가장 장애물이 적은 길을 따라가며 우리가 맨 것도 아닌 끈들에 이리저리 끌려다닌다. 그러면서 자신에게 말한다.

'그래, 난 이 일을 할 수 있어. 그래, 난 이 과목을 전공할 수 있어. 그래, 나는 나 자신을 잘 통제해 다른 누군가가 만들어놓은 저 작은 문을 통과할 수 있어.'

그러나 그 문은 당신에게 가장 적합한 문이 아닐 수도 있다. 잔뜩 몸을 웅크려가며 누군가가 만들어놓은 작은 문을 열고 나가는 것과 주도적으로 만들어 당신에게 잘 맞는 문을 열고 나가는 것은 하늘과 땅 차이다.

일단 당신이 삶에서 무엇을 원하는지가 결정되면 정해진 메뉴에서 벗어나라. 메뉴 외 음식을 요청하라. 메뉴를 직접 짜라. 삶에서 가장 좋은 것들은 보통 메뉴 안에는 없기 때문이다.

당신은 스스로 만든 감옥에 갇혀 있다

> 새장 안에서 태어난 새들은
> 날아다니는 게 병이라 생각한다.
> –알레한드로 조도로프스키(Alejandro Jodorowsky, 칠레 영화감독)

당신이 감옥에 갇혀 있다고 상상해보라. 당신은 두 손으로 철창을 움켜쥐고 발길질을 해대며 소리를 지른다. 또한 간수들에게 욕설을 퍼부으며 내보내 달라고 한다. 그러나 아무도 도와주러 오지 않는다. 그 감옥은 당신 스스로 만든 감옥이기 때문이다. 당신 자신의 감옥, 당신의 생각을 제한하는 철창들, 당신을 옥죄는 쇠사슬들을 만든 것은 바로 당신이다. 당신은 간수다. 그러면서 또 죄수다.

분명 삶은 태어난 장소, 사회적 계층 그리고 사회적 차별 같은 각종 한계들과 함께 주어진다. 하지만 그 이후 당신 스스로 만들어내는 한계들도 있고, 그 때문에 당신 자신의 햇빛을 가리고 지혜를 차단하게 된다. 우주가 햇빛과 지혜 그런 것들을 보여줄 기회도 갖기 전에 당신이 먼저 문을 닫아버리는 것이다. 그런 식으로 당신이 당신 자신의 가스라이터로 변한다. 즉 당신이 당신을 조종하고 잘못된 길로 이끌며 당신의 현실에 대해 의문을 갖게 만드는 것이다.

우리는 종종 우리 자신의 감옥을 지키고 우리 스스로 만들어낸 한계들을 지키려 하면서 사태를 더 악화시킨다. 예를 들어 우리는 꼭 필요한 게 우리에게 없다고 생각해 새로운 사업을 시작하지 못한다. 또한 우리보다 훨씬 더 유능한 누군가가 승진할 것이라고 생각해 승진 신청 자체를 하지 못한다. 우리의 예상은 우리의 현실을 바꾸고 진짜 그대로 현실화된다. 그래서 흔히 이런 말을 한다.

"당신의 한계들을 외쳐라. 그러면 정말 그 한계들대로 될 것이다."

우리가 무서워하는 것은 감옥 안의 어둠이 아니다. 우리가 무서워하는 것은 바깥세상의 빛이다. 우리는 감옥 안에 갇혀 있는 것에 대해 불평하지만, 내심 우리의 감옥이 안전하고 편하다고 생각한다. 결국 그 감옥을 만든 것은 우리 자신이니까. 바깥세상은 무서운 곳이다. 위험을 무릅쓰고 나간다 해도 무엇을 보게 될지 알 수 없기 때문이다.

감옥이 오래되고 철창이 녹슬수록 그곳을 빠져나가긴 더 힘들어진다. 우리는 또 가끔 우리가 감옥 안에 갇혀 있다는 사실조차 깨닫지 못한다. 시간이 흘러 가능하다고 여겨지는 것들에 대한 우리의 고루한 생각들이 계속 우리의 발목을 잡으면, 철창들은 아예 보이지도 않게 되기 때문이다. 결국 우리는 계속 한정된 한 공간 안을 서성이면서 밖으로 나가는 길이 있다는 사실조차 알지 못한다.

'나는 지금 삶의 어디에 와 있는가?' 하는 질문과 관련해 느끼는 그 불편한 감정은 뭘까? 그것은 지금 당신이 자신도 모르는 새에 감옥 안에 스스로를 가두고 있다는 징후일 수도 있고, 당신이 상상해 온 것보다 더 멋진 또 다른 삶이 당신을 기다리고 있다는 징후일 수도 있다. 당신 자신에게 이런 질문들을 해보라.

'내 스스로 만든 감옥은 무엇일까? 나는 대체 어쩌다 나 자신의 발목을 잡는 상황들을 만들어내고 있는 걸까? 나는 대체 어디로 그 어느 때보다 더 멀리 갈 수 있을까? 나는 나 자신이 무엇을 충분히 잘하지 못하며, 무엇에 충분히 똑똑하지 못하고, 무엇에 충분히 가치 있지 못하며, 무엇을 충분히 충족시키지 못한다고 믿는가?'

당신 자신이 만든 한계들을 드러나게 하기 위해 과감한 행동을 해보라. 예를 들어 당신이 해내지 못할 것이라고 생각되는 일을 해보라. 당신에게 그럴 자격이 없다고 생각되는 임금 인상을 요청해보라. 당신이 들어갈 수 없을 것이라고 생각되는 직장에 지원서를 내보라.

록 밴드 롤링스톤스(Rolling Stones)가 상기시켜주듯 당신이 늘 원하는 걸 얻을 순 없다. 그러나 당신의 비전을 확장시킴으로써 가능성의 경계들을 확장시킬 수 있다. 당신이 요지부동이라고 생각하는 철창들이 가끔은 당신이 만들어낸 환상일 수도 있다.

결국 당신의 감옥 문은 열린다. 그러니 더 이상 철창을 두드리고 간수들에게 욕하지 마라. 더 이상 당신 자신의 발목을 잡지 마라. 그리고 문을 활짝 열고 떠나라.

변화의 3단계

① 뭔가를 할 수 없다고 생각한다.
② 그런데 어쩔 수 없이 그것을 하게 된다(또는 용기를 내서 해본다).
③ 당신이 실제 할 수 있다는 걸 알게 된다.

더 이상 '~해야 한다'는 말에 휘둘리지 마라

내가 쓰는 어휘에서 빼버리기로 마음먹은 단어가 하나 있다. 그 단어는 'should', 즉 '~해야 한다'이다. 'should'는 'shall'에서 온 것이며, 고대 영어에서 'shall'은 '~할 의무가 있다' 또는 '~해야 한다'는 뜻이었다. 그래서 'should'는 나 자신도 모르는 새에 뭔가 해야 할 의무를 지게 됐다는 걸 나타내는 경우가 많다.

'~해야 한다'는 자신도 모르는 새에 택하게 된 믿음 체계가 담긴 말이다. 또한 내가 살아가야 하는 방식과 관련된 다른 사람들의 기대가 담긴 말이기도 하다. 결국 '~해야 한다' 식 사고는 나 자신의 감옥이고 내 생각을 제한하는 철창이며 나를 옥죄는 쇠사슬이다.

'~해야 한다'가 들어가는 말들 중 우리 귀에 익은 것은 이런 것들이다.

- 당신은 명상을 시작해야 한다.
- 당신은 소셜 미디어 활동을 좀 더 많이 해야 한다.
- 당신은 너무 늦기 전에 결혼해 아이를 가져야 한다.
- 당신은 누군가가 말을 걸 때만 말을 해야 한다.

우리는 '~해야 한다'의 홍수 속에서 길을 잃기 쉽다. '~해야 한다'는 말을 할 때 내가 하려는 행동은 대개 내 의지와 다르다. 내 내면에 있는 나침반의 안내에 따라 움직이는 게 아니라 다른 누군가의 기대에 따라 움직이기 때문이다.

잠시 시간을 내 당신이 쓰는 '~해야 한다'는 말들을 쭉 적어보라. 그리고 당신 자신이 만든 그 감옥 창살들을 잘 살펴보라. 그런 다음 각 '~해야 한다'는 말에 대해 이렇게 자문해보라. '이 의무감은 대체 어디에서 온 것인가? 누가 이런 의무감을 안겨줬는가? 이게 정말 내가 가져야 할 의무감인가? 이게 정말 내가 원하는 건가? 아니면 내 스스로 내가 원해야 한다고 생각하는 건가?'

'~해야 한다'가 들어가는 당신의 어떤 말이 당신의 의지에 반하거나 현재의 당신에게 맞지 않는다면, 그걸 반영해 그 말을 바꿔야 한다. 의무감이 덜 느껴지고 욕구 내지 바람이 더 많이 느껴지는 말로 말이다. 그러니까 '~해야 한다' 대신 '~할 거야'나 '~하고 싶어' 또는 '~할 특권이 있어' 식으로.

또한 '~해야 한다'고 말하지만 실제 하지 않아도 된다면 또는 '~해야 한다'는 말이 당신의 사고나 당신의 잠재력을 제한하거나 당신이 바라는 삶을 살지 못하게 방해한다면, 그 말은 버려야 한다. 더 이상 '~해야 한다'는 말에 휘둘리지 마라. 다른 누군가의 기대에 당신 자신을 가두지 말고 당신 자신의 기대에 맞는 삶을 살아라.

내 인생을 뒤바꾼 이메일

고등학교 3학년이던 열일곱 살 때 나는 이스탄불에 있었는데, 어느 날 나는 컴퓨터 앞에 앉아 고민, 고민 또 고민을 했다.

'보내야 하나, 보내지 말아야 하나?'

나는 그 무렵 합격 통지를 한 코넬대학교의 한 교수에게 보낼 이메일을 썼는데, 그 이메일 끝부분에서 커서가 깜빡이고 있었다. 나는 그 교수가 화성 탐사 프로그램의 연구 책임자라는 걸 알게 됐다. 게다가 알고 보니 그 교수는 과거 대학원생 시절에 어린 시절의 내 우상이었던 칼 세이건 밑에서 공부를 했었다. 너무 좋아 믿을 수 없을 정도였다.

그 이메일에서 나는 화성 탐사 프로그램에서 그 교수를 도와 일하고 싶다는 불타는 욕구를 표현했고 또 내 이력서도 공유했다. 그러나 막상 '보내기' 버튼을 누르려 하니, 내 머릿속에서 감옥의 경계들을 상기시키는 목소리들이 합창하듯 떠들어대기 시작했다.

'구인광고 포스팅도 없었잖아. 대체 어쩌자고 존재하지도 않는 일자리에 지원하려는 거야?'

'대체 네가 기여할 수 있는 게 뭔데?'

'이 이메일을 보낸다면 넌 웃음거리가 될 거야.'

나는 이런 경계들을 강화시키는 사회에서 자라났다. 친구들한테 언젠가 NASA 우주 탐사 프로그램에 참여해 일하고 싶다는 말을 하자 그 친구들 중 상당수가 이런 말을 했다.

"에이, 그것은 안 돼. 넌 개발도상국에 태어나 평범한 환경에서 자랐잖아. 너 같은 사람들은 우주 탐사 프로그램에 참여할 수 없어. 다음 생에서라면 모를까."

하지만 나는 내 꿈을 다음 생까지 미루고 싶진 않았다.

다른 사람들이 당신에게 무슨 일인가를 할 수 없다고 말할 때, 그 일이 그들 자신이 직접 나서서 해보지 못한 일인 경우가 많다. 그러니까 결국 그들의 조언에는 그들의 생각이 투영되어 있는 것이다. 즉 당신이 당신 자신의 감옥에서 걸어 나가려는 걸 보며 자신들 역시 감옥에 갇힌 신세라는 걸 떠올리는 것이다.

'나는 이렇게 감옥에 갇혀 있는데, 너는 빠져나가려 한다고? 나가서 뭔가를 해보려 한다고? 어떻게 감히!'

어쩌면 그들은 가능성이 낮다는 걸 알고 있는 것이리라. 그러나 그들은 당신을 모른다. 게다가 닫혀 있는 문이 꼭 잠겨 있는 문은 아니다. 때론 그냥 밀고 나가기만 하면 된다.

나는 그냥 밀고 나가기로 마음먹었다. 그래서 심호흡을 한 뒤 그 이메일을 보냈다. 1주일도 채 안 돼 답장이 왔다. 그 교수는 내가 코넬대학교에 오는 대로 면접을 보자고 했다. 고등학생 때 컴퓨터 코딩 기술을 익혀둔 덕도 봤겠지만, 어쨌든 나는 2003년 화성 탐사선 프로그램 운영 팀에 합류했다.

그리고 그 당시엔 전혀 몰랐지만, 그 이메일은 이후 20년 넘게 일어난 일련의 일들의 시발점이 되었고, 그 모든 것들 덕에 결국 나는 내 책 《문샷》을 출판하며 작가의 길을 걷게 된다. 만일 당시 그 이메일을 보내지 않았다면 여러분은 아마 지금 이 책을 읽고 있을 수 없을 것이다.

나는 지금도 가끔 나 자신이 만든 감옥에서 벗어나려 애를 쓴다.

나 자신이 어떤 행동에 나서는 걸 두려워한다는 걸 알게 될 때, 그러니까 내 내면의 목소리들이 내가 뭔가를 할 수 없다고 합창하듯 외쳐댈 때, 나는 내 삶을 뒤바꿔버린 예의 그 이메일 생각을 한다. 그리고 그냥 '보내기' 버튼을 눌러버린다.

당신은 할 수 없는가?

"당신 참 유별나게 구네. 갑자기 무슨 일이야?" 그들이 말할 것이다.

"별일 없었는데요." 당신이 대답할 것이다. "마침내 올 게 온 거예요. 그리고 이건 시작에 불과해요."

"당신은 너무 거만해." 그들이 말할 것이다.

"거만하다고요? 나 자신을 찾았을 뿐인데." 당신이 답할 것이다.

"당신은 변했어." 그들이 말할 것이다. "예전의 당신이 아냐."

"맞아요." 당신이 답할 것이다. "나는 성장 중이고 또 진화 중이니까."

"당신은 지금 중년의 위기를 겪고 있는 거야." 그들이 말할 것이다.

"중년의 위기가 아니에요." 당신이 답할 것이다. "중년의 개화지."

"당신은 할 수 없어." 그들이 말할 것이다.

"두고 봐요." 당신이 답할 것이다.

ozanvarol.com/genius를 방문하면, 이 책의 2부에서 언급된 전략들을 실행에 옮기는 데 도움이 될 각종 워크시트들과 도전 과제들 그리고 연습 문제들을 만나볼 수 있다.

3부

내면 여행

3부의 구성

6장. **내면의 지혜를 끌어내라:** 내면의 지혜를 활용함으로써 창의력에 불을 붙이는 것에 대해

7장. **놀이의 힘을 불러일으켜라:** 놀이를 활용해 독창적인 통찰력을 만들어내는 것에 대해

8장. **과감히 창조하라:** 자신과 세상에 꼭 필요한 작품을 창조하는 것에 대해

3부에서 살펴볼 내용들

- 독창적인 통찰력을 갖기 위해 뛰어난 사상가들이 활용한 간단한 관행
- 대학 구내식당에서 접시를 던지며 노는 걸 보고 노벨상을 받게 된 이야기
- 마음의 문을 닫는 게 보다 나은 사고의 열쇠인 이유
- 넷플릭스의 최대 실수에서 배울 수 있는 것
- 당신의 사무실을 더 이상 사무실이라 부르면 안 되는 이유
- 전략적 미루기의 힘
- '뻔뻔한 자기 홍보'의 난센스를 극복하는 법
- 미국 드라마 작가들이 창의력을 높이기 위해 사용한 놀라운 전략

6장
내면의 지혜를 끌어내라

힘찬 연극은 계속되고, 너는 한 편의 시가 되리.
—월트 휘트먼, 〈오, 나여! 오, 삶이여!(O ME! O LIFE!)〉

스스로 생각하는 법

영화 〈굿 윌 헌팅〉에는 윌과 그의 친구들이 하버드광장에 있는 한 술집으로 걸어 들어오는 장면이 나온다. 입고 있는 옷과 서로 나누는 말을 보면 분명히 알 수 있지만, 그들 모두 하버드대학교 학생은 아니다. 술집에서 윌의 친구 척키(Chuckie)가 스카일라(Skylar)라는 하버드대학교 학생과 수다를 떨기 시작한다.

그러다 클라크(Clark)라는 또 다른 하버드대학교 학생이 나타나 척키의 지적 능력이 달리는 걸 놀림 대상으로 삼는다. 그 학생은 '남부 식민지들의 시장 경제 발전'에 대한 식견을 늘어놓으며 척키에게 이런저런 질문을 한다. 그러면서 이렇게 말을 잇는다.

클라크: 그러니까 제 주장은, 남북전쟁 전에, 특히 남부 식민지 지역들에 나타난 경제 양상은 농업 전 자본주의로 특징지어질 수 있다 이겁니다.

그때 불쑥 윌이 끼어들어 영화 역사상 가장 통쾌한 설욕전들 중 하나를 벌인다.

윌: 물론 그것은 자네 주장이지. 자네 대학원 1학년생이지. 방금 아마 피트 개리슨(Pete Garrison, 미국 저널리스트-옮긴이)이겠지만, 한 마르크스파 역사학자의 주장을 그대로 읊던데···. 자네 계속 그렇게 주장하다가, 내년엔 아마 여기서 고든 우드(Gordon Wood, 미국 역사학자-옮긴이)의 주장을 그대로 읊고 있을 거 같은데. 독립전쟁 이전의 유토피아와 군대 동원의 자본 형성 효과들에 대해 말이지.

클라크: 저, 사실 그러지 않을 겁니다. 우드는 극단적으로 과소평가했으니까요.

윌: "우드는 부, 특히 상속되는 부에 대한 사회적 차별을 극단적으로 과소평가했기 때문에···." 자네 그거 다니엘 비커스(Daniel Vickrs)의 논문 〈에섹스 카운티에서의 노동(Work in Essex County)〉 98페이지를 인용한 거 같아, 안 그래? 그래, 그거 나도 읽어봤거든. 자네 우리 앞에서 그 모든 걸 표절할 생각이었나? 이 문제에 대한 자네 자신의 생각이 있기는 한 건가?

이 장면은 우리 현실의 축소판이다. 이 세상에는 클라크 같은 사람들이 널렸지만 그들을 향해 호통을 쳐줄 윌 같은 사람은 없다.

우리는 클라크처럼 잘난 척하진 않을 수도 있지만, 우리 자신이 생각하는 것보다는 훨씬 더 자주 클라크와 비슷한 태도를 취한다. 그와 관련해 존 F. 케네디(John F. Kennedy) 미국 대통령은 이런 말을 했다.

"우리는 직접 생각하는 불편 없이 편하게 다른 사람의 의견을 따른다."[1]

우리는 컴퓨터 알고리즘이 알아서 보여주는 각종 정보를 그대로 반복한다. 세상의 많은 고든 우드들이 말하는 걸 잠시도 생각하지 않고 바로 리트윗하는 것이다. 심지어 외부 쓰레기들을 워낙 많이 우리 내면세계로 쑤셔 넣은 나머지 다른 사람들의 생각이 어디까지이고 우리의 생각은 어디부터인지도 구분하기 어렵다.

우리는 펜과 종이를 가지고 생각하지 않는다. 구글(Google)을 가지고 '생각한다'. 텅 빈 종이를 쳐다보면서 우리 자신의 생각들로 그것을 채우는 것보다는 잘 알려진 곳에서부터 시작하고 다른 누군가의 생각을 이용하는 게 더 편하게 느껴진다. 심지어 검색 질문조차 우리가 직접 할 필요가 없다. 구글의 자동 완성 기능을 활용하면 무엇을 찾아야 하는지, 또 무엇을 생각해야 하는지 다 알려줘 부담도 없다. 그런 다음 검색 엔진 최적화(SEO) 작업으로 골라낸 결과들을 살펴보고 삶과 우주와 그 외의 모든 것에 대한 답을 찾으면 된다. 이런 과정을 거치면서 우리는 마치 우리가 직접 생각을 하고 있는 양 착각에 빠지지만, 실은 우리의 소중한 시냅스들, 즉 신경 연접부들에 대한 통제권을 조작된 컴퓨터 알고리즘에 넘겨주고 있는 것이다.

베스트셀러《언테임드》의 저자 글레넌 도일(Glennon Doyle)이 언젠가 자신도 모르는 새에 그런 상황에 처한 적이 있다.[2] 새벽 3시에 침대에 앉아 그녀는 구글 검색창에 다음과 같은 질문을 타이핑해 넣었다.

"만일 남편이 바람을 피고 있는데, 그 사람이 아이들에겐 더없이 좋은 아빠라면 어찌 해야 하나?"

그러나 많은 사람들이 놓치는 모든 게 명확해지는 순간 그녀는 물끄러미 그 질문을 쳐다보며 생각했다.

'난 방금 내 인생에서 가장 중요하고 개인적인 결정을 인터넷에 맡겼어. 세상에! 어떻게 나 자신보다 다른 누군가를 더 믿는단 말인가? 대체 나는 어디로 간 거야?'

그간 나는 인정하고 싶지 않을 만큼 자주 도일과 같은 상황에 처했다. 사실 지금 당신이 읽고 있는 이 장을 쓸 때, 나는 나도 모르는 새에 구글 검색창에 "왜 내 책은 이렇게 쓰기 힘든가?"라는 질문을 썼다. 마치 한 번 만나본 적도 없는 얼굴 없는 낯선 이들이나 챗봇(chatbot)이 집필 어려움을 해결해줄 수 있을 듯 말이다.

우리는 인간의 가장 기본적인 경험들 중 하나인 생각과 답을 쌓고 살고 있다. 우리는 다른 사람들에게 답을 구걸하고 있다. 마치 톨스토이의 우화에 나오는 한 거지처럼, 자신이 금으로 만든 항아리 위에 앉아 있는 줄도 모른 채 오가는 사람들에게 동전 한 닢 달라고 구걸하면서 말이다. 결국 우리는 지금 우리의 내면 깊은 곳을 파고

들어 명확한 걸 찾아내는 대신, 인생의 가장 중요한 문제들을 다른 사람들에게 넘긴 채 우리 자신의 생각들이라는 불이 꺼지게 내버려두고 있는 것이다. 그러나 그렇게 꺼져버린 생각들은 언젠가 되살아나 우리 주변을 맴돈다. 그러니까 우리가 높이 평가하는 작품들 속에서 우리 자신의 생각이란 이유로 무시해버린 생각들을 보는 것이다.

미국 가수 밥 딜런(Bob Dylan)은 자신의 노래 〈Subterranean Homesick Blues(지하 생활자들의 향수병 블루스)〉에서 이렇게 상기시킨다.

"You don't need a weatherman to know which way the wind blows(바람이 어느 쪽으로 부는지는 기상 통보관이 없어도 알 수 있다)."

우리 스스로 알 수 있는 답을 찾기 위해 기상 통보관을 찾는다면, 우리는 스스로 생각할 수 있는 능력을 잃게 된다. 스스로 생각한다는 것은 앞서 3장에서 얘기한 것처럼 단순히 외부에서 들어오는 것들을 줄이는 게 아니다. 생각하는 걸 신중히 연습하는 것이며 어떤 문제가 생겼을 때 조사하기에 앞서 먼저 생각하는 것이다. 문제가 생길 때 자신의 생각이 어떤지에 관심을 보이지 않고 바로 남들에게서 그 답을 찾던 학창 시절의 습관을 버리는 것이기도 하다.

예를 들어 당신이 좋은 아이디어들을 어디서 구해야 하는지 궁금해한다고 하자. 바로 구글 검색창을 이용하지 말고 관련 서적들을 읽지도 말고, 먼저 스스로 그 문제에 대해 생각해보도록 하라. 당신 내면 깊은 곳을 들여다보고 거기서 적절한 아이디어들을 찾아내 쭉 적어보도록 하라. 만일 그 순서를 거꾸로 해 먼저 검색창을 이용하거나 관련 서적들을 읽은 다음에 생각하게 되면, 다른 사람들의 의견들이 워낙 강력한 중력을 발휘해 당신 자신의 의견들을 죄다 빨아들일 것이다. 그리고 일단 다른 사람들의 궤도에 빨려 들어가면 당신은 중력권 탈출 속도에 이르지 못하게 된다. 결국 당신 자신의 아이디어들은 당신이 읽은 것들로부터 벗어나 멀어지게 될 것이다.

당신이 자신의 내면을 파고들기 시작할 때, 처음 만나는 생각들은 최선의 생각이 아닌 경우가 많다. 그 생각들은 당신이 스스로에게 들려주는 이야기들이거나 아니면 관련 주제와 관련해 널리 받아들여지는 지혜일 것이다. 그러니 처음 만나는 답에 정착하고 싶다는 충동을 뿌리치고 계속 나아가라. 깊은 생각을 하려면 시간이 필요하다. 보다 깊이 파고들어 보다 나은 통찰력을 얻으려면 충분히 오래 관련 문제에 집중하는 수밖에 없다.

우리는 대개 깊은 생각을 하기 위해 충분한 시간을 내려 하지 않는데, 그것은 깊은 생각을 한다 해서 바로 눈에 보이는 결과가 나오진 않기 때문이다. 모든 이메일에 답장을 해야 하는 경우 받은편지함의 이메일을 전부 열어봐야 눈에 보이는 결과를 볼 수 있다. 그러나 매 순간 생각을 해야 하는 경우 적어도 표면적으로는 아무 일도 일어나지 않는 듯하다. 그래서 대부분의 사람들은 자신의 생각들에 충분히 오래 머물지 않고 바로 당면한 다른 문제로 넘어간다.

"생각할 시간이 없어요"라는 말은 사실 "내 경우 생각은 우선순위에 없어요" 하는 말이나 다름없다. 독창적인 아이디어가 더없이 필요한 일을 하는 사람들조차 깊이 생각하는 경우가 놀랄 만큼 드물다. 하지만 깊이 없는 생각은 깊이 없는 아이디어들로 이어지며 또한 안 좋은 결정과 기회 상실로 이어진다. 각종 회의와 알림 사이에 잠깐 생각하는 식으로는 돌파구를 찾기 어렵다.

대중문화는 깊이 없는 생각을 확산시킨다. 어떻게 돌파구를 찾았는지 이야기할 때, 방송 매체 등은 극적인 '유레카' 순간을 부각시키려 한다. 아주 놀라운 통찰력이 별 노력도 없이 갑자기 머릿속에 번쩍 떠오르는 순간 말이다. 반면에 오랜 시간 생각을 한 누군가의 이야기는 흥미로운 텔레비전 소재가 못 된다. 다음과 같은 이야기는 읽어봐도 스릴이 없는 것이다.

'그런 다음 그 사람은 더 많은 생각을 했다.'

그러나 사실 극적인 '유레카' 순간은 오랜 시간 후에 서서히 찾아온다. 미국 영화감독 데이비드 린치(David Lynch)는 이런 말을 했다.

"아이디어는 물고기와 같다. 작은 물고기를 잡고 싶다면 얕은 물에 머물면 된다. 그러나 큰 물고기를 잡고 싶다면 보다 깊은 물로 가야 한다."[3]

보다 깊이 잠수하려면 한 가지 아이디어, 한 가지 의문 또는 한 가지 문제에 지속적인 관심을 기울여야 한다. 이를 어떤 이유에 대한 '최우선 고려 사항'이라 부른다. 이때 중요한 것은 '당신 마음이 떠다니는 게 허용될 때 어디를 떠다닐 것인가?'를 생각해봐야 한다는 것이다. 만일 당신의 '뇌 다락'을 쓸데없는 물건들로 가득 채운다면, 정작 중요한 아이디어들이 그것들에 밀려날 것이고 확장하는 데 필요한 공간도 갖지 못하게 될 것이다.

스스로 생각함으로써 어떤 의문에 보다 깊이 파고들었다면 그 후엔 다른 사람들이 그 의문에 대해 쓴 글들을 읽도록 하라. 그러나 당신 스스로 생각하는 것은 멈추지 마라. 우리는 뭔가를 읽을 때 제대로 읽지 못하는 경우가 많다. 모든 걸 우리 자신의 눈이 아니라 저자의 눈으로 보기 때문이다. 그리고 스스로 생각해보지도 않고 저자의 의견을 수동적으로 받아들인다. 그래서 뭔가를 읽는 게 결국 책임을 회피하는 수단이 된다.

뭔가를 읽으면서 중요한 부분에 밑줄을 치고 형광펜 표시를 하는 걸로는 충분치 않다. '저자는 무슨 생각을 하고 있는 걸까?'라고 묻는 걸로도 충분치 않다. 이렇게도 물어야 한다.

'나는 어떻게 생각하는가? 이걸 읽으면서 나는 어떤 것들에 동의하는가? 어떤 것들에 동의하지 못하는가?'

고든 우드가 어떤 말을 했다는 이유로, 그 말이 다 옳을 수는 없다. 게다가 그의 관점이 유일한 관점도 아니다. 숨은 뜻을 헤아리며 읽고, 아울러 숨은 뜻을 헤아리며 써라. 다시 말해 책의 여백에 메모를 하고 저자와 상상 속의 대화도 나누는 것이다.

뭔가를 읽는 목적은 단순히 그걸 이해하기 위한 것만은 아니다. 하나의 툴로, 그러니까 자신의 내면에 갇힌 것들을 풀어놔주는 열쇠로 삼기 위한 목적도 있는 것이다. 내가 어떤 책을 읽을 때 떠오르는 가장 좋은 아이디어들 중 일부는 사실 그 책으로부터 나오는 게 아니다. 책에서 본 어떤 아이디어로 인해 내 속에 숨겨져 있던 어떤 관련된 생각이 떠오르는 경우도 많다. 책 속의 글이 종종 거울 역할을 해, 나 자신과 내 생각들을 보다 분명히 볼 수 있게 해주는 것이다.

당신의 깊숙한 내면은 현실에서 도피하기 위한 장소가 아니다. 그보다는 오히려 현실을 발견하기 위한 장소다.

당신 자신과 얘기 나누는 일의 마력

아브라카다브라(abracadabra, 병이나 재앙을 물리치는 데 효과가 있다고 알려진, 유대인들이 전통적으로 외우던 주문-옮긴이)의 의미는 '말한 대로 이뤄지리라'.[4] 이 주문은 열쇠다. 단순히 마법을 펼치기 위한 열쇠가 아니라 과거에 존재한 적이 없는 걸 만들기 위한 열쇠.

여기서 말하는 '말한 대로 이뤄진다'는 것은 다른 사람들에게 말하는 대로 이뤄진다는 게 아니라, 당신 자신에게 말하는 대로 이뤄진다는 것이다. 그런데 우리 사회에선 혼잣말하는 사람을 이상한 사람으로 취급한다. 아이들이나, 아니면 셰익스피어 14행시에 나오는 등장인물들이나 다 혼잣말을 한다. 구글에서 'Talking to yourself is a sign of…', 즉 '혼잣말을 하는 것은 ~의 징후' 식으로 검색해보면, 자동 완성으로 나오는 답들 중 하나는 'impending mental collapse', 즉 '멘붕 임박'이다.

그러나 실은 그 반대다. 혼잣말은 우리 내면에서 보다 깊은 통찰력을 찾는 데 꼭 필요하다. 그와 관련해 인문학자 나나 아리엘(Nana

Ariel)은 이렇게 적고 있다.

"말을 만들어내는 것은 생각이 아니다. 말은 창조적인 과정이며, 오히려 그 과정에서 생각이 만들어진다."[5]

혼잣말은 우리가 무슨 생각을 하는지 알아내는 데 도움이 된다. 혼잣말 덕에 무형의 생각들에 유형의 형태가 주어지며, 그 결과 이전부터 우리 내면에 존재해온 아이디어들을 찾아 끄집어낼 수 있기 때문이다.

많은 사상가들의 경우 혼잣말은 '자유 글쓰기', 즉 문법이나 오자를 신경 쓰지 않는 글쓰기 형태를 띤다. 우리는 정리되지 않은 수많은 생각들을 머릿속에 담고 다닌다. 그 생각들 중 일부는 섣부른 생각들이고 일부는 모순된 생각들이며 상당수는 완전히 잘못된 생각들이다. 우리가 일부러 시간을 내 정리하지 않으면 그 생각들은 어수선한 상태로 그대로 뒤엉켜 있게 된다.

하지만 어떤 생각이 말 형태로 정리되면 마법 같은 일이 일어난다. 자유 글쓰기를 하면 당신과 당신의 통찰력이 연결되고 잠재의식과 의식 사이에 물길이 트인다. 또한 손끝으로 당신의 깊은 내면이 흘러나오게 된다. 그렇게 당신의 생각들과 흰 종이만 마주하며 자아실현 과정이 시작된다. 당신이 누구이며 무엇을 알고 있는지, 또 무슨 생각을 하고 있는지 깨닫게 되는 것이다. 이는 당신의 머리를 활짝 열어 멀리서 당신 자신의 생각들을 들여다보는 것이나 다름없다.

스스로 자유로운 글쓰기를 할 수 있게 되면 역시 자유로운 사고도 할 수 있게 된다. 당신의 잠재의식 안에서 억눌려 살아온 큰 물고기들이 그물 밖으로 빠져나와 드넓은 뇌 속 바다 안에서 헤엄치기 시작하는 것이다. 억눌려 있던 생각들이 더 많이 풀려날수록 의식이 활짝 열리며 더 많은 생각들이 풀려나게 된다.

작가들의 세계에서 이 같은 자유 글쓰기는 '모닝 페이지(morning pages)'라 불리는데, 이는 미국 작가 줄리아 카메론(Julia Cameron)이 자신의 책 《아티스트 웨이》에서 처음 쓴 말이다.[6] 아침에 일어나 스마트폰을 들여다보면서 마음을 오염시키기 전에 자유 글쓰기를 해 보라. 많은 도움이 된다. 그러나 모닝 페이지는 꼭 아침이 아니라 하루 중 언제 해도 좋다. 자유 글쓰기를 한다는 게 중요한 것이지, 언제 자유 글쓰기를 하느냐는 중요한 게 아니다.

나는 하루 중 언제든 컴퓨터 문서 파일을 열어 거기에 떠오르는 생각들을 적는다. 책에 대한 아이디어? 그럼 그것을 적는다. 전날 밤 밤새 고민했던 것? 그럼 그것을 적는다. 나는 그 문서를 계속 미완성 상태로 둬 생각들이 자유롭게 흐르게 한다. 최종적인 것은 없다. 완벽한 것도 없다. 모든 것은 계속 변한다.

자유 글쓰기를 시작하고 머릿속에 떠오르는 것은 뭐든 적어라. 어떤 날에는 관심 끌 만한 게 없을 것이고, 또 어떤 날에는 모든 게 터무니없을 것이다. 그러나 또 어떤 날에는 갑자기 예기치도 않은 통찰력을 갖게 될 것이다. 이것을 잊지 마라. 지금 쓰고 있는 걸 출판하자는 것도 아니고 그것으로 명성을 얻자는 것도 아니다. 단지 당신이 무슨 생각을 하고 있는지 알아보자는 것이다.

만일 자유롭게 흐르는 생각을 적는다는 게 너무 부담스럽다면, 그 일에 어떤 구조를 추가해보라. 예들 들면 적어도 느슨하게나마 특정한 목표를 정하고 자유 글쓰기를 해보는 것이다. 자신에게 물어보라. '내 책 제목을 뭐라 해야 할까?', '어떻게 하면 우리의 고객 서비스 과정에 즐거움을 가미할 수 있을까?', '다음에는 어떤 사회 경력을 쌓아야 할까?'

당신의 생각들이 막힘없이 흐르게 하려면 다음 두 가지가 필요하다.

첫째, 당신의 말들은 사적이며 은밀해야 한다. 다른 누군가가 당신의 생각을 알게 될까 두렵다면 마음 놓고 놀 수 있는 놀이터를 가질 수 없을 것이다. 또한 자신을 억제하는 걸 줄이고 자기 검열 시스템 작동을 멈추는 데도 힘든 시간을 보내게 될 것이다. 창조 과정은 당혹스럽다. 아이디어들은 초기 단계에선 깨지기 쉽다. 만일 아직 성숙되지도 않은 아이디어를 너무 일찍 다른 사람들에게 노출한다면, 비전통적이며 설익은 통찰력을 내놓게 될 수도 있다. 결국 당신은 당신의 아이디어들을 믿을 만한 집단과 공유하고 싶어지게 될 것이다(이에 대해선 뒤에서 좀 더 자세히 다룰 것이다). 그러나 우선은 당신의 아이디어들을 '파이트 클럽'(〈Fight Club〉, 1999년에 개봉된 파이트 클럽이라는 비밀 조직에 대한 영화-옮긴이)처럼 비밀에 부쳐 다른 사람들에게 얘기하지 마라.

둘째, 당신은 당신 자신에게 정직해져야 한다. 이는 말처럼 쉬운 일이 아니다. 처음 자유 글쓰기를 시작했을 때, 나는 나 자신에게 거짓말을 하고 있었다. 글을 쓰면서 진실을 드러내기보다는 실수를 정당화하기 위해 번지르르한 말을 하거나 실제 있었던 일을 꾸민 것이다. 당신이 창조한 것들이 진정 자신의 것이 되려면 스스로 진실해져야 한다. 당신의 노트나 메모장은 남들에게 보여주는 인스타그램이 아니다. 글에서 불완전한 당신 자신의 모습을 있는 그대로 보여줘라. 의심스러운 점들이 있다면 굳이 감추지 마라. 그것들을 있는 그대로 인정하라. 당신의 생각들을 밝은 빛에 비춰 보며 자세히 살펴보라. 당신의 생각들을 밖으로 드러냄으로써 그 생각들이 안쪽에서 자신을 산 채로 집어삼키지 않게 하라.

자유 글쓰기를 하면 당신은 당신의 생각들을 시간순으로 기록할 수 있게 된다. 그리고 시간이 지나면서 점들이 연결되고 그러다 보면 어떤 추세가 보이기 시작한다. 반복해서 하게 되는 어떤 부정적인 생각. 자꾸 생각나는 어떤 수업. 계속 떠오르는 어떤 책에 대한 아이디어. 이런 것들을 기록하지 않고 내버려두면 그냥 무시되겠지만, 반복해서 생각하다 보면 점점 무시하기 힘들어지는 어떤 패턴 같은 게 형성될 수 있다.

물론 자유 글쓰기를 하는 동안 이런저런 아이디어들이 떠오르지 않을 수도 있다. 그러나 안테나를 세우고 혼잣말을 통해 어떤 의문을 꼼꼼히 살펴보기 시작하면, 뜻하지 않은 순간 뜻하지 않은 장소에서 당신의 잠재의식 속에 묻혀 있던 통찰력이 튀어나오기 시작할 것이다.

미루기의 힘

고백할 게 있다. 사실 나는 미루기의 달인이다. 반복해서 책상 정돈을 한다며 정작 중요한 이 책 쓰는 일을 하지 않는다는 식의 미루기 얘기를 하는 게 아니다(예전에 의지가 약했던 시절에는 그러는 경우가 많았지만). 내가 말하는 미루기란, 무언가를 하고 있는 중이든 관계없이 돌파구 같은 걸 마련하기 위해 사용하는 전략적 미루기다.[7]

간단히 설명하자면 이렇다. 새로운 프로젝트를 맡게 될 때 나는 최대한 빨리 시작한다. 예를 들어 책의 경우라면 먼저 아이디어와 사례들을 적는다. 그러니까 뭐든 이미 내 머릿속에 들어 있던 관련 아이디어와 사례들을 쭉 적어보는 것이다. 이렇게 씨앗들을 뿌린 후에 멀리 떨어져 앉아 시간을 두고 무엇이 자라나는지 지켜본다. 그리고 모든 걸 한참 전에 미리 계획하진 않으려 한다. 내 생각이 경직돼 창의적인 가능성들이 차단되는 걸 막기 위해서다.

이렇게 시간을 두고 지켜보는 것은 수동적인 태도로 보일 수도 있지만, 실은 그렇지 않다. 어떤 프로젝트를 시작한 뒤 한동안 집중하고 나서 잠시 숨 고를 시간을 가지면, 내 뇌 속 '생각 공장'이 활발히 돌아가게 된다. 잠시 쉬는 동안에도 프로젝트는 내 잠재의식 속에서 활발히 진행되며, 그렇게 보이지 않는 곳에서 새로운 통찰력이 만들어진다. 그 과정에서 아이디어들이 술통 속 와인처럼 보다 숙성되고 풍요로워진다. 그런 식으로 나는 얕은 물에서 나와 데이비드 린치 감독이 말한 큰 물고기들이 헤엄치는 깊은 물로 나아간다.

너무 오랫동안 계속 집중할 경우 당신의 생각은 정체될 것이다. 그러니 한동안 집중한 뒤에는 집중하지 않는 시간을 갖도록 하라. 당신의 마음이 잠시 숨 고를 시간을 갖게 해줘라. 그렇다고 소셜 미디어나 이메일 같은 데 눈을 돌리진 마라. 그러면 필요한 휴식을 취하지 못하게 된다. 그보다는 물끄러미 창밖을 내다보거나 샤워를 하거나 음악을 듣거나 명상을 하라.

내 고등학교 시절 축구 코치는 "공을 소유하고 있지 않을 땐 적절한 위치에 가 있어라"라는 말을 자주 했고 나는 그 말을 참 좋아했다. 공을 갖고 있지 않을 땐 공을 받기 좋은 운동장의 다른 위치에 가 있으라는 것이다. 내 경우 글을 쓸 때 주로 이용하는 방(똑같은 낡은 사고 패턴들과 관련 있음)에서 나가 집 안 다른 곳에 가 있는 게 도움이 된다. 장소를 바꾸는 것만으로도 관점이 바뀔 뿐 아니라 새로운 아이디어들을 투영할 수 있는 여백이 생겨나게 된다.

걷는 것도 도움이 된다. 연구에 따르면, 몸을 움직이거나 인지 기능을 쓰면 뇌의 똑같은 부위가 활성화되며, 걸으면 창의력이 높아진다.[8] '당신의 아이디어들에 다리를 달아줘라'라는 제목의 한 연구에서, 스탠퍼드대학교 연구진은 실험 참가자들을 두 집단으로 나눈 뒤 서로 다른 창의력 테스트를 했다. 한 집단은 테스트를 받기 전 한 시간 동안 가만히 앉아 있었고, 또 한 집단은 한 시간 동안 러닝머신 위를 걸었다. 그 결과 걷기를 한 사람들은 평균 60퍼센트나 창의력이 높아졌다.[9]

미국 영화감독 쿠엔틴 타란티노(Quentin Tarantino)의 경우 수영장 물 위에 가만히 떠 있는 상태로 '미루기'를 한다. 영화 대본 작업을 할 때 하루에 몇 시간 동안 글을 쓴 뒤 난방이 되는 수영장에서 시간을 보내는 것이다. 그와 관련해 타란티노는 이렇게 말한다.

"나는 따뜻한 물에 떠 있는 상태로 내가 막 쓴 대본에 대해, 또 그걸 어떻게 더 잘 다듬을 수 있을지에 대해, 또 해당 장면이 끝나기 전에 다른 어떤 일이 일어날 수 있을지에 대해 생각한다."[10]

그런 다음 그는 수영장에서 나와 물에 떠 있을 때 떠오른 통찰력을 쭉 적는다. 그리고 그 통찰력은 다음에 글을 쓰는 날 대본에 반영된다.

내 경우 전략적인 미루기를 할 때는 진행 중인 프로젝트에 수시로 되돌아가 주요 주제들과 아이디어들을 되돌아봄으로써 프로젝트에 대한 감을 잃지 않으려 한다. 또한 의식적으로 내 생각들을 뒤져 황금처럼 빛나는 새로운 통찰력을 찾아내려 애쓰며, 그런 통찰력을 찾아내자마자 바로 적어놓는다. 그리고 타란티노의 말처럼 그런 통찰력은 다음에 글을 쓸 때 창의력 발휘에 도움 되는 거름 역할을 해준다. 그리하여 나는 어디서 시작해야 좋을지 모른 채 텅 빈 여백만 쳐다보고 있지 않아도 된다. 나의 수영장은 더 이상 춥지 않다. 이런저런 아이디어들로 늘 따뜻해 언제든 뛰어들 수 있는 상태인 것이다.

이렇게 어떤 프로젝트를 시작한 뒤 의도적으로 잠시 숨 고를 시간을 가지면 뭔가 중요한 일이 일어난다. 나 자신이 아이디어들을 끌어들이는 자석처럼 변할 뿐 아니라, 읽고 보고 관찰하는 모든 것에서 필요한 통찰력이 보이기 시작하는 것이다. 또한 얼핏 보기에 별 상관없어 보이는 일들과 이야기들 그리고 심지어 노랫말들까지 이용 가능한 아이디어들로 변한다. 그러나 만일 프로젝트를 시작하지 않았다면 그 모든 일들은 일어나지 않았을 것이다.

이것이 바로 충동적인 미루기가 아닌 의도적이고 전략적인 미루기다. 프로젝트에서 잠시 손을 떼되, 그 프로젝트를 피하는 게 아니라 오히려 키우는 것. 그러니까 결국 당신은 프로젝트가 끝나기 전에 다시 책상으로 돌아가야 하는 것이다.

집중했다가 잠시 숨을 돌리고, 물에 떠 있다가 다시 글을 쓰는 식으로 시간을 보내다 보면 처음 시작할 땐 할 수 없을 것 같아 보였던 것들도 할 수 있게 된다. 작은 것도 자꾸 반복되다 보면 큰 것이 되는 것이다.

미쳐버려라

칼 세이건은 과학적 이성을 대변하는 목소리였다. 그러나 창의력을 높이기 위한 그의 접근 방식은 결코 이성적이지 못했다. 그는 가끔 마리화나의 힘을 빌려 자신의 생각들이 밤에 제멋대로 날뛰게 내버려뒀다.[11] 또한 마리화나를 피면서 혼잣말을 하기 시작했고, 그 혼잣말을 녹음기에 녹음해 자신이 한 말들을 잊지 않으려 했다. 그리고 그다음 날 아침이면 녹음된 걸 들으면서 보다 냉정한 관점에서 다듬어지지 않은 자신의 생각들을 꼼꼼히 살펴보았다.

그 같은 칼 세이건에게서 우리는 《지킬 박사와 하이드 씨》의 주인공 같은 모습을 볼 수 있다. 방탕한 '밤'의 자아가 의심 많은 '아침'의 자아에게 자신은 미치지 않았다는 걸 입증해 보여야 했던 것이다. 그래서 밤 세이건은 아침 세이건의 의심들을 덜기 위해 메시지들을 녹음하곤 했다. 예를 들어 정신이 아주 맑을 때만 보여줄 수 있는 뛰어난 기억력을 보여주기 위해 기억하기 힘든 사실들을 암송했다. 그리고 그 사실들은 대개 정확한 것으로 밝혀지곤 했다.

그런 접근 방식이 통하지 않을 경우 세이건은 협박에 의존하곤 했다. 특히 인상적인 한 녹음 테이프에서 밤 세이건은 자신의 아이디어들에 대해 지나치게 판단만 하려 한다며 아침 세이건을 몰아세웠다. 녹음기를 틀어놓은 상태에서 그다음 날의 자기 자신을 향해 이렇게 소리친 것이다.

"잘 들어, 이 빌어먹은 아침 자아야! 이건 사실이야!"

창의력을 높이기 위한 세이건의 이런 접근 방식을 따라 하려고 굳이 항정신성 약품 같은 걸 쓸 필요는 없다. 아이디어 창출 단계와 아이디어 평가 단계를 분리하는 게, 즉 당신의 밤 자아와 아침 자아를 분리하는 게 가장 중요하다. 다시 말해 아이디어 창출 단계에서 생각들을 자신으로부터 지켜야 하는 것이다.

대단한 파급력을 지닌 아이디어들도 처음엔 불합리해 보인다. 합리적이라면 다른 누군가가 이미 그 아이디어들을 떠올렸을 것이다.

불합리한 것은 아직 실현되지 않은 합리적인 걸 뜻하는 경우가 많다. 불합리한 것은 아직 검증되지 않았거나 익숙하지 않은 걸 뜻하는 경우가 많다. 그래서 어떤 아이디어가 불합리해 보인다는 것은 합리적인 것에 대한 자신의 기준과 다르다는 걸 뜻한다. 그러나 대개의 경우 잘못된 것은 당신의 아이디어가 아니다. 잘못된 것은 당신의 기준이다.

아무 제약도 없이 내버려둘 경우, 당신 내면의 비판자는 얼핏 보기에 비합리적인 통찰력을 죄다 무시하면서 아직 싹도 틔우지 못한 소중한 아이디어들을 죽여버릴 것이다. 비합리적으로 보이는 아이디어를 죽이는 것보다는 새로운 아이디어를 창출하는 것이 훨씬 더 힘들다.

이런 접근 방식이 옳다는 것은 연구 결과를 통해서도 알 수 있다. 한 연구에서, 연구진은 기능적 자기공명영상(fMRI)을 사용해 재즈 연주를 하는 뮤지션 여섯 명의 뇌 활동을 추적 관찰했다.[12] 그리고 그들은 뮤지션들이 즉흥 연주를 할 때, 그러니까 기존 음악을 연주하지 않고 그 자리에서 바로 새로운 음악을 만들어낼 때, 평가 및 자기 검열을 관장하는 뇌 부위들의 활동이 둔화되는 걸 발견했다.

"자신의 뇌를 억제할 수 있는 능력은 우리를 위대하게 만드는 특징들 중 하나일 수 있습니다."

연구진의 한 사람으로 숙련된 재즈 뮤지션이기도 한 찰스 림(Charles Limb)의 말이다.[13] 수십 년 전 미국 시인 휘트먼도 림과 비슷한 말을 했다. 가장 창의적인 자신의 작품은 마음먹은 대로 생각을 멈

추고 자신의 뇌를 '부정적'으로 만들 수 있는 능력에서 나왔다고.[14]

그러니 새로운 아이디어를 짜내려 할 때는 내면의 비판자는 잠시 쉬라 하고 대신 내면의 아이가 마음껏 뛰놀 수 있게 하라. 검열하거나 평가하거나 비판하는 일은 하지 마라. 아무리 어리석거나 터무니없는 아이디어라 해도, 마음속에 떠오르는 아이디어라면 다 환영하라. '호기심의 캐비닛' 안에 들어 있는 아이디어가 평가받지 않게 함으로써, 상상력이 풍부한 내면의 아이가 그 아이디어를 싹 틔울 수 있게 하는 게 목표다.

대부분의 사람들은 어떤 아이디어가 호기심의 캐비닛 안에 있어도 되는지를 서둘러 판단함으로써, 그러니까 그 아이디어가 합리적인지 또는 실행 가능한지를 서둘러 판단함으로써 싹도 트기 전에 아예 그 아이디어를 죽여버린다.

이는 마치 차를 운전하면서 액셀러레이터를 밟으며 동시에 브레이크를 밟는 것과 같다. 차가 움직이지 못하는 게 당연하다. 꼼짝달싹 못 하는 게 당연하다. 속도를 올리려 액셀러레이터를 밟으면 당신 내면의 비판자가 바로 브레이크를 밟으며 이렇게 말하는 것이다. "정말 끔찍한 아이디어야" 또는 "방금 쓴 그 문장, 그거 별로야". 그와 관련해 미국 기업가 겸 작가 아스트로 텔러(Astro Teller)는 이렇게 말한다.

"끔찍한 아이디어는 종종 좋은 아이디어의 사촌이며, 위대한 아이디어가 그 이웃이다."

칼 세이건의 아침 자아처럼 당신 내면의 비판자 역시 아주 중요한 역할을 한다. 그리고 내면의 비판자가 하는 그런 역할은 아이디어 창출 단계에서 평가 단계로 옮겨갈 때 필요할 수 있다. 그러나 여전히 이런저런 생각들만 하고 있는 경우라면 내면의 비판자를 뒷좌석으로 보내 브레이크 페달을 밟지 못하게 하라.

결국 뭔가를 창조한다는 것은 아이디어가 억지로 나오게 하는 일이 아니다. 당신이 깨닫든 깨닫지 못하든, 당신의 잠재의식 깊은 곳에서는 이미 큰 물고기들이 헤엄치고 있다. 당신은 단지 그 물고기들의 자유로운 이동을 방해하는 장애물들만 치워주면 된다.

몸이 시키는 대로 하라

> 입증하는 것은 논리에 의해서이지만,
> 발견하는 것은 직감에 의해서다.
> -앙리 푸앵카레(Henri Poincare, 프랑스 수학자), 《과학과 방법(Science and Method)》

획! 쾅! 빗나감.

똑같은 사이클이 반복된다. 당시 나는 기조연설을 하기 위해 아일랜드 더블린에 가 있었다. 근처의 한 농장에선 스키트 사격(skeet shooting, 사수의 좌우 쪽 높고 낮은 두 곳에서 동시에 방출되는 하나 또는 두 개의 접시꼴 과녁을 맞추는 클레이 사격의 일종-옮긴이)을 할 수 있었다. 나는 스키트 사격은 한 번도 해본 적이 없었고, 그래서 한번 시도해보기로 했다. 획 하며 클레이 피전(clay pigeon, 진흙으로 만든 접시형 표적-옮긴이)이 날아오르면 나는 마음속으로 속도와 거리를 계산했고, 그런 다음 완벽한 순간이라고 생각되는 순간에 방아쇠를 당겼다.

그러나 쏠 때마다 매번 빗나갔다. 연달아 10번 정도 못 맞추자 측은해 보였는지 사격 강사가 다가왔다. 그러곤 내 쪽으로 몸을 숙이며 나직이 조언을 해줬는데, 그 이후 나는 늘 그 조언을 마음속에 간직해왔다.

"생각이 너무 많아요." 그가 말했다.

"그럼 어떻게 해야 하는데요?" 내가 물었다.

"몸이 시키는 대로 하세요." 그가 말했다. "지금 당신 마음이 방해하고 있어요."

"알았어요." 전혀 모르겠지만 일단 말은 그렇게 답했다.

"어떻게 해야 할진 몸이 다 알아요." 그가 반복해서 말했다. "적절한 순간이라고 '느껴질 때' 방아쇠를 당겨요. 적절한 순간이라고 '생각될 때'가 아니고."

나는 그의 조언을 받아들여 그대로 해보기로 마음먹었다. 지나치게 많은 계산을 하는 내 마음의 끝없는 속삭임을 중단시켰다. 그리고 클레이 피전이 날아오를 때, 내 내면 깊숙이 내려앉아 몸이 적절한 순간이라는 신호를 줄 때 방아쇠를 당겼다.

그러자 총알이 과녁 정중앙에 꽂혔다. 그것은 내게 전혀 새로운 접근 방식이었다. 수십 년간 나는 내 정신 감각에 자부심을 느껴왔다. 내게 뇌는 무엇과도 비교할 수 없을 만큼 소중한 기관이었다. 내 경우 몸의 역할은 그저 그 소중한 뇌를 이리저리 옮겨 다닐 수 있게 도와주는 것, 또 뇌에 필요한 연료를 공급해 뇌가 가장 잘하는 일, 즉 생각을 할 수 있게 도와주는 것뿐이었다.

그러나 그 사격 강사의 조언으로 나는 종래의 그런 내 사고방식에서 벗어나게 됐다. 그날 그 농장을 떠나면서 나는 내 몸은 뭘 해야 할지 잘 알고 있는데 내 마음이 방해하고 나서서 다른 걸 하게 된 경우가 얼마나 많았을까 하는 생각을 했다.

그러자 내 직감이 이렇게 외친 어떤 순간이 기억났다.

'이 사람은 왠지 수상쩍어! 이 사람과 거래하지 마!'

하지만 나는 이런저런 계산 끝에 그 외침을 무시했다. 결국 그 거래는 끔찍한 거래로 끝났다.

마음속으론 지원자가 적임자가 아니라는 걸 알면서도 서류상의 경력이 그럴싸해 결국 채용한 순간도 기억났다. 결국 그 인간관계는 끔찍한 인간관계로 끝났다.

내심 여자친구와 헤어져야 한다는 걸 알면서도 상황을 호전시킬 수 있을 것이라는 생각에 그 관계를 계속했던 일도 기억났다. 그것은 결국 끝내야 할 관계를 연장한 것에 지나지 않았다.

아마 당신도 비슷한 경험을 한 적이 있을 것이다. 당신은 직감적으로 뭔가가 옳다는 걸 알았다. 아니면 내심 뭔가가 잘못됐지만 뭐가 잘못됐는지 합리적으로 설명할 길이 없다는 걸 알았다. 정확한 이유는 모르겠지만 뭔가가 옳지 않다는 걸 아는 이런 상태를 영미권 비행기 조종사들은 '리머스(leemers)'라 한다.[15] 그리고 그런 상태를 무시하지 않고 주의 깊게 지켜보는 훈련을 한다.

당신의 몸에 대해 말하자면 이렇다. 몸은 그 뿌리가 고대까지 뻗어 있다. 진화론적 관점에서 보면 수억 년 전까지 거슬러 올라간다. 그에 비해 뇌는 훨씬 젊다.[16] 참으로 멋진 기계지만 그 경험은 몸에 비해 한정되어 있다. 반면에 당신의 몸은 고대의 모든 지혜를 담고 있으며 그 지혜는 언젠가 드러나게 되어 있다.

그러나 우리는 늘 관심을 몸 이외의 다른 것들, 그러니까 우리의 스프레드시트나 각종 알림 또는 이메일 등 딴 데로 돌림으로써 그 지혜를 제대로 보지 못하고 있다. 그리고 이제 우리는 몸과 너무 오래 단절되어 몸이 큰 소리로 신호를 보내도 듣지 못한다. '이메일 무호흡증'이란 증상이 생겨날 정도다. 이메일(또는 문자)을 읽거나 쓸 때 호흡이 일시 중단되는 현상까지 생겨나고 있는 것이다.

그렇다고 당신의 몸에 관심을 기울인다는 것이 마음을 무시한다는 의미는 아니다. 그보다는 생각을 단순히 뇌에 한정된 활동이 아닌 몸 전체의 활동으로 여긴다는 의미다. 그러니까 몸이 보내는 각종 신호들, 즉 당신의 내면 깊은 데서 나오는 각종 감정과 감각 그리고 본능들에 보다 세심한 관심을 기울인다는 의미인 것이다.

당신이 만일 삶의 목표들을 계속 달성하지 못하고 있다면 그것은 당신 마음이 끼어들어 방해하고 있기 때문일 수도 있다. 당신의 마음을 몸에 잘 맞춘 뒤 한 차원 높은 마법이 펼쳐지는 걸 지켜보도록 하라.

위대한 마음들은 혼자 생각하지 않는다

1665년 림프절 페스트가 영국을 덮쳤을 때 시골에 틀어박혀 자가 격리를 한 사람들 중에는 아이작 뉴턴(Isaac Newton)이란 젊은 학자도 있었다. 그 자가 격리 기간 중에 뉴턴은 미적분학을 만들어냈고 중력의 이론을 세웠으며 운동의 법칙을 발견했다. (그리 잘 알려지지 않은 그의 한 노트 내용에 따르면, 그는 렌즈의 작동 원리를 알아내기 위해 자신의 눈을 바늘로 찌르기까지 했다.)[17]

이 이야기는 코로나19 팬데믹 기간 중에 고립의 힘을 보여주는 증언으로 널리 알려졌다. 메시지는 분명했다. 뉴턴이 전염병 기간 중에 세상을 바꿀 수 있었다면, 당신 또한 적어도 방 안에서 둠 스크롤링(doomscrolling, 암울한 뉴스만 강박적으로 확인하는 걸 뜻하는 신조어-옮긴이)만 할 게 아니라 다른 뭔가도 할 수 있지 않겠는가?

그런데 사실은 널리 알려진 이 이야기보다 더 복잡한 걸로 밝혀졌다. 그렇다. 뉴턴은 고립 생활을 하는 중에 중력 이론을 만들었다. 그러나 도서관을 이용할 수 없는 상황에서 방정식의 상수들 중 하나가 잘못됐다. 그래서 그는 그 이론은 성립될 수 없다는 결론을 내린 뒤 관련 노트들을 서랍 속에 쑤셔 넣었다. 몇 년 뒤 그는 그 노트들을 다시 끄집어내 한 친구에게 보여줬는데, 그 친구가 문제의 오류를 찾아냈다. 함께 연구하고 또 도서관의 책들을 참고하면서 그들은 방정식의 오류를 바로잡았고, 결국 중력 이론을 완성시켰다. 두 사람의 눈이 보다 정확한 세상의 그림을 만들어낸 것이다.

우리 사회는 외로운 천재를 우상시하고 외로운 영웅의 여정을 찬양한다. 알렉산더 해밀턴(Alexander Hamilton, 미국 건국의 아버지로 추앙되는 정치가-옮긴이), 아이작 뉴턴, 스티브 잡스, 일론 머스크 등이 그 좋은 예다. 그래서 대중문화에선 꼭 약방의 감초처럼 외로운 슈퍼스타(대개는 남자)가 등장한다. 그러면서 우리는 그런 슈퍼스타들이 모든 문제를 해결해주고 감사할 줄 모르는 세상 사람들에게 명쾌한 답을 찾아준다고 믿게 되었다. 또한 그들의 성취는 대부분의 사람들은 구하기 힘든 브로드웨이 뮤지컬 〈해밀턴(Hamilton)〉 티켓처럼 변한다. 결국 외로운 천재들의 이야기, 아니 외로운 천재들의 신화에서는 그 천재들과 함께 일했지만 인정받지 못한 많은 사람들은 설 곳이 없다.

하지만 완벽한 고립 상태에서는 최고의 창의력이 발휘되지 못한다. 설사 뉴턴처럼 총명하다 해도 당신이 할 수 없는 한 가지 일이 있는데, 그것은 당신에게 보이지 않는 것, 그러니까 당신의 사각지대에 있는 것을 보는 것이다. 당신이 놓친 가능성들을 보고 또 당신이 만든 방정식의 오류를 지적해줄 수 있는 것은 인생 경험도 다르고 관점도 다른 딴 사람들인 경우가 많다. 이탈리아 르네상스에서부터 제록스의 팰로앨토 연구소 그리고 알파벳(Alphabet, 구글의 지주 회사-옮긴이)의 혁신적인 공장 X에 이르기까지, 다양한 개성과 재능을 가진 사람들이 힘을 합쳐 불꽃을 피워내고 있으며, 그 불꽃으로 애매한 아이디어들은 태워버리고 새로운 돌파구들을 찾아내고 있다.

스스로 만든 감옥에 갇혀 있지 않은 사람들의 눈에는 우리의 생각을 제한하는 쇠창살들이 보인다. 우리와는 달리 그들은 내면의 유령의 집 거울들, 즉 각종 편견과 추정들로 인해 왜곡된 시각을 갖고 있지 않으며, 그래서 우리들로 하여금 우리 내면의 지혜를 보다 또렷이 보고 또 밖으로 드러낼 수 있게 해준다.

다양한 생각을 가진 사람들로 이뤄진 당신의 커뮤니티를 구축하라. 당신의 생각들이 아니라 가치들을 공유할 수 있는 마음이 비슷한 사람들을 찾아라. 내 경우 내 핵심 그룹 안에 어떤 사람을 받아들일 것인지를 결정하기 위해 이런 질문들을 한다. '이 사람은 투명한 사람인가?', '저 사람들은 잡담이나 나누며 계속 얕은 물에 머물기보다는 더 큰 물고기를 잡기 위해 깊이 잠수하는 걸 즐기는 사람들인가?', '저 사람들은 나를 판단하거나 망신 주려 하지 않고 내 말에 귀 기울여줄 사람들인가?', '저 사람들은 내 작업을 개선하는 데 도움이 될 솔직한 피드백을 줄 사람들인가?'

당신이 속한 공동체는 당신 모습을 비춰줄 거울이 될 것이다. 그 결과 공동체 내 다른 사람들을 위해 문제 해결을 해줄 수 있을 뿐 아니라 가장 뛰어난 통찰력도 얻게 될 것이다. 그리고 당신이 다른 사람들을 위해 만들어내는 아이디어들을 통해 내면 속에 숨어 있던 아이디어들도 그 모습을 드러내게 될 것이다. 또한 당신이 다른 사람들에게 해주는 조언은 사실 자신이 따라야 할 조언이 되는 경우도 많다. 익명의 알코올 중독자 모임(Alcoholics Anonymous)에서 새로운 회원에게 후원자를 붙여주는 것도 새로운 회원과 후원자 모두에게 도움이 되는 이 '거울 효과(mirroring effect, 상대방의 행동을 은연중에 따라 하게 되는 효과-옮긴이)' 때문이다.

명료함을 얻기 위해 공동체를 이용할 수도 있지만 다음과 같은 '생각 실험'을 하기 위해 공동체를 이용할 수도 있다. 당신 앞에 빈 의자가 하나 있는데, 아흔 살이 된 미래의 자신을 초대해 거기 앉게 한다고 상상해보라. 흰 머리에 쭈글쭈글한 손을 가졌지만 수십 년간 축적된 지혜 또한 갖고 있는 미래의 나를 상상해보라. 그리고 나이 든 당신 자신에게 물어보라. '제게 어떤 조언을 해주시겠습니까?', '당신이라면 이 상황에서 어떻게 하시겠습니까?'

아니면 가장 친한 친구가 당신과 똑같은 문제로 고심 중이라고 상상해보라. 그리고 당신 자신에게 물어보라. '가장 친한 그 친구에게 어떤 조언을 해줘야 할까?' 그런 다음 스스로가 해주는 조언을 받아들여라.

이 같은 생각 실험들은 당신 자신의 편견들을 극복하는 데 도움이 되지만, 실제 사람들과의 실제 교류만큼 도움이 되진 못한다. 르네상스 시대 당시 가장 뛰어난 예술가들이 플로렌스로 모여든 것도 바로 그 때문이었다. 뉴턴이 자신의 중력 이론을 완성하기 위해 친구의 도움을 필요로 했던 것도 바로 그 때문이었다. 뉴턴은 자신이 쓴 한 편지에서 이런 유명한 말을 했다.

"내가 더 멀리 볼 수 있었다면, 그것은 거인들의 어깨 위에 올라서서 본 덕이었다."[18]

당신의 플로렌스, 즉 당신의 공동체를 찾거나 만들어라. 당신이 내면 깊은 데서 헤엄치는 큰 물고기들을 찾는 데 도움이 될, 마음이 같지 않은 사람들의 공동체를.

위대한 마음들은 똑같이 생각하지 않는다

법정을 상상해보라.[19] 검사가 있고 배심원단이 있고 판사가 있다. 검사가 설득력 있는 증거를 제기하고 세련된 주장을 펼쳐 어떤 범죄가 저질러졌다는 사실을 의심의 여지없이 증명해 보인다.

피고에겐 변호사가 없다. 피고의 경우 자기 변론도 허용되지 않는다. 검사가 자신이 유죄라는 명확한 그림을 그리고 있는데도, 피고는 그저 가만히 앉아 있어야 한다. 검사의 주장에 마음이 움직인 배심원들은 만장일치로 유죄 평결을 내린다.

이런 시나리오는 대부분의 민주주의 제도하에선 헌법에 위배된다. 피고는 대개 자신을 변론할 권리를 갖기 때문이다. 그러나 이런 시나리오는 전 세계의 많은 조직들 내에서 자주 현실이 되고 있다.

대부분의 조직 내에서 이런저런 아이디어들이 제기되면 대개 한 팀이 다음과 같은 주장을 하면서 한쪽 편만 든다. "우리는 이런 마케팅 전략을 펴야 합니다", "우리는 이런 서비스를 시작해야 합니다" 또는 "우리는 이 유망한 신생 기업을 인수해야 합니다".

그 팀은 그간 자체 조사를 해왔으며 '결정 A'가 초지일관 '결과 B'로 이어지는 설득력 있는 데이터와 뛰어난 파워포인트 슬라이드들도 갖고 있다. 어느 누구도 다른 관점을 제시하거나 미묘한 차이와 불확실성으로 물을 흐리지도 않는다. 또한 팀 내에 피고 측 변호사들이 있음에도 불구하고, 그들은 종종 어쩔 수 없이 정직과 충성 가운데 하나를 선택해야 한다. 그들은 또 검사 입장에 서서 다른 사람들이 듣고 싶어 하는 말들만 하면서 본색을 숨긴다.

확증 편향(confirmation bias, 신념에 부합되는 정보나 근거만 찾으려 하거나 상반된 정보를 접할 경우 무시하려 하는 인지적 편향-옮긴이)은 종종 과학적인 데이터 수집처럼 보인다. 그러나 우리는 우리의 가설을 부정하는 데이터를 찾는 대신 지지하는 데이터를 얻으려 한다. 우리 편만 지지해주는 데이터를 수집한다. 그리고 종종 자신도 모르는 새에 장부를 조작하고 재판을 조작해 이기려 한다.

역설적이게도 당신이 똑똑할수록 이런 경향은 더 두드러질 수 있다. 당신의 입지를 지지해줄 증거와 주장들을 찾는 일을 더 잘할 수 있기 때문이다. 그와 관련해 미국 이론물리학자 리처드 파인먼(Richard Feynman)은 이런 말을 했다.

"첫 번째 원칙은 당신 자신을 속이지 말아야 한다는 것이다. 속이기 가장 쉬운 사람은 당신 자신이니까."

넷플릭스는 2011년 비운의 퀵스터(Qwikster) 서비스를 시작하기로 결정하면서 그런 상황에 빠졌다.

"그것은 넷플릭스 역사상 최대 실수였습니다."[20]

넷플릭스 최고경영자 리드 헤이스팅스(Reed Hastings)의 말이다. 퀵스터 서비스를 시작하기 전에 넷플릭스는 스트리밍과 DVD 배송을 통합한 단일 서비스를 제공하고 있었다. 헤이스팅스는 DVD가 곧 한물가게 될 것이라는 재앙의 징조를 보았고, 그래서 넷플릭스의 DVD 사업부를 퀵스터라는 별도의 회사로 분사한다는 결정을 내렸다. 그 계획대로 되면 넷플릭스는 DVD 사업에 대한 부담 없이

스트리밍 사업에 자신들의 미래를 걸 수 있었다.

그러나 퀵스터 서비스 발표로 기업 역사상 최대 규모의 소비자 반발들 중 하나가 촉발됐다. 그와 관련해 헤이스팅스는 이렇게 적고 있다.

"우리의 새로운 사업 모델은 막대한 추가 비용이 필요했을 뿐 아니라, 고객들 입장에선 웹사이트 두 개를 관리하고 정기 구독도 두 군데서 해야 한다는 문제가 있었다."

그 결과 넷플릭스는 수백만 명의 구독자를 잃었으며, 주가는 무려 75퍼센트 넘게 떨어졌다. 헤이스팅스 입장에선 더없이 굴욕적인 결과였다. 그는 자신의 퀵스터 서비스 개시 결정을 '자신이 내린 최악의 결정'이라고 말한다.[21] 당시 〈새터데이 나이트 라이브〉는 헤이스팅스를 조롱하는 촌극을 내보내기도 했다.

넷플릭스가 그런 굴욕을 겪게 된 원인들 중 하나는, 말로는 투명성이 중요하다고 떠들면서도 실제로는 늘 반대 의견이 받아들여지는 분위기가 아니었다는 것이다. 퀵스터 서비스 개시 당시 사내 변호사들은 그 자리에 없었다고 알려져 있다. 그들은 그 아이디어에 심각한 불안감을 갖고 있으면서도 내내 침묵을 지켰다. 넷플릭스의 한 부사장은 헤이스팅스에게 이런 말을 했다.

"당신은 뭔가를 믿을 때 그 믿음이 너무 확고해 그 당시 말을 해도 귀 기울이지 않을 거란 느낌을 받았어요. 그 아이디어는 아무래도 실패할 것 같다고 외쳤어야 했는데, 그러질 못했네요."[22]

그 실패를 겪은 뒤 넷플릭스는 반대 의견을 적극 수용하는 기업 문화를 받아들이기로 결정했다. 그리고 조직 전반에 걸쳐 다양한 제도들이 도입됨으로써, 지금은 중요한 결정을 하기에 앞서 반대 의견에 충분히 귀 기울이는 기업 문화가 구축되어 있다. 예를 들어 넷플릭스의 직원이 어떤 아이디어를 갖고 있다면, 동료들에게 스프레드시트를 나눠주고 그 아이디어에 대해 -10부터 +10까지 점수를 매기고 의견을 달라고 부탁한다. 이는 민주적인 투표 방식은 아니지만, 보다 쉽게 사람들의 의견을 모으고 반대가 어느 정도인지 파악하고 솔직한 대화를 시작하기 위한 접근 방식인 것이다. 이제는 '개과천선한' 헤이스팅스는 이렇게 말한다.

"반대하면서도 침묵하는 건 불충입니다."[23]

독일 출신의 미국 영화감독 마이크 니컬스(Mike Nichols) 역시 이와 비슷한 접근 방식을 택했다. 여러 영화에서 그와 함께 일한 영화배우 메릴 스트리프(Meryl Streep)는 니컬스가 촬영 현장에 있는 모든 사람의 아이디어를 받아들인다며 이렇게 말한다.

"그는 다른 사람들을 위협으로 받아들이지 않았어요. 그런데 정말 많은 감독들은, 다른 사람이 무슨 말을 했다 하면 바로 싸우자고 덤비죠."

니컬스는 다음과 같은 질문을 던지며 적극적으로 반대 의견을 들으려 했다.

"죽은 고래가 뭐예요? 그러니까, 아무도 얘기하지 않고 있지만, 지금 이 촬영 현장에 숨겨진 무언가가 온 방에 악취를 풍기고 있는데, 그게 뭐냐구요?"[24]

똑같은 소리들은 반향실 효과(유사한 의견을 가진 사람들이 정보를 반복적으로 공유하며 신념이 강화되고, 반대 의견은 배제되는 현상-옮긴이) 를 낸다. 당신과 똑같이 생각하는 사람에게선 배울 게 아무것도 없다. 그러나 우리는 복제 인간처럼 우리와 똑같은 생각을 하는 사람들에 둘러싸여 있다. 우리는 우리가 걸어온 길을 따라 걸어온 사람들을 채용한다. 그것은 두 거울을 마주 놓아 서로가 아주 멀리 투영되게 하는 것과 같다.

지적 갈등은 피할 길이 없다. 더 좋은 결과를 보기 위해 제기되는 반대 의견이라면 받아들여져야 한다. 만일 사람들이 스스로 자유롭게 생각한다면, 그리고 방 안에 숨겨진 '죽은 고래'를 자유롭게 지적한다면 똑같은 소리가 울리는 반향실 효과가 발생할 가능성은 훨씬 줄어든다. 반대되는 의견은, 설사 그것이 잘못된 의견으로 밝혀진다 해도 과도한 자신감을 줄여줄 수 있고, 또 일방적인 대화에 미묘한 변화를 불어넣어줄 수 있다. 그러니 중요한 결정을 내리기에 앞서 먼저 자신에게 물어보라.

'상대편에 변호사가 있는가?'

만일 있다면 그 변호사의 반대 의견에 귀 기울여라. 그러나 만일 상대편에 변호사가 없다면 적극적으로 찾아라. ('누가 내 의견에 반대하나?') 만일 당신이 늘 당신과 의견이 같은 사람들에 둘러싸여 있다면 그것을 경고 신호로 받아들여라. 그들이 당신에게 솔직하지 않거나 비판적으로 생각하지 않는다는 뜻이니까.

무엇보다 다른 사람들에게 지지를 구하는 걸 멈춰라. 그리고 반대 의견을 받아들이기 시작하라.

7장
놀이의 힘을 불러일으켜라

*우리는 나이가 들기 때문에 놀이를 그만두는 게 아니라,
놀이를 멈추기 때문에 나이가 든다.*
—무명씨

신중한 연습의 문제

피터(Peter)는 일렉트릭 기타 연주에 싫증이 났다.[1] 그의 밴드는 10년 간 함께 투어를 다녔다. 그들은 미국 남부의 한 조그만 대학 도시에서 결성된 꽤 괜찮은 인디 밴드였으나, 주류 음악 히트곡이 하나도 없었다. 피터를 비롯해 그들은 모두 틀에 박힌 음악 활동을 했다. 피터는 하루 8시간 동안 같은 악기로 같은 멜로디만 연주해왔다.

피터는 충동적으로 자신의 일렉트릭 기타를 한 번도 연주해본 적 없는 어쿠스틱 만돌린과 바꿨다. 만돌린을 연주하려다 보니 어쩔 수 없이 코드도 바꿔야 했는데, 그것은 기타를 칠 땐 해본 적 없는 일이었다. 그는 새로운 음계들을 실험해봤고 새로운 코드를 시도했으며 새로운 리프(riff, 재즈 연주에서 반복해서 연주되는 2~4마디의 짧은 악절–

옮긴이)도 만들어봤다. 모두 호기심 많은 아이의 장난기 어린 마음으로 한 일들이었다.

다른 밴드 멤버들도 그의 그런 일탈에 동참했다. 베이스 기타리스트는 키보드로, 드러머는 베이스 기타로 갈아탔다. 대개 정치 문제를 주제로 노랫말을 쓰던 리드 싱어는 다른 주제들로 노랫말을 쓰기 시작했다.

만돌린을 위한 리프들 중 하나가 피터의 마음에 와닿았다. 그는 밴드 연습 시간에 그것을 연주했는데, 밴드의 나머지 멤버들도 다 마음에 들어 했다. 드러머와 베이스 기타리스트도 그 게임에 동참해 만돌린의 어쿠스틱 멜로디에 더 많은 매력을 더했다.

마지막으로 게임에 동참한 것은 리드 싱어 마이클(Michael)이었다. 밴드가 새로운 멜로디를 연주하자 그는 자신의 딕터폰(Dicta-phone, 나중에 그 내용을 옮겨 적을 수 있도록 녹음하고 재생하는 장치-옮긴이)을 집어 들곤 명상하듯 방 안을 왔다 갔다 하기 시작했다. 그리고 그의 입에서 천천히 노랫말이 흘러나왔다.

오, 삶이 더 커.
당신보다 더 커.
그리고 당신은 내가 아냐.

그렇게 즉흥적으로 노랫말을 만들면서 마이클은 속으로 그 어떤 결과도 예측하지 못했다. 그 게임에 동참하면서 딱히 '오늘은 이런 노래를 작곡해야지' 하는 생각을 한 것도 아니었다. 그의 입장에서 그것은 좋은 징조였다. 훗날 마이클은 이렇게 말했다.

"그냥 입에서 노랫말이 흘러나왔어요."[2]

그렇게 장난기 어린 분위기 속에서 그야말로 대박을 친 노래가 탄생했다. 그 노래가 담긴 앨범은 차트 1위에 올랐고, 그 앨범은 1,800만 장 넘게 팔리면서 그래미상 세 개를 수상했다. 짐작하는 사람도 있겠지만, 그 노래가 바로 미국 얼터너티브 록 밴드 R.E.M.의 〈Losing My Religion〉이다. 이 성공담의 비결은 밴드가 자신들의 노래 연습에 장난기를 불어넣을 수 있었던 데 있다.

당신은 아마 '신중한 연습'이란 말을 들어봤을 것이다. 어떤 기술을 신중한 태도로 연습하고 바로바로 피드백을 받아 잘못된 걸 바로잡으면서 시간을 두고 반복하고 개선하는 게 그 목표다.

신중한 연습은 같은 방법으로 실행 가능한 특정 기술을 연마하는 데 아주 그만이다. 예를 들어 골프 스윙 자세를 바로잡고 기타를 제대로 연주하며 체스 게임에서 첫수를 잘 두는 데 그만이다. 그러니까 제대로 잘할 수 있을 때까지 계속 똑같은 골프 샷을 날리고 똑같은 멜로디를 연주하고 똑같은 첫수를 연습하는 것이다.

옛말에도 있듯 연습하면 완벽해진다. 그러나 또 그것이 문제이기도 하다. 반복된 연습을 통해 우리는 뭔가를 행하는 한 가지 방법을 완벽하게 다듬는다. 우리는 일렉트릭 기타로 같은 종류의 노래들을 연주하고 같은 유형의 마케팅 캠페인들을 벌인다. 우리는 또 사람 통행이 많은 길들만 걸으려 하며, 하는 방법을 모르는 게임들은 피하려 한다. 그 결과 우리는 침체에 빠지게 된다. 또한 우주가 우리에게 던지는 커브볼에 적응하지 못하게 되며 또는 새로운 기회를 잡지 못하게 된다.

한 연구에서 연구진은 신중한 연습과 성과의 관계에 대한 예전의 모든 연구들을 분석해보았다.[3] 신중한 연습은 음악의 경우 성과의 21퍼센트에, 스포츠의 경우 성과의 18퍼센트에 영향을 주었다. 그러나 판매와 컴퓨터 프로그래밍 같은 분야들에서는 성과의 1퍼센트 이내의 영향밖에 못 주었다.

다른 많은 분야들과 마찬가지로 판매와 컴퓨터 프로그래밍 같은 분야들에서는 계속적인 변화가 일어난다. 예를 들어 우리가 게임을 마스터했다고 생각하는 순간, 그러니까 게임의 모든 걸 알아냈다고 생각하는 순간 각종 규칙들과 보드와 말 등이 갑자기 다 변하는 것이다. 그러나 우리 주변 세상이 다 변해도, 심지어 우리 자신까지 변해도 우리는 여전히 어제의 규칙들로 어제의 게임을 하려 한다.

연습의 경우 그 결과는 둘 중 하나다. 옳거나 그르거나. 그러나 놀이의 경우 옳은 것도 그른 것도 없다. 그리고 결과보다 과정이 훨씬 더 중요하다. 예를 들어 우리가 스키를 타는 것은, 맨 아래까지 최대한 빨리 도달하기 위해서가 아니라 스키 그 자체를 즐기기 위해서다. 만돌린을 집어 드는 것은, 다음 히트곡을 쓰기 위해서가 아니라 악기 그 자체를 즐기기 위해서다. 우리 개와 던진 걸 물어오는 놀이를 하는 것은 이기기 위해서가 아니라 놀이 그 자체를 즐기기 위해서다. 놀이는 그 자체가 보상이기 때문이다.

연습은 한 가지 기술을 다듬어주지만, 놀이는 당신의 기술들을 다양화시켜준다. 정해진 목적지가 있는 여행과 달리 놀이는 미지의 세계로 떠나는 모험이다. 대본도 없고 설명서도 없다. 당신 내면의 바람이 부는 대로 느긋하면서도 자유롭게 가는 것이다.

연습이 정식 연주곡이라면 놀이는 즉흥곡이다. 놀이를 할 때 당신은 모든 걸 잠재의식에 맡기게 된다. 또한 평소 당신의 신중한 자아가 가지 않으려 했을 길을 간다. 당신을 옥죄는 일상적인 제약과 원칙들도 잠시 옆으로 제쳐두게 된다. 닳고 닳은 당신의 신경 경로들을 벗어나 이제껏 존재한 적 없는 새로운 신경 경로들을 만들어내게 된다.

놀이를 통해 틀에 박힌 당신의 패턴들을 중단하면 그 패턴들이 더 잘 보이게 된다. 예를 들어 기타를 제쳐두고 만돌린을 집어 드는 순간 당신의 패턴에 변화가 생기게 된다. 그리고 기존의 패턴에 변화가 생기면서 확고히 자리 잡은 존재 방식들에서 벗어나게 된다.

또한 놀이를 통해 당신은 당신 내면의 판사를 옆으로 밀어내고 당신 자신이 된다. 휴가철에 당신이 틀에 박힌 패턴에서 벗어나면 평소 점잖던 집안 어른들까지 갑자기 외향적인 모습을 보이게 되는데, 그것도 바로 이런 이유 때문이다. 놀이를 통해 또 당신은 노래하고 춤추며 흥얼거리고 즉흥적이 되는데, 이런 행동들은 평소라면 완전히 비이성적이라고 생각하거나 당혹스러워했을 행동들이다.

당신의 잠재력을 100퍼센트 발휘하려면 확고히 자리 잡은 관행들을 강화하는 게 아니라 약화시켜야 하는 경우가 많다. 그러자면 단순히 집중만 해선 안 되며 마음도 활짝 열어야 한다. 하는 일은 물론 읽는 것과 얘기를 나누는 사람들까지 다양화시켜야 한다. 또 틀에 박힌 패턴에서 벗어나 놀이를 해야 한다.

일만 하고 놀지 않기

헨리 포드(Henry Ford)는 자신의 자서전에 이렇게 적었다.
"일을 할 땐 일만 해야 한다. 일이 끝나면 그다음에 놀 수 있겠지만, 그 전까진 안 된다."[4]

포드 자동차(Ford Motor Company)는 이런 원칙을 신조로 삼았다. 1930년대와 1940년대에는 직장에서 웃는 것도 불복종 행위로 간주되어[5] 징계를 받아야 했다.

비단 포드만 그런 게 아니었다. 이는 산업화 시대의 지배적인 이데올로기였다. 일과 놀이를 분리한 것은 놀이는 사업에 방해가 된다는 생각에서 비롯된 것이었다. 놀이가 생산성에 방해된다고 생각한 것이다. 그러니까 조립 라인에서 일하는 노동자들의 집중력을 흐트러뜨려 작업 속도를 떨어뜨린다고 본 것이다.

이제 우리는 더 이상 회의 시간에 농담을 한다고 사람들을 처벌하진 않는다. 그러나 놀이는 직장에서 여전히 큰 오명을 뒤집어쓰고 있다. 만일 어떤 행동이 분명한 목적이 없다면, 그러니까 사규 같은 데 명시되어 있지 않다면 한순간도 허비해선 안 되는 근무 시간과 관계없는 행동으로 보기 때문이다. '놀 땐 열심히 놀고 일할 땐 열심히 일한다'는 사고방식 역시 일과 놀이는 다른 시간에 행해져야 한다는 포드 시대의 생각을 강화시키는 역할을 한다.

놀이는 일로부터의 도피도 아니고 일을 잘해낸 것에 대한 보상도 아니다. 일을 더 잘하기 위한 방법이다. 그와 관련해 영국 작가 L.P. 잭스(L.P. Jacks)는 이렇게 적고 있다.

"삶의 기술을 마스터한 사람은 일과 놀이, 노동과 휴식, 마음과 몸 그리고 교육과 오락을 뚜렷이 구분하지 않는다. 어떤 게 어떤 것인지도 모른다. 그저 무슨 일이든 자신이 하는 걸 잘하려 할 뿐이며, 자신이 일하고 있는지 놀고 있는지에 대한 판단은 다른 사람들에게 맡긴다. 그래서 그는 늘 일과 놀이를 다 하고 있는 것처럼 보인다."[6]

인도 외과의사 아툴 가완디(Atul Gawande)는 자신의 저서 《체크리스트 선언(The Checklist Manifesto)》에서 전문가들로 하여금 복잡한 과정에 포함된 여러 단계들을 잘 거칠 수 있게 가이드 역할을 해주는 체크리스트(checklist, 품질 검사나 안전 점검 등을 실수 없이 하기 위해 작성하는 서식-옮긴이) 활용의 중요성에 대해 적었다.[7] 체크리스트를 잘 활용하면 복잡한 수술을 잘할 수 있고 비행기를 잘 날게 할 수 있으며 고층빌딩을 안전하게 잘 건설할 수 있다.

체크리스트는 사람들이 똑같은 일련의 행동들을 체계적이며 순차적으로 반복해야 할 때 꼭 필요하다. 체크리스트를 잘 활용하면 꼭 필요한 단계들을 거르지 않을 수 있고 또 시간에 쫓기는 상황에서도 실수를 하지 않을 수 있다.

그러나 아이디어를 실행에 옮기는 게 아니라 아이디어를 내는 게 목표인 경우라면 어떨까? 과거부터 해온 일을 반복하려 하는 게 아니라 새로운 미래를 상상하려 하는 경우라면 또 어떨까? 그런 경우라면 일들을 어떻게 해야 한다는 게 자세히 적힌 과거 지향적인 체크리스트는 별 도움이 되지 못한다. 대신 일들이 어떻게 될 수 있다는 가능성들을 보여주는 미래 지향적인 플레이리스트가 필요하다.

놀이가 부족한 노동자들은 창의력이 결여된 노동자들이다. 상상력은 자동차 부품이 아니다. 창의력 향상을 위해 따를 수 있는 '7단계' 같은 것은 없다. 자동 조종 모드 상태에서 기존의 원칙과 경계들로 제약까지 받는 상황에선 새로운 아이디어들을 낼 수가 없다. 뼈빠지게 일만 하고 반복해서 똑같은 일상 업무들을 수행한다면 당신 주변에 널린 각종 기회들도 볼 수가 없다. 또한 하고 있는 일을 즐기지 못한다면 당신 분야에서 가장 높은 데까지 오를 수 없다. 일만 하고 놀지 못하면 정말 별 볼 일 없는 사람이 된다.

연구 결과에 따르면, 놀이는 창의력의 촉매이기도 하다.[8] 예를 들어 재미있는 5분짜리 영화를 즐기고 난 사람들은 보다 창의적인 언어 연상을 할 수 있었고, 서로 무관해 보이는 개념들 사이에서 의미 있는 관계를 찾아낼 수 있었다.[9] 또 다른 연구에선, 앞서 말한 바로 그 재미있는 영화를 본 사람들은 문제 해결 능력도 향상됐다.[10]

연구진의 설명에 따르면, '매일매일의 사소한 일들'에서도 그런 이점들을 만들어낼 수 있다. 일하는 날에 잠시만 놀이를 추가해도 큰 변화가 생겨날 수 있다. 재미있고 짧은 영화 한 편으로 회의가 시작될 수도 있다. 또한 간단한 게임 하나로 브레인스토밍 시간이 마련될 수도 있고 사람들의 마음이 장난스러워질 수도 있다. 유머를 긍정적인 방향으로 사용하면 직장 내 긴장감 역시 줄어들 수 있다.

내 경우 글을 쓰다가 잠시 쉴 때 뒤뜰에 있는 트램펄린 위로 올라가 점프를 한다. 우리 집 개들과 줄다리기도 한다. 내 내면의 아이가 그런 걸 아주 좋아한다. 그리고 내가 내 내면의 아이와 더 가까워질수록 내 작품 또한 더 창의적이 되어간다.

나 자신이 침체에 빠져 있다고 느껴질 때 나는 장난기가 많다고 알고 있는 작가의 책이나 글을 골라 읽는다. 작가가 장난치는 걸 보면 왠지 나도 장난을 쳐도 될 것 같아진다. 그러니까 다른 사람 내면의 아이를 보면서 내 내면의 아이가 활기를 띠게 되는 것이다.

상징물들 또한 중요하다. 치료사 사무실 탁자 위에 놓인 화장지 한 통이 고객에게 마음껏 뽑아 써도 좋다는 걸 상기시킬 수 있듯, 이런저런 상징들이 사람들에게 나가서 놀라는 걸 상기시킬 수 있다. 픽사(Pixar)의 만화영화 제작자들은 목조 오두막 안에서 작업을 한다.[11] 미국 작가 댄 브라운(Dan Brown)의 소설들에 나오는 주인공 로버트 랭던(Robert Langdon)은 미키 마우스 손목시계를 차고 다닌다. 어린애 같은 그를 보며 사람들이 가끔 묘한 표정을 짓기도 하지만, 그 손목시계는 랭던에게 늘 아이처럼 장난기를 잃지 말라는 걸 상기시켜주는 역할을 한다. 내 책상 위에는 내가 가장 좋아하는 영화들 중 하나인 〈백 투 더 퓨처〉에 나오는 등장인물들의 피규어들이 놓여 있다. 그러니까 내 경우 마티(Marty)와 독(Doc)과 아인슈타인(Einstein, 〈백 투 더 퓨처〉에 나오는 개 이름-옮긴이) 피규어들이 일을 할 때 장난기를 잃지 말라는 걸 상기시켜주는 역할을 하는 것이다.

당신은 이렇게 생각할지도 모르겠다. 내가 하는 일은 장난기를 느끼거나 놀이를 하기엔 너무 복잡하고 너무 심각하고 너무 여유가 없다고.

그렇다면 이렇게 생각해보라. 우주 비행은 사업만큼이나 진지하고 심각해야 하는 일이다. 잘못된 조치 하나, 잘못된 계산 하나로 최악의 사태를 맞을 수 있다. 우주비행사들이 다른 그 어떤 전문가들보다 많은 놀이를 해야 하는 이유이기도 하다. 로켓 꼭대기에 앉을 때쯤이면 우주비행사는 이미 여러 해에 걸친 훈련을 마쳤으며, 또 모의실험 장치 안에서 수천 가지 실패 시나리오들을 가지고 많은 시뮬레이션들을 해본 상태다.

그 시뮬레이션들은 단순히 신중한 연습으로 끝나지 않는다. 우주에서 맞닥뜨리게 될 똑같은 문제들을 해결하기 위해 똑같은 과정들을 따르는 훈련만 하는 게 아닌 것이다. 우주 환경은 정말 불확실하다. 대부분의 경우 우주는 과거에 전혀 본 적 없는 커브볼들을 던진다.

훈련의 목적은 이처럼 불확실한 우주의 환경 안에서 우주비행사들이 제대로 놀이를 할 수 있게 해주자는 것이다. 우주비행사 메건 맥아더(Megan McArthur)는 이렇게 설명한다.

"훈련 목적은 우주비행사의 능력을 길러 실제로 끔찍한 일들이 일어날 때 제대로 놀이를 할 수 있게 해주자는 것입니다."[12]

그러니까 훈련 목적이 우주비행사들의 회복력을 높여주고 또 가

혹한 우주 환경 안에서 맞닥뜨릴 수 있는 문제를 해결하는 데 필요한 기술들과 유연성을 기를 수 있게 해주는 데 있는 것이다.

다시 말해 위험성이 낮을 때 놀이를 할 수도 있어야 하는 게 아니라, 위험성이 높을 때 필히 제대로 놀이를 해야 하는 것이다. 그렇다고 해서 기업 내에 무질서 상태를 만들라거나 일을 하지 말고 놀라는 의미는 아니다. 놀이를 할 때와 놀이를 그만둘 때를 잘 파악하는 게 중요하다. 놀이가 가장 도움이 되는 것은 새로운 아이디어들을 창출하고 다른 여러 옵션들을 탐구하려 할 때다. 그러나 아이디어를 실행에 옮겨야 할 때는 당연히 보다 진지하고 신중해져야 한다.

R.E.M.이 자신들의 신곡 〈Losing My Religion〉과 관련해 택한 접근 방식이 바로 그런 것이었다. 밴드 멤버들은 그 노래의 멜로디와 노랫말을 만들 땐 각기 새로운 악기들을 가지고 놀았다. 하지만 실행 단계에 임했을 땐, 즉 그 곡을 녹음하게 됐을 땐 자신들이 쓰던 원래 악기로 되돌아갔다.[13]

다음은 당신 차례다. 당신 자신의 삶에서 자신의 악기를 연주하려 할 때, 대체 어떻게 당신의 일에 더 많은 놀이를 가미할 수 있을까? 새로운 통찰력을 갖기 위해선 당신의 플레이리스트에 어떤 게임들을 집어넣어야 할까? 이제 다음 몇 장에서 나는 그에 필요한 아이디어들을 제공하려 한다.

호기심의 흔적을 따라가라

리처드 파인먼은 아내가 죽은 뒤 심한 우울증에 빠졌다. 연구도 제대로 할 수 없었다. 그래서 그는 연구 대신 물리학을 가지고 놀아야겠다고 생각했다. 바로 어떤 결과를 보기 위해서가 아니라 물리학 그 자체를 위해.[14]

어느 날 그는 당시 교수로 재직 중이던 코넬대학교 구내식당에서 식사를 하고 있었다. 그때 누군가가 접시를 공중에 던지며 놀고 있는 게 보였다.

"접시가 공중으로 올라가면서 흔들리는 게 보였다. 그 접시에 새겨진 빨간 코넬대학교 로고가 빙빙 도는 게 보였다."

파인먼의 설명이다. "내가 보기엔 분명 코넬대학교 로고는 흔들리는 것보다 더 빠른 속도로 돌고 있었다."

그는 그야말로 재미 삼아 빙빙 도는 접시의 움직임을 계산해보기로 했다. 그리고 그 실험 결과를 노벨상을 수상한 핵물리학자인 자신의 동료 한스 베테(Hans Bethe)에게 보여줬다.

베테가 말했다. "파인먼, 정말 흥미롭긴 한데, 그래서 중요한 게 뭔가? 대체 왜 이런 실험을 하는 건가?"

파인먼이 답했다. "아, 중요한 거? 그런 건 전혀 없네. 그냥 재미로 하고 있는 거거든."

시큰둥한 베테의 반응에도 불구하고 파인먼은 접시의 떨림과 관련된 방정식 연구를 계속 이어나갔다. 그 과정에서 전자 궤도들이 어떻게 흔들리게 되는지에 대해 생각하게 됐다. 또 그 과정에서 양자전기역학에 대한 연구를 하게 됐으며, 그 결과 1965년에 노벨 물리학상을 받게 되었다.

"흔들리는 접시를 가지고 놀다 결국 노벨상까지 받게 된 겁니다."

파인먼의 말이다. '생산성을 높이기 위해' 흔들리는 접시를 가지고 노는 걸 포기했다면 파인먼은 아마 노벨상을 받지 못했을지도 모른다.

생각이 비범한 사람들은 뚜렷한 목적 없이 지식을 추구한다. 그러니까 탐구 자체를 위한 탐구를 하는 것이다. 그들은 언젠가 그 덕에 노벨상을 받게 될 것이라는 걸 알지 못한 채 흔들리는 접시의 회전율을 계산한다. 또 그들은 찰스 다윈(Charles Darwin)이 그랬던 것처럼 자신의 통찰력 덕에 진화론을 만들어내게 될 것이라는 걸 알지 못한 채 경제학 및 지질학 관련 책들을 읽는다.[15] 그리고 또 그들은 엘리자베스 길버트(Elizabeth Gilbert)가 그랬던 것처럼, 〈뉴욕 타임스〉 베스트셀러(영화화되기도 한 그녀의 저서 《먹고 기도하고 사랑하라》)를 쓰게 되리라는 걸 알지 못한 채 관심 많은 식물학을 꾸준히 공부한다.[16]

살아가면서 뭔가 그 자체를 위해 할 수 있는 걸 만들어라. 예를 들어 프랑스어가 듣기 좋다면 프랑스어를 배워라. 손으로 하는 일을 좋아한다면 영화 〈사랑과 영혼〉에서 데미 무어(Demi Moore)가 입었던 것 같은 멜빵바지를 입고 도자기 물레를 돌려보라. 물리학에 관심이 많다면 일요일에 파인먼 강연 비디오를 시청해보라.

당신이 계속 '생산성 높은' 일만 한다면 익숙한 일에만 매달리게 될 것이다. 익숙지 않은 통찰력을 갖고 싶다면 호기심의 흔적을 따라 익숙지 않은 곳들로 가보라.

다른 누군가의 문제를 해결해줘라

〈더 오피스(The Office)〉는 내가 가장 좋아하는 TV 코미디 드라마들 중 하나다. 그 드라마는 에피소드 200회 넘게 방영됐다. 대본을 쓰는 작가들의 입장에선 그렇게 오래 인기 여세를 몰아가고 또 계속 좋은 아이디어들을 낸다는 게 결코 쉬운 일이 아니다. 결국 자신들이 타성에 빠졌다는 걸 깨달았을 때 그들은 아주 색다른 조치를 취했다.[17]

작가들은 〈더 오피스〉 대본 작업을 중단했다. 그리고 다른 누군가의 TV 프로그램을 가지고 놀이를 시작했다. 그들은 〈더 오피스〉의 새로운 에피소드 대본을 짜는 대신 또 다른 TV 드라마 〈앙투라지(Entourage)〉의 다음 에피소드 대본을 짜보기 시작했다. 〈앙투라지〉는 주인공인 빈센트 체이스(Vincent Chase)라는 영화배우와 그의 친한 친구들의 이야기를 다룬 코미디 시리즈였다. 꼭 필요한 것은 단 한 가지였다. 모든 에피소드는 결국 체이스가 오스카 남우주연상을 수상하게 되는 쪽으로 끝나야 했다.

그런 가드레일을 쳐놓은 상태에서 〈더 오피스〉 작가들은 놀이를 시작하게 됐다. 그것이 그들이 자신들의 일렉트릭 기타를 내려놓고 만돌린을 집어 드는 방식이었다.

〈앙투라지〉는 그들의 작품이 아니었지만 중요한 것은 그것이 아니었다. 그들은 그 결과가 어떻게 나오든 잃을 게 없었고, 그래서 우스꽝스러워 보이는 아이디어들도 부담 없이 내볼 수 있었다. 드라마 구조가 옳든 아니든 또는 장면들이 웃기든 아니든, 그런 것은 중요하지 않았다. 그들은 느긋한 마음으로 놀이를 할 수 있었다. 사실 그 모든 것은 엄청난 시간 낭비로 보일 수도 있었다. 대체 뭣 때문에 소중한 시간을 다른 누군가의, 그것도 절대 방송되지도 않을 드라마 에피소드를 쓰는 데 허비한단 말인가?

그러나 바로 그런 점에서 우린 일의 천재, 아니 실은 놀이의 천재를 엿볼 수 있다. 별 위험 부담 없이 〈앙투라지〉에 대한 아이디어들을 내면서 작가들의 창의력에 불이 붙었고, 그들은 아이들처럼 장난기 어린 마음 자세를 가질 수 있게 되었다. 또한 그런 마음 자세는 그대로 〈더 오피스〉 대본 작업으로 옮겨갔다. 되돌아오면서 새로워진 에너지와 신선한 관점으로 자신들의 드라마를 다시 볼 수 있게 된 것이다. 말하자면 잘 맞춰지지 않던 퍼즐 조각들이 갑자기 딱딱 들어맞기 시작한 것이다.

놀이는 창의력을 높여주는데, 그것은 놀이가 실패에 대한 두려움을 덜어주기 때문이다. 설사 실패하더라도, 그러니까 심지어 당신이 짠 〈앙투라지〉 에피소드가 형편없다 해도 안 좋은 일은 일어나지 않을 것이다. 그리고 그런 안도감 때문에 툭하면 상상력을 방해하는 내면의 비판자도 입을 다물게 된다.

그러니 다음 마케팅 관련 회의 때는 경쟁사 제품의 마케팅 캠페인을 짜는 데 15분 정도를 할애해보라. 논픽션을 쓰고 있다면 소설 윤곽을 잡아보라. 아니면 가장 친한 친구의 직장 경력을 밑바닥부터 다시 짜보라. 이런 사고 실험들을 운동 전 워밍업으로 생각해보라. 워밍업을 건너뛰고 바로 빨리 달리기나 역기 들기 등을 한다면, 당신 몸은 제 능력을 최대한 발휘하지 못할 것이다. 창의력의 경우도 마찬가지다. 위험 부담이 적은 일로 먼저 워밍업을 한 뒤 정말 중요한 일을 하는 게 좋은 것이다.

당신은 전 인텔(Intel) 회장 앤디 그로브(Andy Grove)가 그 회사를 넘겨받은 뒤 했던 접근 방식을 취할 수도 있다.[18] 그 당시 인텔은 타성에 젖어 있었다. 인텔은 메모리 칩의 성공에 힘입어 거대 기업이 되었다. 그러나 1980년대 초에 이르러 메모리 칩 시장에서의 인텔의 지배적 지위는 보다 나은 메모리 칩을 만들어내는 일본 경쟁사들에 의해 위협받고 있었다. 1978년부터 1988년 사이에 일본 경쟁사들은 메모리 칩 시장 점유율을 30퍼센트에서 60퍼센트로 두 배로 늘렸다.

회장인 그로브는 결단을 내려야 했다. 보다 큰 메모리 칩 제조 공장들을 건설해 경쟁력을 높이는 등 메모리 칩 분야를 더 강화해야 할까? 아니면 메모리 칩을 버리고 대신 인텔이 제조하기 시작한 유망한 제품군인 마이크로프로세서 제조에 올인해야 할까? 메모리 칩은 현재의 인텔을 만들어준 제품군이었고, 그래서 역사의 무게와 기업 정체성 또한 메모리 칩에 쏠려 있었다.

1985년의 어느 날, 그로브는 그 같은 진퇴양난의 상황에서 벗어나기 위해 인텔의 최고경영자 고든 무어(Gordon Moore)와 머리를 맞대고 있었다. 찬반양론에 대해 깊이 생각하지도 않고 또 화이트보드도 꺼내지 않고 그로브는 놀이를 하기로 마음먹었다. 무어는 그로브에게 이렇게 물었다.

"만일 우리가 축출당하고 이사회에서 새로운 회장과 최고경영자를 영입한다면, 그들은 어떻게 할 것 같습니까?"

그런 다음 두 사람은 문을 열고 나갔다가 다시 들어왔다. 마치 자신들이 새로 영입한 회장과 최고경영자라도 된 듯. 그들 자신의 문제가 다른 누군가의 문제가 된 것이다. 그처럼 장난스런 다른 사람 흉내 내기 덕에 두 사람의 아집은 물론 자신들의 믿음에 대한 집착도 느슨해졌다. 다른 사람 흉내 내기 놀이로 거리감이 생겨났고, 그 거리감으로 인해 상황을 더 분명히 보게 된 것이다.

두 사람은 메모리 칩 사업을 버리고 마이크로프로세서 제조에 올인하기로 결론 내렸다. 그리고 인텔은 결국 마이크로프로세서 시장을 지배하는 기업이 되었다.

이 이야기가 주는 교훈은 간단하다. 가끔은 다른 누군가의 문제에서 해결책을 찾는 게 당신의 문제에서 해결책을 찾는 최선의 방법인 경우가 있다는 것. 〈더 오피스〉에서 손을 뗀 채 〈앙투라지〉에 집중한다거나 기타를 내려놓고 만돌린을 집어 드는 게 그 좋은 예다.

더 이상 사무실을 사무실이라 부르지 마라

우리 집에는 처음 이사 들어간 뒤 내가 '홈 오피스(home office)'라 이름 붙인 방이 있다. 이름을 그렇게 붙인 것은, 사람들이 일하는 데 쓰는 방을 흔히 '사무실'이라 부른다는 것 외에 특별한 이유는 없다.

그런데 사실 내 마음속에서 사무실은 좋은 아이디어들이 죽어가는 곳이다. 사무실 하면 흔히 칸막이 친 좁은 방들, 따분하기 짝이 없는 워터쿨러 대화(water-cooler conversation, 냉온수 정수기 옆에서 직원들끼리 나누는 의미 없는 대화-옮긴이), 개인적인 험담, 끔찍한 커피가 반쯤 담긴 잔들, 두통을 유발하는 형광등 등이 떠오른다. 다시 말해 창의력은 사무실을 아주 싫어한다.

그래서 나는 언제부턴가 내 방을 홈 오피스 대신 '아이디어 랩(idea lap, '아이디어 실험실' 정도의 의미다-옮긴이)'이라 부르기 시작했다. 아이디어 랩은 혁신적인 아이디어들이 태어나는 곳이다. 아이디어 랩에서는 이런저런 실험들도 한다. 아이디어 랩에서는 백일몽도 꾼다. 나는 아이디어 랩을 아주 좋아한다(반면 내 사무실을 아주 싫어한다).

당신은 아마 의아해할 것이다. '이름이 뭐 어떻다고? 방을 뭐라고 부르든 그게 뭔 상관인데?' 하지만 이름은 당신이 생각하는 것보다 훨씬 더 중요하다. 이를 '프라이밍 효과(priming effect)'라 한다.[19] 그러니까 단순히 어떤 단어나 이미지에 노출되는 것만으로도 생각에 지대한 영향을 줄 수 있다는 것이다. 그리고 이름의 중요성은 당신의 사무실 이외에 훨씬 더 광범위한 곳들에 적용된다.

그런 관점에서 상황 회의(status meeting)는 달리 불러야 한다. 참석자들에게 영감 내지 비전을 주어 상황을 크게 변화시킬 수 있는 회의란 뜻에서 '비전 랩(visioning lab)'이나 '공동 작업 동굴(collaboration cave)' 또는 '아이디어 인큐베이터(idea incubator)'로 부르도록 하라.

또한 운영 선임 책임자(Senior Director of Operations)도 달리 불러야 한다. '현실 세계에서의 달 탐사선 발사 준비 책임자(Head of Getting Moonshots Ready for the Real World)'로 부르도록 하라. 이는 내 친구 오비 펠텐(Obi Felten)이 알파벳사의 달 탐사선 발사 공장에서 일하게 됐을 때 실제로 주어졌던 직함이다.

'해야 할 일 리스트'도 달리 불러야 한다. 내 경우 해야 할 일 리스트란 말을 들으면 가능한 한 멀리, 또 가능한 한 빨리 달리고 싶어진다. 그러니 대신 '플레이리스트' 또는 '디자인 리스트'라 부르도록 하라. 당신에게 즐거움을 주고 또 당신을 끌어들일 이름으로 말이다.

당신의 직원들도 달리 불러야 한다. 직원이란 말은 상의하달 방식의 관료주의 개념을 강화시켜주는 말로, 관료주의하에서는 고용주가 거대한 기계의 톱니들 같은 직원들에게 이것저것 지시를 한다. 그보다는 브라질에서 혁신을 이끌고 있는 캔 제조업체 브라실라타(Brasilata)의 선례를 따르도록 하라.[20] 브라실라타에는 직원이 없다. 모든 직원들에게 주어지는 직함인 '인벤터(inventor, '발명가'의 의미다-옮긴이)'들만 있을 뿐이다. 입사할 때 인벤터들은 '혁신 계약'에 서명한다. 그런 다음 브라실라타는 직원들에게, 아니 인벤터들에게 주인 의식을 갖고 자기 일에 임하고 독창적인 아이디어들을 낼 것을 적극 권함으로써 인벤터란 직함을 더 강화시킨다.

색다른 결과들을 내고 싶다면 색다른 이름을 선택하라. 그리고 당신의 상상력에 불을 붙이고 이루고자 하는 걸 이룰 수 있게 해줄 당신 자신의 이름들을 찾아내라.

궁지에 몰린 것은 당신이니까. 또한 각광을 받는 것도 당신이고. 삶의 이 게임을 즐겨보라.

8장
과감히 창조하라

> 다니엘: 내 사진이 맞는지 어찌 알죠?
> 미야기: 네 내면에서 나온 거라면 다 맞아.
> —영화 〈베스트 키드〉 중에서

당신 자신의 글을 써라

미국 작가 스티븐 킹(Stephen King)의 성공 비결은 두 가지였다. 홍역과 만화책들.[1] 여섯 살의 킹은 초등학교 1학년 때 9개월간 학교에 가지를 못하고 집에서 앓았다. 그의 문제는 홍역에서부터 시작되어 반복적인 귀 문제와 목 문제로 발전됐다.

지루함을 달래기 위해 그는 만화책을 보았다. 산더미처럼 많은 만화책을. 그리고 종종 자신이 본 만화책들을 복사해 패널에 하나하나 붙였다. 그런데 단순히 만화 복사만 한 게 아니었다. 거기에 살을 붙였다. 만화들을 복사한 뒤, 이야기에 자기 아이디어를 보태고 내용을 살짝 비틀기도 하고 줄거리도 바꾼 것이다.

한번은 어린 킹이 그렇게 복사해 짜깁기한 책들을 자기 엄마에게 보여줬다. 그녀는 깊은 감명을 받았다. 그래서 이야기를 직접 쓴 것이냐고 물었다. 킹은 아니라고 답했다. 대부분 다른 책에서 베껴온 것이라고.

"그럼, 너 자신의 글을 써봐, 킹." 엄마가 말했다. "장담하건대 넌 더 잘 쓸 수 있을 거야. 너 자신의 글을 써봐."

킹은 그 당시의 일을 이렇게 회상한다.

"어머니의 아이디어에 엄청난 가능성 같은 걸 느꼈던 게 기억난다. 마치 닫힌 문들이 즐비한 거대한 건물 안으로 안내받은 기분이었다. 내 마음대로 다 열 수 있는 문들이 즐비한 건물."

킹은 자기 어머니의 조언을 받아들여 자기 자신의 글을 하나 썼다. 그런 다음 또 하나. 그리고 또 하나. 그리고 또 하나. 결국 그는 50권이 넘는 책을 냈으며, 그 책들은 그간 무려 3억 5,000만 부가 넘게 팔렸다.[2] 킹의 집필 경력에 불을 댕긴 것은 단순해 보이는 그의 어머니의 통찰력이었다. 창조는 소비보다 더 가치 있다는 통찰력.

우리는 흔히 정보 얘기를 음식 얘기하듯 한다. 어떻게 하면 정보를 더 많이 소비하고 더 빨리 처리할 수 있는지에 많은 신경을 쓴다. 외부로부터 정신없이 정보 조각들을 받아들이려고만 할 뿐, 정작 이미 우리 안으로 들어온 정보의 영양 상태에 대해선 신경도 쓰지 않는다. 그래서 우리 내면은 지혜 대신 고막을 울리는 높은 데시벨의 목소리들로 가득 차 있다. 배운다는 걸 핑계로 창조를 하지 않게 된 것이다.

이는 인터넷이 나오기 훨씬 이전부터 있었던 문제다.

"용수철도 무거운 이물질에 오래 눌려 있으면 탄성을 잃듯, 사람의 마음 역시 다른 사람들의 생각에 오래 짓눌리면 그렇게 된다."

19세기의 독일 철학자 아르투어 쇼펜하우어(Arthur Schopenhauer)의 말이다. 그는 이런 말도 했다.

"많은 학자들의 경우도 그렇다. 책을 너무 많이 읽어 오히려 어리석어지는 것이다."3

그렇다고 해서 책을 읽는 걸 포기해 앞서 태어난 사람들의 통찰력을 완전히 무시하라는 의미는 아니다. 그보다는 불완전한 정보에 익숙해지고 또 길을 걷기 전에 먼저 그 길을 분명히 보지 못하는 일에도 익숙해지라는 의미다. 언제든 당신이 읽어도 좋을 책이 한 권 더 있고, 당신이 들어도 좋을 팟캐스트가 하나 더 있으며, 당신이 획득할 수 있는 자격증이 하나 더 있고, 당신이 취할 수 있는 과정이 하나 더 있는 법이다. 너무 많지도 너무 적지도 않은 어느 정도의 관심은 좋은 것일 수 있다.

이는 또 소비하는 것과 창조하는 것 사이에, 그러니까 다른 사람들의 생각을 소비하는 것과 당신 자신의 생각을 창조해내는 것 사이에 균형을 잘 잡아야 한다는 의미이기도 하다. 당신이 대부분의 다른 사람들과 비슷하다면, 아마 그 둘 가운데 소비하는 것 비율이 훨씬 더 높을 것이다(당신이 설사 일상적인 이메일들에 답하는 걸 '창조하는 것'이라 부른다 해도, 그것은 창조하는 것이 아니다).

소비와 창조 그 둘 간의 비율이 균형 잡히도록 노력하라. 스티븐 킹이 그랬듯 당신 역시 남들이 창조한 걸 개선하는 일로 시작할 수 있다. 스콧 피츠제럴드(Scott fitzgerald)의 소설 《위대한 개츠비》에서 한 페이지를 가져다 개선해보라. 미국 TV 드라마 〈소프라노스(The Sopranos)〉나 〈로스트(Lost)〉 또는 당신이 좋아하는 TV 드라마의 결말에 대해 불평불만만 할 게 아니라, 더 나은 결말을 직접 써보라. 아니면 미국 TV 드라마 〈웨스트 윙(The West Wing)〉에 나오는 대화 하나를 가져다 원작자 아론 소킨(Aaron Sorkin)이 쓴 것보다 더 멋지게 만들어보라.

그리고 거기서 멈추지 마라. 스티븐 킹이 그랬듯 한발 더 나아가 누가 봐도 당신 것인 아름다운 작품들을 창조해보라. 그 작품이 당신 자신의 영리 사업이어도 좋고 비영리 사업이어도 좋으며 현상을 타파해줄 직장의 새 전략이어도 좋다.

영화 〈로켓맨〉에는 젊은 엘튼 존(Elton John)이 한 미국 밴드를 위해 피아노를 연주하는 장면이 나온다. 공연이 끝난 뒤 존이 리드 싱어에게 묻는다. "작곡가가 되려면 어떻게 해야 하나요?"

그러자 리드 싱어가 답한다. "곡을 써요."[4]

믿을 수 없을 만큼 간단한 이 조언에는 심오한 뜻이 담겨 있다. 미국 작가 오스틴 클레온(Austin Kleon)은 이를 'doing the verb', 즉 '동사대로 하기'라 부른다. 우리는 종종 동사대로 하지 않으면서('without writing songs', 즉 곡을 쓰지 않으면서) 명사('a songwriter', 즉 작곡가)가 되고 싶어 한다. 스스로 사업가가 되고 싶다고 말하지만 정작 사업은 하지 않는다. 스스로 소설가가 되고 싶다고 말하지만 정작 소설은 쓰지 않는다.

비결은 명사를 잊고 대신 동사대로 하는 것이다. 블로거가 되고 싶다면 매주 블로깅을 하라. 스탠드업 코미디언이 되고 싶다면 밤마다 자유 무대에 올라 코미디를 하라. 팟캐스터가 되고 싶다면 팟캐스팅을 하라.

마지막으로 비판은 창조가 아니다. 남을 향해 손가락질하긴 쉽다. 불평불만을 늘어놓으며 왜 모든 게 마법처럼 잘 풀리지 않는지 의아해하긴 쉽다. 트위터에서 알지도 못하는 사람들과 논쟁을 벌이고 그들에게 '더 잘하라'고 말하긴(그리고 사실 당신 자신에게도 그렇게 하라고 말하면서) 쉽다.

다시 말해 비판은 싸구려다. 그리고 창조는 귀하다. 손을 들고 앞장서는 사람들은 귀하다. "저리 갑시다" 하며 새로운 길을 열어 미지의 세계로 가는 사람들은 귀하다. 자기 자신의 글을 쓰는 사람들은 귀하다.

한 사람이 정말 변화를 일으킬 수 있나?

1940년대 튀르키예의 한 작은 마을에 열네 살 난 한 사내아이가 살고 있었다. 그 아이는 가난 속에 자랐고, 그래서 양치기가 되어 양들을 돌보며 식구들을 먹여 살리는 데 힘을 보탰다.

어느 날 그 사내아이는 인근의 한 마을에 미래의 초등학교 선생님들을 양성하기 위한 학교가 문을 열었다는 말을 들었다. 그 아이는 그 학교에 지원했고 합격했다. 그래서 등록을 하기 위해 자기 마을에서 그 학교까지 50킬로미터를 걸어갔다. 그 아이는 그 이후에도 매번 그렇게 먼 길을 왔다 갔다 해야 했다.

입학 후 첫 주에 학교 보건 교사가 아이의 신발이 다 해졌다는 걸 알게 됐다. 학생들과 교사들은 교실과 기숙사를 짓기 위해 교정에서 육체노동을 해야 했다. 또한 학교에 먹을 걸 공급하기 위해 밭에서 일도 해야 했는데, 밭일 때문에 아이의 발이 흠뻑 다 젖었고 신발 안은 온통 진흙투성이었다.

보건 교사는 그 사내아이에게 밑창에 징이 박힌 새 부츠를 사주었다. 그리고 그 부츠가 아이의 인생을 뒤바꿔놓았다. 그 선물을 받지 못했다면 아이는 아마 학교를 그만뒀을 것이다.

아이는 졸업을 했고, 자기 마을로 되돌아갔으며, 초등학교 교사가 되었다. 그 이후 수십 년간 수천 명의 학생들을 가르쳤으며, 자신의 지역 사회 안에서 영적인 지도자가 되었다.

그는 나도 가르쳤다. 그 사내아이가 내 할아버지셨고, 내 첫 선생님이셨다. 할아버지 덕에 나는 읽기와 쓰기의 마력을 알게 되었고 또 세상에 대한 경외심을 갖게 되었다.

만일 당시 그 보건 교사가 부츠를 사주지 않았다면 할아버지는 아마 학교를 그만두셔야 했을 것이다. 그리고 나는 자라면서 그분한테서 많은 영향을 받을 수 없었을 것이고, 그랬다면 아마 오늘날의 나도 없었을 것이다. 다시 말해, 튀르키예의 한 작은 마을에서 나비 한 마리가 날갯짓을 하자 그 파급 효과가 이후 수십 년까지 이어진 것이다.

우리는 변화를 일으키기 위해선 '뭔가 큰일을 해야 한다'고 생각하는 경우가 많다. 개별적인 행동들로는 충분치 않다고 생각한다. 많은 사람들이 따르지 않는다면, 또는 우리에게 큰 변화를 일으킬 능력이 없다면 굳이 나설 필요조차 없다고 생각한다. 거대한 물방울, 그러니까 대형 베스트셀러나 대히트작은 눈에 잘 보이며 우리는 그렇게 눈에 잘 보이는 게 중요한 것이라 생각한다.

그러나 아주 작은 물방울도 눈에 보이는 것 이상으로 아주 멀리까지 잔물결을 일으킨다. 그런데 우리는 종종 그 잔물결을 보지 못할 뿐 아니라 잔물결이 존재한다는 생각조차 하지 못한다. 할아버지에게 새 부츠를 사준 그 보건 교사도 자신이 내 삶은 물론 후에 할아버지가 가르친 수천 명의 학생들의 삶에까지 영향을 주었다는 걸 알지 못한다. 그리고 그 영향은 거기에서부터 다시 할아버지의 학생들이 영향을 준 모든 사람들에게까지 잔물결처럼 뻗어간다. 물론 이 모든 것이 너그러운 행동 하나에서 비롯된 것이다.

나는 기조연설을 할 때 종종 이런 질문을 받는다. "다른 사람들을 변화시키려면 어떻게 해야 하나요?"

내 대답은? 당신이 보고 싶은 변화를 직접 구현해보라는 것이다. 더 이상 다른 사람들이 행동할 때까지 기다리지 마라. 보건 교사는 '학교 당국'이 할아버지를 도울 때까지 기다리지 않았다. 대신 그 교사는 자신이 해야 한다고 생각하는 행동을 했다. 이와 관련해 마틴 루터 킹 주니어(Martin Luther King Jr.)는 이런 말을 했다.

"도덕적 우주는 활처럼 둥글고 길다. 그러나 정의를 향해 휘어진다."

하지만 저절로 그리되는 것은 아니다. 만일 다른 누군가가 나타나 행동에 나서주길 기다린다면 도덕적 우주는 정의 쪽으로 휘지 않는다. 도덕적 우주는 사람들이 개별적으로 각자 뭔가 특별한 노력을 기울일 때 비로소 정의 쪽으로 휜다.

모르는 게 도움이 될 수도 있다

미국 기업가 사라 블레이클리(Sara Blakely)는 스팽스(Spanx)를 설립하기 전에 집집마다 다니며 팩스기를 파는 일을 했다.[5] 블레이클리는 플로리다주에 살고 있었다. 그곳 날씨는 찌는 듯이 더웠다. 특히 어쩔 수 없이 신어야 했던 구식 팬티스타킹의 발 부분이 앞이 트인 하이힐 밖으로 삐져나와 더 덥고 불편했다. 구식 팬티스타킹에 실망한 그녀는 저축해뒀던 5,000달러를 꺼내 들고 애틀랜타로 건너가 발 부분이 없는 팬티스타킹을 만들 계획을 짜기 시작했다.

블레이클리는 경영학 공부를 한 적도 없었다. 패션 및 소매 분야에 대한 경험도 전무했다. 제품 아이디어를 설명하기 위해 방문한 양말류 공장들에선 비웃음만 사고 쫓겨났다. 그러나 그녀는 절대 포기하지 않았으며, 갖고 있던 5,000달러를 스팽스를 설립하는 데 썼고, 결국 그 돈을 십억 달러로 불렸다.

사람들은 종종 블레이클리에게 묻는다. "어떻게 해낸 겁니까, 사라? 사업 계획은 어땠어요?"

그녀의 답은? "사업 계획 같은 건 전혀 없었어요."

블레이클리는 사업이 어떻게 돌아가는지 전혀 몰랐고, 그래서 사업을 이렇게 단순화시켰다.

"나는 세 가지에만 집중했어요. 만들어라, 팔아라, 그리고 인지도를 높여라." 그녀의 설명이다. "제품을 만들었고, 그걸 최대한 많은 매장에 팔았고, 그 나머지 시간은 인지도를 높이는 데 썼죠. 그다음엔 계속 그 사이클을 반복했고요."6

그게 다였다. 블레이클리는 자신의 에너지를 몽땅 '제대로 된 브랜딩'이나 잘 짜여진 사업 계획에 쏟는 것은 정작 꼭 필요한 일들을 하지 않는 것에 대한 그럴싸한 핑계거리가 될 수 있다는 걸 알고 있었다. 그녀는 그것을 이렇게 설명한다.

"정말 뛰어난 아이디어들을 가진 많은 사업가들이 '경험 부족'이나 '전문 지식 부족'을 이유로 행동에 나서지 못하는 경우가 많은데요. 하지만 사실 모르는 게 오히려 다른 사람들과 구분되는 장점이 될 수도 있습니다."

한 번 더 말하겠다. 모르는 게 오히려 다른 사람들과 구분되는 장점이 될 수도 있다. 초심자들에게는 '근육 기억(반복 훈련을 통해 몸이 기억하는 것-옮긴이)'이 없다. 너무 많은 지식은 오히려 상상력을 펴는 데 방해가 될 수 있다. 앞으로의 가능성보다는 현재의 상태에 더 많은 관심을 쏟게 되기 때문이다. 〈와이어드(Wired)〉의 창업자 겸 편집 책임자인 케빈 켈리(Kevin Kelly)는 이렇게 말한다.

"상상력은 다른 모든 사람들이 알고 있는 걸 무시함으로써 득을 보는 삶의 한 가지 능력이다."[7]

20세기의 가장 영향력 있는 작곡가들 중 한 사람인 필립 글라스(Philip Glass) 역시 같은 의견을 이렇게 말한다.

"만일 무엇을 해야 할지 모르겠다면 그때야말로 뭔가 새로운 걸 할 수 있는 기회다. 자신이 무엇을 하고 있는지 알고 있는 한, 흥미진진한 일은 일어나지 않을 것이다."[8]

세계 최고의 야구 선수들은 자신이 때려야 하는 공에서 잠시도 눈을 떼지 않는다. 그들은 주변 관중들은 물론 다른 선수들이 무엇을 하고 있는지에 대해서도 전혀 신경 쓰지 않는다. 그것은 당신에게도 그대로 적용된다. 당신 앞에 있는 것에 집중하지 않는다면, 그러니까 동료들이 하는 일에 신경을 쓴다거나 당신이 과거에 한 일들을 돌아보느라 바쁘다면 정작 중요한 걸 놓치기 쉽다.

그렇다고 해서 굳이 아주 조용한 외딴 수도원 같은 데로 들어갈 필요는 없다. 지식에 조심스레 접근하면 된다. 지식은 제약이 아닌 도움을 줘야 한다. 지식은 모호함이 아닌 깨우침을 줘야 한다.

공을 보지 못하고선 홈런을 때릴 수 없다.

내 삶을 뒤바꾼 글

'모든 게 너무 뻔해.'

나는 내가 방금 쓴 글을 보고 자기 혐오감에 머리를 흔들고 있었다. 그것은 왜 사람들의 마음이 각종 사실들로도 변하지 않는가 하는 글이었다. 그 속에 담긴 통찰력이 내게는 너무 뻔해 보였다. 로켓 과학자였던 나는 객관적이며 반박할 수 없는 데이터를 사용해 사람들을 설득하는 데 많은 시간을 보냈다.

그런데 결국 나는 그런 접근 방식에 상당한 문제가 있다는 걸 알게 됐다. 효과가 없었던 것이다. 누군가가 이미 마음을 굳게 먹은 경우, 이런저런 사실들을 들이대도 그 마음을 바꿀 수 없는 경우가 많았다.

나는 그 글을 폐기하고 싶다는 충동에 사로잡혔다. 그러나 내 소식지는 마감이 그다음 날 아침이었고, 미리 써놓은 다른 글도 없었다. 결국 내 내면의 비판자에게 그 글을 발표해도 좋겠느냐고 물은 뒤 나는 별로 내키지 않지만 '공개' 버튼을 눌렀다.

그때가 2017년이었다. 내가 온라인에 글을 올린 지 1년이 채 안 된 때였다. 당시 내 이메일 리스트에 등록된 구독자는 1,000명 정도밖에 안 됐고, '바이럴(viral, 입소문 마케팅 전략-옮긴이)'이란 말이 아직 내 사전에도 올라오기 전의 일이었다.

그런데 문제의 글을 공개하고 나서 이상한 일들이 연이어 일어났다. 소셜 미디어상에서 사람들이 그 글을 공유하기 시작했다. 그들은 내 친구들도 내 소식지 정기 구독자들도 아니었다. 그들은 완전히 낯선 사람들로, 어쩌다 그 글을 읽고 마음에 들어 다른 사람들과 공유까지 한 것이다.

그러던 어느 날 유명 작가들의 북클럽(the Next Big Idea Club)의 전신인 웹사이트 〈헬레오(Heleo)〉의 편집자가 그 글을 자신들의 웹사이트에 공유해도 되겠냐고 물어왔다. 그러면서 그 편집자는 말했다.

"정말 흥미롭고 잘 쓴 글입니다."

"알겠습니다." 실은 아무것도 모른 채 내가 말했다.

며칠 후 내 웹 개발자로부터 연락이 왔다.

"놀라운 일이 일어나고 있어요. 웹사이트 통계 수치들 좀 보세요."

영화 〈매트릭스〉에서 키아누 리브스(Keanu Reeves)가 "워(Whoa)"라는 감탄사를 내뱉던 장면을 기억하는가? 내 웹사이트 통계 수치들을 봤을 때 내 반응이 그랬다. 내 웹사이트의 트래픽 그래프가 하키 스틱처럼 기하급수적으로 치솟고 있었는데, 그 대부분이 〈헬레오〉에 공개된 글 덕이었다.

내 글은 그야말로 입소문을 탔다. 수십만 명의 사람들이 내 웹사이트로 몰려들면서 그 글은 곧바로 〈헬레오〉에 공개된 글들 중 가장 인기 있는 글이 되었다. 그리고 그렇게 유입된 새로운 독자들이 결국 내 첫 책 《문샷》이 대박을 터뜨리는 데 핵심적인 역할을 하게 된다.

이 이야기가 주는 교훈은? 당신은 자신의 아이디어들을 평가하기엔 너무 안 맞는 사람이다. 객관적인 평가를 하기에는 그 아이디어들에 너무 가까이 있기 때문이다.

나도 그런 경우가 종종 있다. 뛰어나다고 생각되는 글을 공개하면 잠잠하니 아무 반응이 없다. 그런데 뻔한 말을 했다고 생각되는 글은 바로 입소문을 탄다.

오스카상을 수상한 시나리오 작가 윌리엄 골드먼(William Goldman)의 말이 정곡을 찌른다. "아무도 모른다."[9]

우리 인생에서도 그렇지만, 영화계에선 어떤 영화가 히트작이 되고 어떤 영화가 실패작이 될지 아무도 모른다. 정말이지 직접 해보기 전엔 아무도 모른다. 어떤 아이디어가 있으면 그 장단점들을 놓고 몇 날이고 계속 생각만 할 수도 있고 그냥 저질러버릴 수도 있다(지나치게 생각이 많은 나는 주로 전자 쪽이지만).

그러니 만일 어떤 아이디어가 있다면 그것을 속으로 썩히지 마라. 설사 그 아이디어가 너무 '뻔한 것' 같더라도 손을 들고 말을 하라. 하마터면 내가 내 삶을 송두리째 바꾼 그 글을 공유하지 않을 뻔했다는 걸 잊지 마라.

당신에겐 뻔해 보이는 것이 다른 누군가에겐 획기적인 것일 수 있다.

그래도 지구는 돈다

엄마들과 새로 태어난 아기들이 죽어가고 있었다. 그것도 아주 무서운 속도로. 이는 1840년대에 비엔나종합병원의 두 조산원들 가운데 한 곳으로, 내가 말하는 이른바 '제1 조산원'에서 일어났던 비극적인 일이다.

제2 조산원의 상황은 판이하게 달랐다. 두 조산원은 같은 병원 안

에 있었지만, 제2 조산원의 사망률은 제1 조산원의 사망률보다 훨씬 낮았다. 그래서 엄마들은 자신들을 제1 조산원으로 보내지 말아 달라고 무릎 꿇고 애원했다고 알려져 있다.

두 조산원은 한 가지 점만 제외하곤 모든 게 똑같았다. 제2 조산원에서는 산파들이 아기를 받았지만 제1 조산원에서는 의사와 의대생들이 아기를 받았다. 그렇다고 해서 산파들이 아기를 받는 일을 더 잘했던 것은 아니다. 산모들의 사망은 분만 중이 아니라 분만 이후에 발생한 산욕열에서 비롯됐다.[10]

아직 자동차가 발명되기 전이었고, 대도시인 비엔나에서 여성들은 종종 거리에서 아기를 낳은 뒤 아기를 안고 조산원을 찾아갔다. 직관에 반하는 일이지만, 어찌 된 게 거리에서 아기를 낳은 산모들의 사망률이 제1 조산원에서 아기를 낳은 여성들보다 눈에 띄게 낮았다.

이그나즈 제멜바이스(Ignaz Semmelweis)라는 의사 한 사람을 빼곤 그 어떤 의사도 그 이유를 알아채지 못했다. 제멜바이스는 외국인 혐오증이 팽배한 시대에 오스트리아의 최상급 병원에서 일하는 헝가리 출신의 의사로, 낯선 땅의 낯선 이방인이었다.

최일선에서 뛰고 있던 제멜바이스는 똑같은 패턴을 목격하면서 아주 괴롭고 또 당혹스러웠다.

'두 조산원의 사망률이 그렇게 심한 차이가 나는 걸 대체 어찌 설명해야 할까? 왜 잘 훈련된 의사와 의대생들이 바로 옆 조산원에서 일하는 산파들보다 더 많은 환자들을 잃고 있는 걸까? 왜 조산원보

다 환경이 훨씬 더 열악한 거리에서 아기를 낳은 산모들이 조산원에 도착한 뒤 더 많이 살아남았을까?'

그러다 자신의 친구이자 동료 의사였던 야코프 콜레츠카(Jakob Kolletschka)의 죽음에서 단서가 발견됐다. 콜레츠카는 법의학 교수였다. 부검 중에 손가락이 오염된 칼에 찔렸고, 그로 인한 세균 감염으로 목숨을 잃었다. 제멜바이스는 그 당시의 일을 이렇게 회상했다.

"밤낮으로 뇌리에서 그 친구의 죽음이 떠나지 않았다."

그는 콜레츠카의 목숨을 앗아간 질병이 많은 산모들의 목숨을 앗아간 질병과 같을 수도 있다는 사실을 깨달았다. 그러자 퍼즐 조각들이 맞아 들어가기 시작했고 충격적인 답이 그 실체를 드러내게 됐다. 환자들을 치유했던 바로 그 손들이 환자들에게 질병을 옮기기도 한 것이다. 제2 조산원의 산파들과 달리 제1 조산원의 의사와 의대생들은 수시로 부검을 했다. 그러니까 시체 안치소에서 시체를 해부한 뒤 바로 조산원으로 가 아기를 받은 것이다. 손을 제대로 씻지 않고 말이다. 제멜바이스는 의사와 의대생들이 시체에서 옮아온 입자들로 환자들을 감염시켰을 가능성을 의심했다.

이제 그 의심은 너무도 분명해 보이지만 그 당시에 그것은 터무니없는 생각이었다. 게다가 때는 프랑스 화학자 루이 파스퇴르(Louis Pasteur)가 병원균 학설을 내놓기 전이었다. 사람들은 아직 미생물이 질병을 퍼뜨릴 수 있다는 걸 믿지 않았다.

자신의 이론을 입증하기 위해 제멜바이스는 한 가지 실험을 했다. 의사들에게 부검 후 환자들을 진료하기 전에 염소화석회로 손을 씻어보라고 부탁한 것이다. 효과가 있었다. 사망률이 줄어들었다. 그것도 눈에 띌 정도로. 단 몇 달 사이에 18퍼센트가 넘던 제1 조산원의 사망률이 2퍼센트 이내로 떨어진 것이다.

제멜바이스는 눈앞이 캄캄했다. 자신도 일부 책임이 있다고 느꼈기 때문이다. 그는 이렇게 적었다.

"나 역시 그간 몇몇 다른 산부인과 의사들만큼 많은 부검을 해왔다. 나 때문에 일찍 세상을 떠난 환자들이 얼마나 될지 그 누가 알겠는가! 그러나 그걸 인정하는 게 아무리 괴롭고 힘들다 해도, 이 문제를 그냥 묻어둘 순 없다."

그러면서 그는 이렇게 덧붙였다. "이 불행한 사태가 영원히 계속되지 않게 하려면, 모든 관계자들에게 이 진실을 알려야 한다."

해결책을 찾기 위한 제멜바이스의 싸움은 동료 의사들의 마음을 움직이려는 싸움으로 바뀌었으나, 그는 곧 두 손 두 발을 다 들어야 했다. 완고한 비엔나 의료계는 명백한 증거가 뒷받침하고 있음에도 불구하고 손을 씻는 간단한 해결책을 거부했다. 의사들은 자신들의 개인위생 미비로 환자들이 죽을 수도 있다는 그의 생각에 기분이 상했다. 자신들 같은 신사들의 손이 질병을 옮길 리 없다고 믿은 것이다.

당신이 제멜바이스 입장이라면 어땠을지 상상해보라. 손만 씻어도 많은 생명을 구할 수 있다는 간단하면서도 충격적인 해결책을 찾았는데, 아무도 당신 말에 귀 기울이려 하지 않아 그 해결책이 당신과 함께 사장될 수도 있다는 걸 두려워해야 하다니! 그래서 제멜바이스가 그랬듯 당신은 점점 큰 소리를 질러대며 발버둥치고 이 사람 저 사람에게 편지를 써대지만, 결국 다니던 병원에서 쫓겨나게 된다.

제멜바이스의 생각에, 예방할 수도 있는 죽음을 방치하는 것은 살인이나 다름없었다.[11] 자신이 구할 수도 있는 생명들을 구하지 못한다는 자책감에 그는 신경쇠약에 걸린다. 그리고 결국 정신병원에 보내지고, 거기에서 경비원들에게 심하게 두들겨 맞아 2주 후 상처 부위의 감염으로 세상을 떠나게 된다.

제멜바이스가 세상을 떠나고 몇 년 뒤, 손 씻기는 세균 확산을 막는 한 방법으로 널리 받아들여진다. 그의 아이디어 덕에 당신과 나를 비롯한 수많은 사람들의 생명을 구하게 된 것이다. 제멜바이스는 현재 '엄마들의 구세주'로 알려져 있다.

오늘날 '제멜바이스 현상'은 현재 상태를 뒤흔드는 아이디어에 대한 본능적인 거부 현상을 가리킨다. 이름들은 달라도 서사는 같다. 걸음은 첫걸음이었고, 길은 새로웠으며, 비전은 그들 자신의 것이었고, 반응은 받아들여졌다. 거부와 반발.

당신은 아마 정신병원까지 가지는 않을 것이다. 그러나 당신이 만일 관례처럼 널리 받아들여지는 지혜에 도전한다면 역풍을 맞을 것이다. 무리로부터 떨어져 나온다면 무리가 찾을 것이다. 또한 현상 유지를 하려 하는 사람들로부터 심한 저항이 있을 것이다. 그리고 당신이 뭔가 의미 있는 걸 창조하려 할 경우, 어디서든 누군가가 당신 스스로 형편없는 사람처럼 느껴지게 하려 할 것이다.

니콜라우스 코페르니쿠스(Nicolaus Copernicus)는 태양이 지구 주변을 도는 게 아니라 지구가 태양 주변을 돈다는 사실을 발견했지만, 그 사실은 거의 1세기 동안 깔아뭉개졌다. 그 사실을 뒷받침해주는 책들은 금지됐으며, 그런 사실을 주장한 죄로 갈릴레오 갈릴레이(Galileo Galilei)는 재판까지 받아야 했다.[12] 로마 종교재판소는 갈릴레이의 생각들을 '어리석고 불합리한 철학이며 또한 여러 면에서 성서 내용에 반하는 이단적인 생각'이라고 천명했다.[13] 결국 갈릴레이는 어쩔 수 없이 자신의 이론을 철회해야 했으며, 가택 연금형을 받아 마지막 9년을 집 안에서만 지내야 했다.

스티븐 킹 역시 수시로 통렬한 비판의 대상이 되곤 한다. 그는 이렇게 적고 있다.

"내 경우 단 한 주도 분노에 찬 편지를 최소 한 통 이상(대부분의 경우 그보다 더 많지만) 받지 않고 보낸 적이 없다. 상스럽고 편파적이고 경솔하며 동성애를 혐오하고 완전히 사이코패스 같고 살인자 같은 인간이라며 나를 비난하는 편지 말이다."[14]

휘트먼이 미국 시 역사상 가장 영향력 있고 독창적인 시집들 가운데 하나인 《풀잎》을 발표했을 때 그가 받은 비평들은 아주 통렬했다. 특히 통렬한 한 비평가는 이렇게 적었다.

"실연당해 죽은 감상적인 당나귀의 영혼을 소유한 게 아니라면, 어떻게 인간의 마음속에 그렇게 어리석은 오물 덩어리들이 들어 있을 수 있는지 상상조차 안 된다."

그러면서 그는 휘트먼의 시집을 "재치가 완전히 결여된, 더러운 배설물의 집합"이라 불렀다.[15] 또 다른 비평가는 휘트먼을 "방탕한 생각들로 가득 찬 썩은 쓰레기더미를 파헤치는 돼지"에 비유했다.[16]

비판을 피할 수 있는 길은 한 가지뿐이다. 의미 있는 일을 하는 걸 중단하는 것이다. 비판을 두려워하면 꿈을 죽이게 된다. 아예 시작도 하지 못하게 하거나 도전적인 프로젝트를 맡지 못하게 하거나 또는 회의에서 손을 들고 반대 목소리를 내지 못하게 함으로써 꿈을 죽이는 것이다.

그렇다고 내 말을 오해하진 마라. 당신의 일을 개선할 목적하에 넓은 마음으로 주어지는 비판은 도움이 된다. 마음이 넓은 비판자들은 당신에게 개인적인 공격을 하지 않으며 또 당신의 일을 도울 목적으로 조언을 준다. 그것은 아주 귀한 조언이다. 그러나 너무도 뻔한 비난을 해대는 순응주의자들의 비판은 무시해도 좋다. 그들은 그런 종류의 비난을 통해 당신에겐 지금 하는 일을 할 권리가 없다며 그 일을 중단해야 한다고 한다.

순응주의자들의 비판은 사실 비판을 위한 비판에 가깝다. 그리고 그 사람들이 당신을 비판하는 것처럼 보인다면 그것은 누군가를 비판해 침묵시켜온, 그리고 또 누군가를 억지로 순응하고 적응하게 만들어온 자신들의 일부를 드러내 보이는 것이다. 또한 그들의 그 일부는 자신들이 한 약속을 당신이 실현하는 걸 볼 때 칭찬하기보다는 공격하는 경우가 더 많다.

그렇다. 그래서 당신은 사람들로부터 오해를 사게 될 것이다. 그들은 당신을 공격할 것이고 모욕할 것이며 당신 이름에 먹칠을 하려 할 것이다. 그럴 경우 베스트셀러 작가 엘리자베스 길버트의 다음 조언대로 하라.

"그냥 빙그레 미소 지으며 최대한 예의를 갖춰 자기 할 일이나 잘하라고 말해줘라. 그런 다음 고집스레 하던 일을 계속하라."[17]

갈릴레이는 가택 연금 상태에서도 고집스레 계속 자신의 길을 갔다. 대부분의 시간을 필생의 역작인 《새로운 두 과학》을 쓰는 데 보냈으며, 그 작품으로 그는 훗날 '현대 물리학의 아버지'로 불리게 된다. 그리고 그는 용기를 잃지 않고 자신의 신념을 표했다. 전해오는 이야기에 따르면, 태양 중심설, 즉 지동설에 대한 자신의 믿음을 철회하라는 압력을 받았지만 그의 반응은 끝내 이것이었다.

"그래도 지구는 돈다(Eppur si muove)."

그것이 사실이었다. 지구는 태양 주위를 돌았다. 당국은 그의 책을 금지시키거나 그를 투옥할 수도 있었지만, 그 사실을 바꿀 수는 없었다. 노자는 자신의 저서 《도덕경》에서 이렇게 적고 있다.

"다른 사람들의 인정에 신경 쓰면 그들의 포로가 된다."[18]

비판이 두려워 행동에 나서지 않는다면 결국 다른 사람들의 생각이 당신의 생각을 지배하게 될 것이다. 남들의 인정을 덜 필요로 할수록, 또 남들의 비판을 덜 두려워할수록 당신은 독창적인 아이디어들을 더 많이 낼 수 있다.

끊임없이 다른 사람들의 사랑과 존경과 이해를 구하려 하지 않고, 또 다른 모든 사람들의 인정을 구하려 하지 않고 뭔가를 창조하는 것은 용기 있는 위대한 일이다. 만일 당신의 힘을 외부 자원에서 구하려 한다면 그 힘은 언제든 사라질 수 있다. 그러나 만일 당신의 연료가 내면에 있다면 그 무엇도 그것을 당신에게서 뺏어갈 수 없다.

내면의 연료는 깨끗하게 탄다. 재생도 가능하다. 설사 다 타버려도, 더 많은 확인과 더 많은 인정과 더 많은 사랑으로 그것을 보충하려 외부 자원에 의지하지 않아도 된다. 연료가 내면으로부터 무한정 공급되기 때문이다.

결국 아무리 고통스럽다 해도 비판을 받고 있다는 것은 당신이 의미 있는 일을 하고 있다는 증거인 경우가 많다. 당신이 고집스레 계속 밀고 나간다면 비방하고 비판하던 사람들도 다른 데로 가버릴 것이다. 그리고 손가락질해댈 다른 누군가를 찾으려 할 것이며, 결국 당신의 노력은 빛을 보게 될 것이다.

행복한 사고들

이스탄불에서 어린 시절을 보낸 나는 튀르키예인들을 위해 선별해서 번역된 다양한 미국 TV 프로그램들을 보면서 미국에 대한 꿈을 키웠다. 〈퍼펙트 스트레인저스(Perfect Strangers)〉의 커즌 래리(Cousin Larry), 〈ALF〉의 태너(Tanner) 일가, 〈메리드 위드 칠드런(Married with Children)〉의 알 번디(AL Bundy) 등은 미국인들에 대한 사람들의 고정관념을 더 강화시켜준 튀르키예 주재 미국 '홍보 대사'들이었다.

그런데 특히 두드러지고 따로 언급할 가치가 있는 또 다른 홍보 대사도 있었다. 그의 이름은, 아주 핫했던 미국 TV 프로그램 〈그림을 그립시다(The Joy of Painting)〉의 진행자 밥 로스(Bob Ross)였다. 모든 에피소드에서 로스는 늘 똑같은 육체노동자 복장으로 의자에 앉아 캔버스에 유화를 그리곤 했다.

튀르키예 TV에서 처음 그 프로그램을 접했을 때 나는 가던 걸음을 멈추고 봤다. 당시 나는 미국인들은 얼마나 따분하면 저렇게 한 남자가 풍경을 그리는 프로그램을 다 보나 싶었다. 어쨌든 그 프로그램 때문에 미국의 매력에 대해 다시 생각해보게 됐다.

그런데 알고 보니 그 프로그램에는 묘한 중독성 같은 게 있었다. 그 프로그램은 커튼을 젖혀 그 뒤에 감춰진 창작 과정을 다 보여줌으로써, 시청자들로 하여금 창작자가 어떻게 무에서 유를 만들어내는지를 알 수 있게 해줬다.

로스의 입장에서는 시청자들에게 창작 과정의 어두운 면들까지 다 보여주는 게 중요했다. 그래서 자신이 실수하는 장면들을 편집해 잘라내지 않고 있는 그대로 다 보여줬다. 자신의 실수들까지 끌어안은 것이다. 가장 중요한 것은 이건데, 그런 다음 모든 걸 재구성하며 그는 이렇게 말하곤 했다.

"우리는 실수를 하는 게 아닙니다. 행복한 사고를 치는 겁니다."[19]

로스는 대부분의 사람들이 간과하고 있는 사실을 알고 있었다. 실수는 창조 과정에서 없어선 안 될 요소라는 사실을. 당신이 만일 실수를 하지 않는다면 일을 너무 안전하게만 하고 있는 것이다. 충분히 높은 데를 지향하지도, 충분히 빨리 움직이지도 않고 있는 것이다.

캔버스는 실수를 막으라고 있는 게 아니다. 캔버스는 쳐다보라고, 아니면 그 완벽한 흰색을 즐기라고 있는 것도 아니다. 자유롭게 그리고 아름답게 그림을 그리라고 있는 것이다.

성공하는 사람들은 실패도 많이 한다.[20] 더 많은 캔버스에 그림을 그리거나 과녁을 향해 더 많은 사격을 하거나 다른 사람들보다 더 많은 사업을 하는 등 뭐든 더 많이 하기 때문에 성공한다. 베이브 루스(Babe Ruth)는 홈런왕이었지만 스트라이크아웃 왕이기도 했다.[21] 마이클 조던(Michael Jordan)은 NBA 역사상 다른 그 어떤 선수보다 마지막 순간 슛을 성공시켜 경기를 승리로 끝낸 경우가 많았다. 그러나 마지막 슛이 빗나가 경기에 진 경우도 많았다.[22]

당신의 시도는 거의 다 실패로 끝날 것이다. 상당수의 시도는 결과가 그저 그럴 것이다. 하지만 일부 시도는 성공해 그간의 실패들을 보상해줄 것이다.

실패는 지식이다. 그리고 미국 시인 루디 프란시스코(Rudy Francisco)의 말처럼 구름보다는 땅이 비행에 대해 더 많은 걸 가르쳐줄 것이다.[23] 내 경우 그간 실패를 통해 뭔가를 배우지 않은 경우는 단 한 번도 없었다. 당신이 하는 일을 뭔가를 성취할 기회로만 보는 게 아니라 뭔가를 배울 기회로도 본다면, 당신은 실패를 한다 해도 성공한 것이다.

완벽주의는 주로 다른 사람들로부터 인정을 받고 싶다는 바람에서 생겨난다. 우리는 우리 자신의 단점들이 드러나 더 이상 남들로부터 인정을 받지 못할까 봐 두려워한다. 당신은 인간이고, 인간은 완벽하지 못하다.

만일 완벽해지려고 애쓴다면 존재하지도 않는 이상을 추구하고 있는 것이다. 그래서 자꾸 미룬다. 행동에 나서지 않으면 실수도 하지 않을 테니까. 그러면서 당신은 자신의 창의력을 쉽고 안전한 일에만, 그러니까 실수를 최소화할 수 있는 일에만 쓰려 한다. 반박하기보다는 순응하려 한다. 제대로 끝내기보다는 적당히 처리하려 한다. 춤을 추기보다는 가만히 서 있으려 한다.

나바호족(북미의 인디언 부족-옮긴이)의 양탄자들에서는 이런저런 실수들이 보인다. 패턴이나 선 또는 모양이 잘못된 상태 그대로 보이는 것이다. 어떤 사람들은 그것들이 인간이 완벽하지 못하다는 걸 상기시키려고 일부러 한 실수들이라고 말한다.[24] 또 어떤 사람들은 그 실수들이 의도된 게 아니라고 말한다. 오히려 잘못된 걸 고치지 않고 그대로 내버려두기로 한 것 자체가 의도라는 것이다.[25]

양탄자를 만드는 나바호족 사람들은 분명한 사실을 알고 있다. 공장에서 완벽하게 제작된 양탄자보다는 손으로 만들어 완벽하진 않지만 스토리가 있는 양탄자가 훨씬 더 아름답다는 사실을 말이다.

나는 지금 멀쩡한 청바지를 해진 것처럼 보이게 하거나 유럽풍 크레이트앤드배럴 의자를 고가구처럼 보이게 하는 인위적인 '불완전 제품' 얘기를 하고 있는 게 아니다. 그런 제품들은 금방 눈에 띈다. 보면 바로 알 수 있다.

자신이 완벽하지 못하다는 걸 숨기려 하다 보면 자신의 매력까지 숨기는 셈이 된다. 아무리 완벽한 체해봐야 10분 정도만 대화해보면 다 알 수 있다. 인스타그램에 들어가보면 합성 사진 등으로 자신의 결함을 가리려 하는 사람들을 얼마든지 볼 수 있다.

이것을 잊지 마라. 당신은 밥 로스가 아니다. 카메라에 노출된 채 내내 캔버스 앞에 앉아 일거수일투족을 다 녹화당하고 있진 않다. 그러니 다른 사람들이 당신을 어찌 생각할지 걱정하지 마라. 그들은 당신한테 아무 관심도 없다. 모두들 자기 자신의 우주 안에 갇혀 있는 데다, 자기 자신의 문제들을 해결하기도 바빠 당신의 문제에는 신경 쓸 여유가 없는 것이다.

그렇다. 물론 실수에는 종종 고통이 따를 수 있다. 실수에 따르는 고통은 용기 있는 삶을 살려 한 것에 대한 대가이며, 그래서 나는 기쁜 마음으로 그 대가를 지불한다. 그러나 실패한 것에 대해서가 아니라 아예 시도조차 하지 않은 것에 대해 치러야 하는 대가도 있다. 과거에 나는 그런 대가를 치른 적이 있고, 그 고통은 다시는 느끼고 싶지 않다.

결국 캔버스 앞에서 실수를 하지 않는 방법은 단 하나, 절대 그림을 그리지 않는 것뿐이다. 그러니 과감히 나서서 실수를 하라. 놀라운 실수를 하라. 당신만 할 수 있는 실수, 당신의 흔적을 남길 수 있는 그런 실수를 하라. 바람직한 실수들을 한다 해도 완벽해지진 못한다. 그러나 뭐든 완벽하게 해야 한다는 생각은 더 이상 안 해도 될 것이다.

전문가들은 어째서 쉽게 해내는 것처럼 보일까?

1976년 6월, 당시 스물두 살이던 제리 사인펠트(Jerry Seinfeld, 미국 코미디언-옮긴이)는 뉴욕시의 한 코미디 클럽에서 열린 아마추어 밤 행사에서 생전 처음 무대에 올라 공개 공연을 하게 됐다.[26] 그는 마이크를 잡고 많은 연습을 해온 공연을 하려 했는데, 아무것도 할 수 없었다.

"심지어 말도 안 나왔어요." 사인펠트의 회상이다. "너무 긴장해 얼어붙어버린 거죠."

그는 결국 젖 먹던 힘까지 끌어모아 입을 열었으나, 다루려 했던 주제들만 줄줄이 나열할 수 있을 뿐이었다.

"해변. 드라이빙. 개들," 마이크에 대고 말했지만 목소리도 제대로 안 나왔다. 공연 시간이라 해봐야 90초 정도였다.

내 경우도 처음 사람들 앞에서 강연을 했을 때 그렇게 어색할 수가 없었다. 말할 것을 미리 다 써놓고 아무 변화 없는 단조로운 목소리로(그것도 금방 티가 날 만큼 바짝 긴장한 채) 한 자 한 자 읊다시피 했다. 마음속 텔레프롬프터(teleprompter, 자막 형태로 대사를 보여주는 장치-옮긴이)를 보고 그대로 읊으면서, 나는 청중들이 지루해한다는 걸 느낄 수 있었다. 청중들과 나 사이에 공감대란 전혀 없었다.

강의실에서도 마찬가지였다. 교수 신분으로 처음 학생들 앞에 섰을 때는 너무 긴장한 나머지 컴퓨터 연결선에 발이 걸려 하마터면 바닥에 얼굴을 박는 불상사를 겪을 뻔했다.

그 후 10여 년간 나는 또다시 계속 노력-결과, 노력-결과, 노력-결과라는 사이클을 반복했다. 그리고 강의를 거듭하면서 그 전보다 조금씩 나아졌다. 그 과정에서 나는 공감대를 어떻게 형성하는지, 이야기를 어떻게 제대로 전달하는지, 또 청중들이 알아채지 못하게 어떻게 실수를 감추는지를 알게 됐다. 그리고 이제 나는 종종 각종 콘퍼런스에서 또 기업 행사에서 최고의 강연자로 평가받곤 한다.

광택은 드러내기보다는 반사시킨다. 모든 시대를 통틀어 가장 뛰어난 축구 선수들 중 한 사람인 리오넬 메시(Lionel Messi)는 자신이 하루아침에 스타가 된 것은 17년 114일 만이라고 말한다.[27] 미국 코미디언 스티브 마틴(Steve Martin)도 그와 비슷한 말을 한다.

"나는 18년간 스탠드업 코미디를 했습니다. 그중 10년은 배우는 데 보냈고, 4년은 다듬는 데 보냈으며, 4년은 대성공을 맛보며 보냈습니다."[28]

영화배우 알 파치노(Al Pacino)와 벤 셍크만(Ben Shenkman)은 함께 미국 미니시리즈 〈앤젤스 인 아메리카(Angels in America)〉에 출연했다. 파치노는 셍크만의 영웅이었고, 셍크만은 자신의 영웅이 왜 그렇게 위대해졌는지를 알아내기 위해 세트장에서 파치노의 연기를 유심히 지켜보았다. 어느 날 파치노가 특정 장면에 필요한 10컷 정도를 찍고 난 뒤였다. 영화감독 마이크 니컬스(Mike Nichols)가 셍크만 쪽을 돌아보며 물었다. "그래 뭘 배웠나?"

셍크만이 답했다. "뭐든 쉽게 쉽게 하네요."

그러자 니컬스가 말했다. "아냐. 그것은 정답이 아냐. 정답은 이거야. 얼마나 힘든지 안 보이나? 심지어 대가도, 심지어 자네의 우상도? 파치노가 얼마나 여러 번 다시 찍어야 하는지 안 보이나? 자네는 그저 10컷만 본 거야. 이 컷에선 아주 괜찮고, 저 컷에선 별로고, 그러다 다시 아주 괜찮고, 다시 또 중요한 순간엔 별로고… 나는 그런 게 자네 눈에도 보일 거라고 믿네."[29]

생크만이 세트장에서 파치노를 지켜보며 뭔가를 배웠듯 우리 역시 전문가들에게서 뭔가를 배울 수 있다. 그러나 우리 자신을 그들과 비교할 경우, 그러니까 현재의 우리 자신과 그들과의 거리를 비교할 경우 우리 스스로 아주 부족하거나 재능이 없다고 생각해 아예 어떤 시도조차 해보고 싶지 않을 수 있다. 어쩌면 우리에겐 꼭 필요한 뭔가가 없다고 여기고 너무 일찍 포기하게 될 수도 있다. 하지만 당신 자신을 보다 경험 많은 전문가와 비교하는 것은 대등한 사과와 사과의 비교가 아니다. 당신은 베타 버전(beta version, 완성품으로 정식 판매되기 바로 전 단계의 버전-옮긴이)이고 전문가는 완성품이다. 전문가는 수십 년까지는 아니더라도 적어도 수년간 그 일을 해왔고 당신은 이제 막 시작하고 있음을 기억하라.

우리는 모두 같은 곳에서 출발하는 게 아니다. 뭔가를 남들보다 일찍 시작하거나 레이싱 게임 〈마리오 카트(Mario Kart)〉처럼 빨리 치고 나가는 것은 일부 사람들에게만 주어지는 특권이자 기회이며 행운이다. 그렇다 하더라도 그것이 아예 시도도 하지 않거나 포기하는 것에 대한 핑계는 되지 못한다. 그저 현실을 인정하자는 것이다. 당신도 다른 누구처럼 그 속도로 그 거리를 달릴 수도 있지만 출발이 늦어 여전히 뒤처지게 된다는 현실 말이다. 우리의 삶엔 모든 상황에 적용되는 일정 같은 것은 없다. 그와 관련해 영국 소설가 조지 엘리엇(George Eliot)이 이런 말을 했다고 한다.

"당신이 어떤 사람이 되고 싶은데, 너무 늦어 될 수 없는 경우란 없다."

그러니 현재의 당신이 어디에 위치해 있는지, 또 이미 얼마나 멀리 왔는지 있는 그대로 인정하라.

로켓이 솟구쳐 오르는 걸 지켜보면 처음에는 거의 움직이지도 않는 것처럼 보인다. 로켓은 점화되면서 천둥 같은 굉음을 내지만, 발사대에서 아주 조금씩 그리고 아주 천천히 올라가기 시작한다. 추진력이 엄청나지만 너무 무거워 빨리 움직이지 못하는 것이다. 점화 직후 로켓 모습을 촬영해보면 저러다 땅에 떨어지는 게 아닌가 하는 생각이 들기도 한다. 그러나 좀 더 오랜 시간 지켜보면 로켓이 서서히 올라가는 게 보인다.

우리의 삶도 그와 비슷하다. 새로운 프로젝트를 시작하거나 새로운 사업을 벌일 때, 당신은 죽어라 밀어붙이고 밀어붙이고 또 밀어붙이는데, 아무 일도 일어나지 않는 것처럼 느껴지는 경우가 많다.

소셜 미디어업체 핀터레스트(Pinterest)의 창업자인 벤 실버먼(Ben Silbermann)은 자신이 구글을 떠나 성공한 기업을 만들기까지 4년이 걸렸다며 이렇게 말한다.

"그 4년 동안 모든 게 잘 돌아갔던 건 아니에요. 하지만 생각했죠. '그리 오래 걸리진 않을 거야. 의대에서 레지던트 과정 전까지 그리

오래 걸리지 않았듯 말야' 하고 말입니다."³⁰

　대부분의 사람들은 형편없는 로켓을 만들지 모른다는 두려움 때문에 아예 로켓을 발사대에 올리지도 못한다. 그리고 그것은 그럴 만도 하다. 초기 단계에선 당신이 만들어내는 것들이 그리 인상적이지 못할 테니까. 겉보기야 어떻든, 그 무엇도 처음부터 완벽한 형태를 갖추진 못한다. 사람들이 보고 즐기는 것은 청중들로부터 야유를 받은 초창기 버전의 어설픈 스탠드업 코미디들이 아니고, 오스카상을 받을 만한 멋진 독백을 하기 전까지 찍었던 어설픈 장면들도 아니며, 자존감 높은 작가를 민망하게 만들 초장기의 어설픈 원고 초안들도 아니다. 모든 창작가는 위대한 작품을 만들기까지 그렇게 어설프고 당혹스런 초기 단계들을 거쳐야 한다.

　뭔가가 처음에 버겁게 느껴진다면 그것은 무겁기 때문이다. 당신은 이제 막 당신의 로켓에 점화를 했을 뿐이며, 그 로켓이 목적지까지 가는 걸 보려면 시간이 필요하다. 처음에는 천천히 시작하겠지만, 그러다 시간이 지나면 가속도가 붙을 것이다.

　그러니 더 이상 당신의 로켓을 이미 중력권 탈출 속도에 도달한 다른 로켓들과 비교하지 마라. 당신 자신의 궤적에 집중하라. 조금씩 움직여라. 그런 다음 다시 조금씩. 그런 다음 또다시 조금씩. 높이 올라갈수록 모든 게 더 가볍게 느껴질 것이다. 그리고 당신도 모르는 새, 이제까지 온 거리가 앞으로 남은 거리보다 더 멀어질 것이다.

뻔뻔한 자기 홍보에 대한 잘못된 믿음

나는 '뻔뻔한 자기 홍보'의 개념을 전혀 이해할 수 없었다. 뻔뻔한 홍보라는 말은 자기 홍보가 뻔뻔한 행위라는 걸 전제로 한다. 또한 당신이 자신을 홍보하려면, 그러니까 당신의 아이디어와 작품을 세상에 내놓으려면 뻔뻔해야 한다.

그러나 만일 당신이 당신의 창작품을 홍보하지 않는다면 아무도 대신 홍보해주지 않을 것이다. 우리의 삶은 '꿈의 구장(〈Field of Dreams〉, 1991년 개봉된 케빈 코스트너 주연의 미국 야구 영화-옮긴이)'이 아니며 당신은 케빈 코스트너(Kevin Costner)가 아니다. 당신이 만일 야구장을 만들고 전혀 홍보를 하지 않는다면 아무도 오지 않을 것이다. 당신은 그저 아이오와주의 옥수수밭 한가운데에 야구장을 만든 별난 사람만 되어버릴 것이다.

우리는 종종 다른 사람들을 불편하게 만들고 싶지 않아 우리 자신의 열정을 무시한다. 그 결과 우리는 잔뜩 움츠러들어 심지어 우리 자신에게도 보이지 않는 존재가 된다.

이렇게 생각해보자. 당신의 창작품 덕에 다른 사람들의 창작품들이 나오게 된다. 당신의 지혜는 갇혀 있던 다른 사람들의 지혜를 풀어놔준다. 당신의 확장은 다른 사람들의 확장에 영향을 준다. 당신의 목소리는 다른 사람들의 생각 및 행동 방식을 변화시킬 수 있다. 그러나 당신이 계속 입을 다물고 있다면 아무것도 할 수 없다.

그렇다고 해서 사람들에게 스팸 메일을 보낸다거나 사람들을 이용하라는 의미는 아니다. 따뜻한 마음으로 홍보를 하라는 의미다. 당신에게 홍보할 것을 허락해준 사람들, 그러니까 손을 들어 "좋아요, 그걸 원해요!"라고 말한 사람들에게 홍보를 하라는 의미다.[31]

만일 당신이 당신의 책을 홍보하지 않는다면 독자들은 오지 않을 것이다. 만일 당신의 제품이나 서비스를 홍보하지 않는다면 고객들은 오지 않을 것이다. 만일 당신 자신을 홍보하지 않는다면 일자리 제의는 들어오지 않을 것이다.

자기 홍보는 수치스런 행동이 아니다. 당신이 창조한 걸 원하는 사람들에게는 사랑이 담긴 행동이다. 용기 있는 행동이다. 그리고 이렇게 말하는 것과 같다.

"저기요. 내가 이걸 만들었어요."

이는 거절당할 위험을 감수하는 것이다. 자기 홍보는 스스로 약점을 드러내는 행동이다. 이기적이지 않은 행동이다. 당신 자신의 에고를 보호하기 위해 당신이 만든 걸 홍보하지 않으려 하는 게 오히려 정말 이기적인 행동이다.

자기 홍보의 반대는 감추기다. 아이디어가 떠올라도 그것을 실행에 옮기지 않는 것이다. 시를 쓰고도 사람들과 공유하지 않는 것이다. 이것저것 만들어 쌓아놓기만 하는 것이다.

이제 자기 홍보를 뻔뻔한 일이라고 생각하는 걸 그만둬야 할 때다. 자기 홍보를 부끄러워하지 마라. 만일 부끄러워할 뻔뻔한 면이 있다면, 당신이 홍보하려는 것이 다른 사람들의 마음을 움직이고 그들의 삶을 풍요롭게 해주지 못한다는 것을 발견했을 때일 것이다.

ozanvarol.com/genius를 방문하면, 이 책의 3부에서 언급된 전략들을 실행에 옮기는 데 도움이 될 각종 워크시트들과 도전 과제들 그리고 연습 문제들을 만나볼 수 있다.

4부

외부 여행

4부의 구성

9장. **허튼소리들을 솎아내라**: 잘못된 정보를 걸러내고 진실을 찾아내는 것에 대해
10장. **다른 사람들이 보지 못하는 걸 봐라**: 다른 사람들이 못 보는 것들을 보기 위해 새로운 것, 편리한 것, 인기 있는 것들의 횡포를 피하는 것에 대해
11장. **나는 당신의 스승이 아니다**: 어째서 성공담들이 우리를 우롱하는지, 좋은 의도의 조언이 어떻게 종종 우리를 잘못된 길로 이끄는지, 그리고 당신 자신을 다른 사람들과 비교하는 걸 멈추기 위해 무엇을 해야 하는지에 대해

4부에서 살펴볼 내용들

- '아침 식사가 하루 중 가장 중요한 식사'라는 말이 생겨난 놀라운 유래
- 어리석은 질문들이 나오는 이유와 더 나은 질문을 하는 법
- 퓰리처상을 수상한 저널리스트가 평범함 속에서 비범함을 찾아낸 반직관적인 방법
- 새로운 것이 아니라 오래가는 것에 집중해야 하는 이유
- 우리는 어떻게 정신적으로 감금 상태가 되는가?
- 세상에서 가장 많은 오해를 받는 시에서 얻을 수 있는 교훈
- 경쟁과 비교는 왜 순응의 한 형태가 되는가?

9장
허튼소리들을 솎아내라

모든 걸 의심하는 것이나 모든 걸 믿는 것은 똑같이 편리한 해결책이다.
두 경우 모두 머리 싸매고 고민할 필요가 없기 때문이다.
—앙리 푸앵카레, 《과학과 가설(Science and Hypothesis)》

우리가 스스로를 속이는 방법

"배터리는 다 되어가고 밖은 점점 어두워지고 있음."

이는 화성 탐사 로봇 오퍼튜니티(Opportunity)가 마지막으로 남긴 말로, 수많은 언론 매체들에 의해 발표됐다. '오피(Oppy)'라는 사랑스런 애칭으로 불린 그 탐사 로봇은 2018년 6월에 거대한 모래 폭풍에 휘말린 뒤 침묵 상태로 들어갔다. 나사 관계자들은 그 작은 탐사 로봇에게 수백 차례 명령을 전송해 회답하라고 요청했지만 끝내 답이 없었다. 결국 오피는 2019년 2월에 공식적인 사망 선고를 받았다.

사람들의 관심을 가장 많이 끈 것은 오피가 화성에서 예상 수명 90일을 훨씬 뛰어넘어 무려 14년 넘게 작동됐다는 사실이 아니었다. 붉은 행성 화성 위를 45킬로미터나 돌아다녀 다른 모든 태양계

밖 탐사 로봇들을 능가하는 기록을 세웠다는 사실도 아니었다.

그렇다. 전 세계인들을 사로잡은 것은 화성 탐사 로봇이 지구로 전송한 마지막 메시지로, 그 메시지는 한 저널리스트의 트윗을 통해 세상에 알려졌다.

"배터리는 다 되어가고 밖은 점점 어두워지고 있음."

그 트윗은 삽시간에 입소문을 타면서 전 세계 언론의 뜨거운 관심을 받았다. 전자상거래 플랫폼 엣시(Etsy)의 디자이너들은 그런 시류에 편승해 오피의 마지막 메시지가 새겨진 티셔츠와 머그잔, 컵받침들을 만들어 판매했다. 그리고 수많은 사람들이 자신의 몸에 그 메시지를 문신으로 새겨 넣었다.

오피의 메시지가 사람들에게 큰 반향을 불러일으킨 것은, 우리 모두 가끔 배터리는 다 되어가고 밖은 점점 어두워지는 기분에 빠지기 때문이다. 바로 그런 기분을 인간이 아닌 로봇이 표현했으니 난리가 날 수밖에. 그 작은 탐사 로봇은 14년간 화성의 거센 바람과 모래 폭풍에 시달리면서도 인간의 지시를 충실히 따랐다. 그러다 모래 폭풍이 서서히 자신을 집어삼키는 상황에서, 그 작은 몸으로 있는 용기를 다 끌어모아 지구를 향해 마지막 작별 인사를 전송한 것이다.

"배터리는 다 되어가고 밖은 점점 어두워지고 있음."

근데 여기에 문제가 있다. 그 이야기는 가짜다. 침묵 상태에 들어가기 직전 오피는 지구를 향해 평소 전송하던 코드들을 전송했는데, 그 속에는 배터리 및 외부 빛 상태를 보고하는 코드들도 포함되어 있었다. 그런데 이야기를 쓰면서 세세한 사실은 별 신경 쓰지 않았던 한 저널리스트가 그 코드들 중 일부를 임의로 영어 문장으로 고쳐 쓴 뒤 탐사 로봇의 마지막 메시지라며 트위터에 올린 것이다.[1]

그러자 수백만 명의 사람들이 리트윗 버튼을 눌렀고 언론 매체들은 합창하듯 탐사 로봇의 마지막 메시지에 대한 이야기를 보도했다. 그 누구도 잠시 멈춰 다시 생각해보거나 다음과 같은 의문을 제기하지 않았다.

"원격 조종되는 탐사 로봇이 어떻게 사람들의 심금을 울릴 만한 완벽한 영어 문장을 내뱉을 수 있는 거지?"

나는 4년간 오피 운영팀의 일원이었다. 그런 나마저도 잠시나마 그 이야기에 속아 넘어갔다. 오피의 마지막 메시지라는 걸 처음 봤을 때 내 입에선 본능적으로 "오!" 소리가 나왔지만, 그런 다음 기사를 스크롤해 좀 더 자세히 읽어보기 시작했다. 《파이트 클럽》의 저자 척 팔라닉(Chuck Palahniuk)은 이렇게 적고 있다.

"늙은 조지 오웰(George Orwell)이 한발 물러섰다. 빅 브라더(Big Brother, 조지 오웰의 소설 《1984년》에 나오는 정보를 독점해 사회를 통제하는 권력 또는 사회 체계-옮긴이)는 지켜보고 있지 않다. 그는 노래 부르며 춤추고 있다. 또한 마술가처럼 모자에서 토끼들을 끄집어내고 있다."

그는 당신의 상상력이 맹장만큼 유용해질 때까지 압도될 만큼 강력한 이야기들을 들려주고 있다.[2] 그리고 우리는 그 이야기에 홀려, 논리나 회의감 같은 것은 던져버리고 밖으로 달려나가 오피 문신을 몸에 새긴다.

이는 흔히 일어나는 현상이다. MIT 교수들은 한 연구를 통해 2006년부터 2017년까지 트위터에 공유된 뉴스 기사들의 진위를 조사했다.[3] 조사 결과, 해당 기간 중에 가짜 뉴스 기사는 진짜 뉴스에 비해 리트윗될 가능성이 70퍼센트나 더 높았고 사람들 사이에 퍼지는 속도 또한 6배나 더 빨랐다. 많은 사람들에게 트위터는 뉴스를 접하는 주된 매체라는 점에서, 이는 특히 우려할 만한 일이다. 《걸리버 여행기》의 작가 조너선 스위프트(Jonathan Swift)가 18세기에 쓴 다음 글은 오늘날에도 그대로 적용된다.

"거짓은 날아가고, 진실은 절뚝거리며 그 뒤를 따라간다."[4]

다음에 본능적으로 리트윗 버튼을 누르려 하거나 일반 통념을 받아들이고 싶어진다면, 잠시 멈추고 시간을 가져보라. 그리고 자신에게 물어보라. '이게 옳은가?' 탐사 로봇이 죽어가면서 심금을 울리는 작별 인사를 했다는 이야기에서부터 마케팅 담당자의 확신에 찬 주장에 이르는 모든 것들에 대해 의문을 제기해보라. 수시로 자신에게 '이게 옳은가?'라고 물어보라. 그 답이 즉각적인 '예스'가 아닌 경우가 너무도 많다는 사실에 아마 깜짝 놀랄 것이다.

회의론은 부정론과는 다르다. 부정론자는 구름을 향해 주먹질을 해대는 그램파 심슨(Grampa Simpson, 미국 애니메이션 〈심슨 가족〉에 나오는 심슨 할아버지-옮긴이) 같은 사람이다. 페이스북에 "내가 직접 연구를 해봤는데"로 시작되는 긴 포스트를 올리지만, 그 '연구'라는 게 실은 다른 사람들의 조작되거나 잘못된 정보를 반복하는 것에 지나지 않는 사람. 그런 사람이 부정론자다. 부정론자는 지금은 물론 앞으로도 늘 자신의 생각을 확신한다. 반면에 회의론자는 열린 마음을 갖고 있어서 뚜렷한 증거가 나오면 그 생각이 변할 수도 있다.

그런데 회의론은 그 자체로는 충분치 않다. "그것은 허튼소리야" 같은 말은 하기 쉽다. 회의 시간에 동료의 아이디어를 비판하는 것도 쉽다. 그러나 건설적인 방식으로 회의론을 표하는 것은 훨씬 더 어렵다.

해결책은 회의적인 마음으로 호기심을 갖는 것이다. 그러려면 각종 아이디어에(논란의 여지가 있거나 얼핏 잘못된 걸로 보이는 아이디어일지라도) 마음을 여는 것과 아이디어에 회의적이 되는 것 사이에서 균형을 잘 잡아야 한다. 중요한 것은 회의론을 위한 회의론이 되지 않아야 한다는 것이다. 또한 현재 상태를 재해석하며 새로운 통찰력을 찾고 어디서부터 다시 생각해야 할지를 알아내야 한다. 호기심이 많은 회의론자는 화성 로봇 탐사의 이야기를 들으면 아마 이런 의문을 제기할 것이다.

'그런데 그 기자는 탐사 로봇이 무슨 말을 했는지 어떻게 알지?'

그리고 이 의문 뒤에 아마 또 이런 의문이 이어질 것이다.

'무엇보다 먼저 화성 탐사 로봇은 어떻게 지구와 교신을 하지? 그리고 그 로봇이 완전한 형태의 영어 문장을 말할 수 있나? 특정 순간에 탐사 로봇이 무엇을 하고 있는지 어떻게 알아?'

이런 의문들은 주로 기자의 주장을 회의적으로 보는 사람들에 의해 제기되지만, 이게 더 중요한 건데, 그 아래 숨겨진 진실에 호기심을 보이는 사람들에 의해서도 제기된다.

그리고 이런 의문들을 통해 다른 사람들은 감히 가볼 생각도 하지 못하는 곳을 가게 되거나 다른 사람들은 거의 보지 못하는 숨겨진 보석들을 보게 된다.

아침 식사는 정말 하루 중 가장 중요한 식사인가?

"아침 식사는 하루 중 가장 중요한 식사다."

이 말은 전 세계의 부모들이 자기 아이들에게 아침을 먹이기 위해 허구한 날 하는 말로, 너무도 잘 알려져 이제 거의 상투적인 말이 되어버렸다. 그러나 이 상투적인 말의 유래는 잘 알려져 있지 않은데, 실은 1944년 미국 식품 회사 제너럴 푸드(General Foods)가 자신들의 시리얼을 더 많이 팔기 위해 벌인 캠페인에서 나온 말이다.[5]

그 캠페인의 제목은 '아침을 잘 먹으면, 일도 더 잘된다'였다. 그 캠페인 기간 중에 식료품점들은 아침 식사의 이점을 알리는 팸플릿들을 배포했고, 라디오에서는 연일 '영양 전문가들은 아침 식사가 하루 중 가장 중요한 식사라고 말한다'는 광고가 나갔다. 그리고 그 캠페인 덕에 결국 시리얼은 주요 아침 식사거리로 자리 잡게 된다.

아침 식사용 시리얼은 세기가 바뀔 무렵 건강과 행복을 증진할 목적으로, 또 특정한 도덕적 신념하에 발명되었다. 존 하비 켈로그(John Harvey Kellogg, 켈로그 시리얼 브랜드는 그의 이름에서 따온 것-옮긴이) 박사는 성적 욕망을 억제하고 사람들의 자위행위를 막기 위해 시리얼을 공동 개발했다. 켈로그는 자위행위를 '모든 성적 학대 행위들 중 가장 위험한 행위'라고 믿었다. 그는 자신의 저서 《노인과 청년을 위한 평범한 사실들(Plain Facts for Old and Young)》에서 이렇게 적었다.

"의심할 여지없이 맛있는 음식들은 사내아이들의 성적 본능에 영향을 주어, 생식 기관들을 너무 일찍 발달하게 만들 뿐 아니라 저지르지 않아도 될 죄를 저지르게 만든다."[6]

만연한 그런 '부도덕성'을 줄이려면 미국인들은 보다 단촐한 아침 식사를 해야 했다. 그렇게 해서 콘플레이크가 생겨나게 된다.

아침 식사가 하루 중 가장 중요한 식사라는 인식을 굳혀준 그 마케팅 캠페인이 실시된 지도 이제 75년이 넘었다. 그리고 마치 무슨 속보라도 되는 양 그 캠페인 메시지는 지금도 계속 반복되고 있고 또 리트윗되고 있다.

반복은 잘못된 확신을 낳는다. 그래서 흔히 "한 번 말한 거짓말은 거짓말로 남지만, 천 번 말한 거짓말은 진실이 된다"라고 한다. 박쥐는 앞을 못 본다거나, 우리 인간은 우리 뇌의 10퍼센트밖에 쓰지 않고 있다거나, 아침 식사는 하루 중 가장 중요한 식사라는 등의 말을 반복해서 듣다 보면 대개 그것이 사실인 것처럼 믿게 된다는 것.

이렇게 오래된 믿음들은 심지어 그게 잘못된 것이라는 과학적 증거가 나온 뒤에도 계속 사람들의 입에 오르내리며 살아남는다. 그런데 사실 박쥐들 가운데 일부 종은 평균적인 인간보다 오히려 시력이 더 좋다.[7] 그리고 신경학자 배리 고든(Barry Gordon)에 따르면, 우리 인간이 뇌의 10퍼센트밖에 쓰지 않고 있다는 말은 실소를 금치 못할 만큼 잘못된 사실이다. 하루를 보내며 우리는 사실 뇌의 100퍼센트를 다 쓴다.[8]

그러나 아침 식사의 경우 하루 중 가장 중요한 식사라는 명성을 누릴 만해 보이는 과학적 근거가 있다. 2019년 〈미국심장학회지〉에 실린 한 연구에 따르면, 아침 식사를 거르면 심장병으로 사망할 가능성이 눈에 띄게 증가한다.[9] 그 연구 결과를 보도한 뉴스의 제목들은 다음과 같다.

- '매일 아침 식사를 하면 심장이 더 튼튼해질 수도' – 〈헬스라인(Healthline)〉 (이 기사는 상단에 '확인된 사실'이라고 명시되어 있음)[10]
- '아침 식사? 연구에 따르면 아침 식사를 거르면 심장병 관련 사망률이 증가한다고' – 〈USA 투데이〉[11]
- '연구: 아침 식사를 거르면 심장병 관련 사망률이 87퍼센트나 증가' – 〈FOX 11 로스앤젤레스〉[12]
- '아침 식사를 거르면 심장에 안 좋은가?' – 〈WebMD〉[13]

그렇다면 아무튼 콘플레이크는 계속 먹어야 할 것 같다고? 너무 서둘지 마라. 두 가지 일, 그러니까 아침 식사를 거르는 것과 심장병에 걸릴 가능성 사이에 연관이 있다고 해서 꼭 한쪽이 다른 한쪽에 책임이 있다는 의미는 아니다. 다시 말해, 상호 관계가 있다고 해서

인과 관계가 있는 것은 아닌 것이다.

이를 입증하기 위해 몇 가지 우스꽝스런 예들을 들어보자면 다음과 같다. 미국 배우 니콜라스 케이지(Nicolas Cage)가 출연한 영화들의 수와 수영장에 빠져 익사한 사람들의 수 사이에는 어떤 상호 관계가 있다.[14] 마가린 소비와 미국 메인주의 이혼율 사이에도 어떤 상호 관계가 있다. 그러나 그렇다고 해서 케이지가 출연한 영화들이 사람들을 익사하게 만든다는 의미는 아니며, 마가린 섭취가 메인주에서의 인간관계에 안 좋은 영향을 준다는 의미도 아니다. 마가린 섭취를 중단해야 하거나 케이지가 출연한 영화들을 보지 말아야 할 이유들은 있을지 몰라도, 이혼이나 익사를 예방하자는 게 그 이유들 중 하나가 될 수는 없다. 두 경우 모두 그런 결과들에 이르게 만든 다른 요소들도 많기 때문이다.

다시 아침 식사에 대한 연구로 돌아가보자. 연구 결과에 따르면, 아침 식사를 거르는 사람들은 건강에 안 좋은 온갖 행동들을 다 했는데, 그 행동들 중 어떤 한 행동이 심장병을 유발했을 수도 있다. 아침 식사 연구에 참여한 사람들도 인정한 바이지만, 규칙적으로 아침 식사를 하는 사람들에 비해 아침 식사를 하지 않는 사람들은, 과거에 담배를 폈거나 술을 많이 마시거나 미혼이거나 운동량이 적거나 가계 소득이 낮거나 총 에너지 섭취가 적거나 먹는 음식의 질이 떨어질 가능성이 더 높았다. 다시 말해, 아침 식사를 거르는 사람들은 아침 식사를 걸러서가 아니고 담배를 너무 많이 폈거나 술을 너무 많이 마셨거나 운동을 하지 않아 심장병에 걸리게 됐던 것이다. 그러나 처음 그 연구를 비판했던 피터 애티아(Perter Attia) 박사는 이런 말을 했다.

"그 연구에서 연구진은 각종 변수들을 통제하려 애썼지만, 근본적인 차이가 있는 사람들에게 정확히 그리고 적절히 맞춘다는 건 극히 어려운(그리고 사실상 불가능한) 일이다."[15]

그러나 아침 식사와 관련된 각 언론 매체의 뉴스 제목들은 상호 관계를 인과 관계로 둔갑시켰고 대중 소비와 관련된 과학적인 주장들을 왜곡시켰다. 왜? 상호 관계로는 신문이 팔리지 않는다. 확신이 있어야 팔리는 것. 게다가 선정적인 제목들일 때 더 많은 클릭과 리트윗으로 이어진다. 즉각적인 만족감을 요구하는 세상에서 사람들은 그저 결론을 원하고 꿀팁을 원하고 묘책을 원하기 때문이다. 세상사를 복잡하게 만드는 미묘한 차이 같은 것은 신경 쓰지 않는 것이다. 결국 언론 매체들은 그 연구의 미묘한 차이나 한계들에 대한 설명은 없이 '아침 식사를 해라. 안 그러면 심장병에 걸린다'는 규범적인 조언만을 내놓고 만다.

그처럼 확신에 찬 선정적인 기사들은 한 언론 매체에서 다른 언론 매체로 삽시간에 확산된다. 그리고 같은 정보가 여러 언론 매체에서 반복해서 나타나면, 그 기사의 정확도에 대한 사람들의 믿음은 점점 더 커진다. 시간이 지나면서 그들의 친구들도 같은 기사를 읽게 되고, 결국 이젠 그 누구도 그 기사에 대해 이의를 제기하지 않게 된다. 그렇게 많은 사람들이 짧은 시간 내에 문제 많은 의견 일치에 이르게 되는 것이다.

이런 문제는 사실 확인으로도 해결이 안 된다. 우선 대부분의 출판사들은 자신들이 출간하는 책의 사실 확인 작업을 저자들에게 맡긴다. 설사 사실 확인 작업을 한다고 해도, 대개는 그 작업이 날짜나 사람 이름처럼 중요한 내용에 대한 실수들을 바로잡거나 막대한 소송비를 치러야 할 수도 있는 명예훼손성 주장 같은 것들을 확인하는 데 집중된다.

특히 마감이 코앞에 있을 경우 사실 확인 작업은 대충 끝나는 경우가 많다. 한번은 여러 주 동안 〈뉴욕타임스〉 베스트셀러 1위에 오른 책을 집어 들었는데, 그 책에서는 우리 인간이 뇌의 10퍼센트만 사용한다는 어처구니없을 만큼 잘못된 말이 사실인 양 반복해서 나오고 있었다.

게다가 사실 확인 작업은 객관적이지 못한 경우가 많다. 사실 확인을 하는 사람들도, 기자들도 현실 세계에 발붙이고 사는 인간들이다. 우리와 마찬가지로, 그들 역시 사실 확인 작업에 자기 자신의 정치적 편견과 이념적 편견을 끌어들이게 된다. 진보적인 사람들은 대개 우익 진영을 비판하고, 보수적인 사람들은 대개 좌익 진영을 비판하며 자기 쪽 진영의 문제에는 눈을 감으려 한다.

우리는 대개 우리 삶의 모든 측면을 다루는 과학적인 연구를 읽고 요약할 만한 시간이 없다. 그리고 설사 그런 연구를 읽는다 해도 무엇을 봐야 할지, 또 무엇을 물어야 할지 알지 못할 수도 있다.

그래서 우리는 전문가들의 의견을 구하려 한다. 불행히도, 인터넷에는 진실을 발견했다고 주장하는 자칭 전문가들이 널렸다. 또한 인터넷에서는 자칭 전문가라는 사람들의 지식이 전문 지식으로 통한다. 스스로 전문가라 칭하면서 바로 전문가가 되어버리는 것이다. 그리고 언론 매체들은 믿을 만한 전문가 집단을 통해 대중들의 관심을 끌고 싶어 한다. 미세한 차이들을 꿰뚫어 보는 정확성과 확신보다는 일관된 믿음을 중시하는 자칭 전문가 집단을 통해서 말이다.

잘못된 정보가 차고 넘치는 상황에서 우리는 누구를 믿어야 할까? 잘못된 정보를 어떻게 알아내고 쓸모없는 정보와 유용한 정보를 어떻게 구분해야 할까?

위대한 사상가들은 모두 미국 소설가 어니스트 헤밍웨이(Ernest Hemingway)가 말하는 이른바 허튼소리 감지기가 몸속에 내장되어 있는 듯하다.[16] 이제 내가 사용해온 허튼소리 감지 과정에 대해 소개하려 한다. 물론 그것은 나만의 과정으로, 모든 사람에게 적용될 수 있는 과정은 아니다. 당신에게 도움이 되는 것은 취하고 그 나머지는 수정해서 쓰거나 참고만 하거나 필요가 없다면 그냥 무시해라. 다만 그걸 아무짝에도 쓸모없는 따분한 지적 위생 기준처럼 취급하지 말고, 재미있는 퍼즐처럼 취급하라. 당신이 읽은 것에 대해 호기심을 가지고, 또 회의적인 자세로 이런저런 의문을 제기하고 시대에 뒤떨어진 통념 밑에 숨겨진 보석들을 찾아내는 게 목표다.

내장된 허튼소리 감지기

회의적인 자세로 호기심을 보이는 연습을 하라. 뒷받침해주는 사실들은 무엇인가? 저자는 이런 사실들을 어디서 가져왔는가? '과학적인 사실에 따르면' 또는 '연구 결과에 따르면' 식으로 시작되거나 어디서 인용한 것인지를 밝히지 않는 글들을 조심하라. 수준 낮은 인용문들을 걸러내라. (여기서 말하는 '수준 낮은 인용문'이란 구글 검색 결과 맨 위에 나오는 '장수하기 위해 매일 먹어야 하는 놀라운 슈퍼푸드 8가지' 식의 글들을 뜻한다.) 그리고 당신 자신에게 이렇게 물어보라.

'내가 만일 저자와 얘기를 하게 된다면 어떤 질문들을 할 것인가? 내가 만일 저자와 토론하게 된다면 어떤 것들을 가지고 토론할 것인가?'

예를 들어 아침 식사 연구 결과를 발표한 저자들에게 질문을 한다면 이런 것들을 질문할 것이다.

"아침 식사를 거른다는 건 무슨 뜻인가요? 만일 어떤 사람이 정오가 되어서야 아침 식사를 한다면, 그것도 거른 것에 해당되나요? 연구 참가자들은 무엇을 먹었으며, 그것이 심장병 발병률에 어떤 영향을 주었을 것 같은가요?"

확신을 갖고 말하는 사람들을 조심하라. 과학적인 사실들은 진실의 범주 안에 든다. 이를 리처드 파인먼은 이렇게 설명한다.

"과학자들이 뭔가 발표를 할 때 중요한 건 그게 사실이냐 거짓이냐가 아니라 그게 사실일 가능성은 얼마이고 거짓일 가능성은 얼마이니다."[17]

의심의 여지가 없다면서 모든 불확실성을 확신에 찬 말과 과장된 몸짓으로 덮어버리려 하는 전문가들을 조심하라. 모든 경우에 다 적용된다는 주장들('아침 식사는 모든 사람에게 가장 중요한 식사다' 또는 '명상은 만병통치약이다')을 조심하라. 자신의 주장에 한계나 미묘한 문제들이 있을 수 있다는 걸 인정하지 않거나 자신의 결론과 상반되는 연구들은 언급조차 하지 않는 저자들을 조심하라.

상투적인 문구들을 사용하거나 일반론적인 얘기를 하는 사람들을 조심하라. 일례로 한 기업 주주가 보낸 다음 편지를 보자.

"우리의 사업들이 지속 가능하고 독특해진 건 전부 우리의 재능 있는 사람들, 전 세계적인 존재감, 재력, 풍부한 시장 지식 덕입니다."[18]

그야말로 알맹이 없는 얘기다. 대체 사람들을 재능 있게 만드는 것은 무엇인가? 기업의 시장 지식은 어떻게 풍부해지는 것인가? '재력'이란 정확히 무엇인가? 사업이 독특해진다는 것은 또 무슨 얘기인가?[19]

이렇게 두루뭉술한 일반론적 얘기는 뭔가 문제를 감추려 할 때 자주 사용된다. 2000년에 위의 편지를 쓴 미국 엔론(Enron)사 경영진의 케네스 레이(Kenneth Lay)와 제프리 스킬링(Jeffrey Skilling)의 경우가 그 좋은 예다. 그해 엔론은 파산했고 곧이어 레이와 스킬링이 연방 범죄 혐의로 기소됐다.

계획 입안자가 결과에 어떤 기득권 같은 걸 갖고 있지 않은가? 아침 식사의 이점을 알리려 애쓴 시리얼 브랜드나 온라인상에서 자신이 만든 자칭 '건강 토닉'을 판매한 한 의사처럼 자신이 투자한 제품을 홍보하려는 것 아닌가?

예를 들어 의학 연구는 제약 회사들의 후원을 받는 경우가 많다. 세계에서 가장 유명한 의학 학술지들 중 하나인 〈뉴잉글랜드 의학 저널(New England Journal of Medicine)〉을 예로 들어보자. 이 의학 저널이 1년간 발표한 신약 연구 73건 가운데 60건은 제약 회사의 자금 지원을 받았고, 50건은 제약 회사 직원들이 공동 집필했으며, 37건은 주요 필자가 한 사람(대개 대학 교수)으로 후원 중인 제약 회사로부터 자문비, 보조금, 강연비 등의 명목으로 돈을 받아온 걸로 알려졌다.[20]

이 같은 이해 충돌 문제는 비단 학계에 국한된 것은 아니고, 정부 기관들에서도 발견된다. 목표 콜레스테롤 수치에 대한 공식 지침을 만드는 미국 정부 기관인 국립 콜레스테롤 교육 프로그램을 예로 들어보자. 2008년에 그 지침을 정하는 위원회 위원 9명 가운데 8명은 스타틴(statin, 혈관 내 콜레스테롤 억제제-옮긴이) 제조업체들과 직접적인 관련이 있었다. 스타틴 제조업체들의 경우 위원회에서 목표 콜레스테롤 수치를 낮출 경우 상당한 이익을 보게 되기 때문이다.[21]

물론 그런 이해관계가 꼭 결과에 영향을 주는 것은 아니다. 그러나 사람은 자신에게 먹을 걸 주는 손은 잘 물려 하지 않는다. 그와 관련해 미국 소설가 업턴 싱클레어(Upton Sinclair)는 이런 유명한 말을 했다.

"뭔가를 제대로 이해하지 못한 채 월급을 받는 사람의 경우, 그 뭔가를 제대로 이해하게 만들기란 어렵다."[22]

상대적 위험도 값을 조심하라. 아침 식사 연구에 따르면, 아침 식사를 거를 시 심장병 사망률이 87퍼센트나 오른다. 정말 엄청난 얘기 아닌가! 그러나 실상을 알면 얘기가 아주 달라진다. 아침 식사를 하는 사람들의 경우 2,862명 가운데 415명이 심장병으로 죽었다(10.7퍼센트). 반면에 아침 식사를 거르는 사람들의 경우 336명 가운데 41명이 심장병으로 죽었다(12.2퍼센트). 결국 87퍼센트라는 '상대적' 위험 감소율을 보도하고 있는 언론 매체는 실제로는 훨씬 더 낮은 '절대적' 위험 감소율 1.5퍼센트를 과도하게 부풀리고 있는 것이다.[23] 미국 소설가 마크 트웨인(Mark Twain)은 이런 현상을 이렇게 적절히 묘사했다.

"세상에는 세 가지 거짓말이 있다. 거짓말, 새빨간 거짓말 그리고 통계 수치들."[24]

누가 이런 주장들에 반대하는가? 많은 사람들은 어떤 문제의 한 가지 측면만 대변한다. 예를 들어 앞서 아침 식사 관련 연구를 보도하며 인용됐던 뉴스 기사들 중 반대 주장을 언급한 뉴스 기사는 없었다. 다양한 관점들을 제시해 잘못된 믿음을 만들어낼 위험을 줄여줄 뉴스 자원들이 필요하다.

그러기 위해선 당신이 확인 중인 주장과 반대되는 주장을 연구하는 것이(스스로 생각을 해본 다음에) 한 가지 방법이다. 다시 말해, "아침 식사는 하루 중 가장 중요한 식사다"라는 주장이나 "아침 식사는 하루 중 가장 중요한 식사인가?"와 같은 질문에 대해 조사해보는 게 아니라, "아침 식사는 하루 중 가장 중요한 식사가 아니다"와 같은 주장에 대해 조사해보는 것이다. 그러면 미처 보지 못했던 관점들을 보게 될 것이다.

당신 자신을 속이지 마라. 혹 당신이 읽는 것들을 믿고 싶은가? 그렇다면 조심해야 한다. 아주 조심해야 한다. 당신이 만일 매일 아침 식사를 하고 있다면, 당신은 아침 식사가 하루 중 가장 중요한 식사라고 믿고 있으며 그것을 부정하는 주장들은 무시할 가능성이 높다. 만일 무언가가 우리가 믿고 있는 것과 상충된다면, 우리는 잠재의식적으로 확증 편향을 발동시키게 되며 그것을 증거라 부른다. 그러곤 우리의 신념 체계에 반하는 것은 다 가짜 뉴스라 부른다. 이와 관련해 프랑스 소설가 앙드레 지드(Andre Gide)는 이런 말을 했다.

"진실을 추구하는 사람들은 믿어라. 그러나 진실을 찾는 사람들은 의심하라."

진실을 추구하는 것은 지속적인 과정이다. 즉각적인 답을 찾진 못할 것이다. 대부분의 경우 서로 상충되는 결론들과 보다 불확실한 답들을 찾게 될 것이다. 그러나 편한 상태에서 잘못된 것보다는 편치 못한 상태에서 불확실한 게 더 낫다.

진실은 살아 움직인다

"흡연석이요, 금연석이요?"

유럽 식당에서 종업원이 손님에게 던졌을 법한 질문이다. 그러나 아니다. 때는 1999년이었고, 당시 부모님과 나는 터키항공 비행기를 타기 위해 탑승 수속을 밟고 있었다. 내 부모님은 비흡연 구역 자리를 고르셨다. 현명한 선택이라고 나는 생각했다.

그런데 곧이어 두 가지 사실이 밝혀졌다. 첫째, 연기는 가만히 머물러 있지 않는다. 움직인다. 둘째, 연기는 지속적인 환기가 이뤄지는 비행기 안에선 특히 빨리 움직인다.

그 당시의 비행기 내 흡연 관련 규정들은 지금 생각하면 말도 안 되는 것처럼 보인다. 20년 전이면 아주 최근의 일인데, 대체 어떻게 기내 흡연을 허용하는 게 괜찮은 아이디어라고 생각할 수 있었단 말인가? 비흡연 구역에 앉아 있는 여행객들이 엄청난 간접흡연 피해를 입게 되는 것은 제쳐두고라도, 누군가가 담뱃불을 붙이다 기내에서 화재라도 발생하면 대체 어떻게 하겠다는 것인가?

좀 더 과거로 거슬러 올라가보자. 20세기 초에는 의사와 치과의사들이 거대 담배 회사들의 가장 열렬한 판매원들이어서, 소화는 물론 육체 건강과 스트레스 완화에도 도움이 된다며 담배 홍보를 했다. 예를 들어 한 담배 광고 문구는 이랬다.

"이비인후과 전문의들은 필립 모리스(Philip Morris)를 권합니다."

다음은 또 다른 담배 광고 문구.

"의사들은 그 어떤 담배보다 카멜(Camel)을 많이 핍니다."[25]

오늘날 법으로 규제되고 있는 약물들 가운데 상당수는 한때 가정에서 흔히 쓰인 약물이었다. 그와 관련해 이스라엘계 미국인 소설가 에일렛 월드먼(Ayelet Waldman)은 이렇게 적고 있다.

"20세기 초까지만 해도 헤로인과 코카인은 손쉽게 구할 수 있었고 자주 사용됐다. 그 당시의 아마존닷컴(amazon.com)이나 다름없었던 시어스 로벅(Sears Roebuck) 백화점 카탈로그에는 헤로인이나 코카인용 주사기 및 약병 세트는 물론 편한 휴대용 가방까지 소개되고 있었다. 또한 1929년까지만 해도 코카콜라에 카페인이 들어가지 않았으나, 그 이후 각성제 역할을 한 건 전적으로 카페인이었다."[26]

그 외에 전 세계의 대륙들이 원래는 거대한 한 덩어리였는데 그것이 쪼개져 오랜 시간이 흐르면서 서로 갈라져 이동했다는 대륙 이동설에 대해 생각해보자. 그 이론은 지질학과 무관했던 기상학자 알프레트 베게너(Alfred Wegener)가 내놓은 것이다. 베게너가 그 당시의 학설에 반하는 대륙 이동설을 처음 내놓았을 때, 그는 대륙들은 안정되어 있어 이동하지 않는다고 믿었던 지질학 전문가들 사이에서 조롱의 대상이 되었다. 그들은 베게너가 '지각 이동설' 질환과 '극 이동설' 역병에 걸려 헛소리를 지껄이며 사이비 과학을 퍼뜨리려 한다고 했다.[27] 저명한 미국 지질학자 롤린 토머스 체임벌린(Rollin Thomas Chamberlin)은 아예 대륙 이동설에 대해 알아보려 하지도 않았다. 당시 그는 이렇게 적었다.

"베게너의 이론을 믿으려면 우리가 지난 70년간 배워온 모든 것

들을 잊고 처음부터 다시 시작해야 한다."²⁸

그와 관련해 러시아 화가 바실리 칸딘스키(Wassily Kandinsky)는 이런 말을 했다.

"과학은 원래 그렇게 발전해나가는 겁니다, 체임벌린. 시간이 지나면서 진실이 아니었던 게 진실이 되고, 진실은 진실이 아닌 것이 되고."²⁹

어떤 사람들은 바로 이런 점을 과학을 불신할 수밖에 없는 이유로 보기도 하지만, 나는 오히려 과학을 받아들여야 하는 이유로 본다. 과학을 받아들인다는 게 과학을 무소불위의 기준 같은 걸로 본다는 의미는 아니다. 과학의 이름으로 말한다고 주장하는 사람들은 과학의 가장 큰 적일 수도 있다. 그래서 나는 누군가에게서 "과학의 이름으로 말하건대" 식의 말을 들을 때 민망하기 짝이 없다. 그것은 일종의 지적 횡포다. 호기심 어린 회의론에 불을 지피긴커녕 아예 그걸 꺼버리는 거니까.

고유명사처럼 대문자 S로 시작되는 'science', 즉 과학은 없다. 과학은 잘 알려진 완벽하면서도 확고한 사실들의 집합체가 아니다. 대륙들과 마찬가지로 사실들도 시간이 지나면서 이동한다. 올해 우리가 알고 있던 어떤 사실이 내년이면 변할 수도 있다. 설사 어떤 이론이 인정을 받는다 해도, 새로운 사실들이 밝혀지면서 그것을 수정하거나 완전히 폐기해야 할 수도 있다. 이는 노벨상처럼 가장 큰 과학계의 상들이 어떤 사실들을 밝혀 이미 정립된 이론을 뒤집은 사람들에게 주어지는 이유이기도 하다. 그와 관련해 칼 세이건은 이런 말을 했다.

"과학은 단순한 지식의 집합이라기보다는 훨씬 더 많은 걸 생각하는 하나의 방식이다."[30]

다시 말해 과학은 진실 그 자체가 아니라 호기심 어린 회의론의 한 과정이고 의심의 한 원칙이며 진실을 발견하는 한 방법인 것이다.

과학에선 권위가 아닌 연구를 토대로 어떤 것이 참인지 거짓인지를 결정한다. 과학에선 당신 이름 앞에 얼마나 많은 직책들이 붙든 그것은 중요하지 않다. 명문대 졸업장을 얼마나 많이 갖고 있든 그것도 중요하지 않다. 전문직 면허를 몇 개씩 갖고 있는 것도 중요하지 않다. 그래봐야 당신도 똑같은 과학적 과정을 거쳐야 한다. 당신 자신의 연구 결과를 보여주고, 그것을 입증해 보여야 하며, 다른 사람들로 하여금 당신 연구의 진위를 확인할 수 있도록 해줘야 한다.

미국 이론물리학자 리처드 파인먼이 한번은 물리학 시험에서 한 문제를 틀린 대학생으로부터 편지를 받았다.[31] 그 여학생은 파인먼이 집필한 교과서에서 본 풀이법대로 문제를 풀었는데 오답 판정을 받았고, 그래서 파인먼에게 편지를 한 것이었다. 파인먼은 자신이 틀렸다는 걸 인정하는 답장을 보냈다.

"어째서 그랬었는지 잘 모르겠지만, 어쨌든 내가 실수를 했네요."

그리고 이렇게 덧붙였다. "그런데 학생도 실수한 거예요. 나를 믿었으니."

파인먼의 논지는 간단했다. 뭐든 단순히 교과서에서 읽었다는 이유로 사실로 받아들이지 마라. 설사 그것을 쓴 사람이 리처드 파인먼이라 해도. 그러니까 자신이 읽은 걸 단순히 다른 사람에게 옮기는 데 그치지 않고 의문도 제기해보는 게 배우는 사람이 해야 할 일인 것이다. 1966년에 행한 한 연설에서 파인먼은 이런 말을 했다. "과학에선 전문가들도 무지할 수 있다는 믿음이 필요합니다."[32]

그러면서 그는 '앞선 세대의 가장 위대한 스승들에겐 오류가 없다는 믿음의 위험성'에 대해 경고했다. 이는 반지성주의도 아니고 이성에 대한 공격도 아니다. 무지는 미덕이 아니다. 그러나 우리가 시민으로서의 책임감을 완전히 권위자들에게 넘겨버릴 경우, 또한 스스로 발 벗고 나서서 과학적 증거를 찾거나 이런저런 사실들로 무장하지 않을 경우 우리 스스로를 무력화시키게 된다. 그리고 우리의 비판적 사고 능력은 사용하지 않으면 시간과 함께 점점 위축된다.

과학과 관련해 독점권을 가진 사람은 없다. 과학은 고정된 분야가 아니고 변하는 과정이다. 과학적 탐구는 실험실 안에서만 이뤄지는 게 아니다. 강의실 안에 한정된 것도 아니다. 특정 혈통을 가진 사람들만 할 수 있는 것도 아니다. 필요한 것은 단 하나, 특히 자신의 모든 아이디어들에 대해 회의심 어린 호기심을 가질 수 있는 기민한 마음뿐이다.

사이비 과학자는 옳은 걸 발견하려는 게 아니라 자신이 옳다는 걸 입증하려는 데 모든 노력을 쏟는다. 사이비 과학자는 아이디어들을 객관적으로 알아보려 하지도 않고 부정한다. 모든 것은 완전히 정해져 있다고 생각한다. 실험실도 갖고 있지 않고, 자신의 아이디어들을 입증해볼 장소도 갖고 있지 않고, 다른 사람들에 의해 조작될 수 있는 가설들도 갖고 있지 않다.

사이비 과학자는 애매한 유튜브 채널들에서만 볼 수 있는 게 아니다. 반대 의견을 들으려 하지 않는 정치인들도 전부 사이비 과학자들이다. 의견이 다른 걸 불충이라 믿는 최고경영자들 역시 사이비 과학자들이다. 상충되는 증거 앞에서도 마음을 바꾸려 하지 않는 사람들도 사이비 과학자들이다.

과학에선 변함없는 한결같음은 미덕이 아니다. 자기 확신은 자기기만으로 이어진다. 어떤 주제에 대해 배우는 과정에서 적어도 한 번도 마음이 바뀌지 않았다면 어쩌면 제대로 배운 게 아니다. 5년 전에 또는 심지어 작년에 배운 걸 아직까지 반복하고 있다면, 이제 잠시 멈추고 깊이 생각해봐야 할 때다. 미국 심리학자 겸 작가 티머시 리어리(Timothy Leary)는 이런 말을 했다고 알려져 있다.

"당신이 아직 젊은 건 단지 마지막으로 마음을 바꾼 때까지다."

그렇다고 해서 단순히 마음을 바꾸라는 얘기는 아니다. 적극적으로 마음을 바꾸도록 노력해보란 얘기다. 이런저런 아이디어들을 떠올려보라는 얘기다. 당신 자신이 틀렸다는 걸 입증해줄 정보를 찾아보라는 얘기다. 뭔가 잘못을 했을 때 낙담하지 말라는 얘기다. 오히려 그것을 좋게 생각해야 한다.

그러면서 자유로움을 느끼게 될 것이다. 계속 잘못된 길을 가 당신 자신을 속이거나 당신의 에고를 지키려 정신적 에너지를 소모할 필요가 없다. 그저 호기심 많은 과학자처럼 행동하고 예기치 않은 걸 발견하는 기쁨을 경험하면 된다.

진실은 살아 움직인다. 진실에게는 마지막 휴식처란 없다. 당신이 지금 소중하게 여기는 진실들 중 일부는 훗날 잘못된 것으로 판명 날 것이다. 그 잘못된 진실들의 답이 뭔지 알고 싶은가? 아니면 당신 자신을 정당화시키고 싶은가? 둘 다 할 수는 없다.

어리석은 질문들도 있다

처음 교수가 됐을 때 나는 강의 시간에 가끔 말을 멈추고 이런 질문을 했었다.

"질문 있는 사람 있나?"

십중팔구 손을 드는 학생은 없었다. 그러면 나는 내가 설명을 아주 잘했다고 확신하며 계속 강의를 이어나갔다. 그러나 내 생각은 틀렸다. 시험 답안지를 보면 강의 내용을 제대로 이해하지 못한 학생들이 많다는 게 분명히 드러났으니까.

그래서 나는 한 가지 실험을 해보기로 했다. "질문 있는 사람 있나?"라고 묻는 대신 "이제 질문을 받겠네"라고 했다. 아니면 훨씬 더 효과가 있는 이런 말을 했다.

"방금 살펴본 주제는 좀 헷갈려서 질문 있는 학생이 많으리라 확신하네. 자, 이제 그런 것들을 질문할 좋은 시간이네."

그러자 손을 드는 학생들의 수가 급증했다. 그때 나는 깨달았다.

"질문 있는 사람 있나?"는 참 어리석은 질문이었다는 걸. 자신의 지적 능력에 대해 자부심이 강한 학생들의 입장에서 친구들이 잔뜩 보는 앞에서 뭔가를 이해하지 못했다는 걸 인정하는 게 얼마나 힘든 일인지를 깜빡했던 것이다.

그러다 내가 질문을 바꾸자 학생들 입장에선 손을 들기가 더 쉬워진 것이다. 주제가 어려웠고 그래서 질문이 있을 것으로 예상한다는 걸 분명히 밝혔으니까. 이처럼 질문을 바꾸면서 내가 바란 결과(학생들로부터 더 많은 질문이 있을 것이라는)는 예외적인 일이 아닌 흔한 일이 되어버렸다.

우리는 강의실 밖에서도 내내 어리석은 질문들을 한다. 만일 신입사원에게 "모든 게 잘되어가고 있나?"라고 묻는다면, 당신은 사실 상대의 의견을 묻고 있는 게 아니다. 그냥 당신의 생각 내지 바람을 말하는 것이다. 그러니까 "모든 게 잘되어가고 있으리라 믿네" 정도의 의미인 것. 대부분의 경우 이런 유의 '질문'을 받은 신입사원은 실제 자신이 느끼는 생각을 말하기보다는 당신의 생각 내지 바람을 앵무새처럼 되뇌는 답을 하게 된다.

또한 직원에게 "무슨 문제 없나?"라고 묻는다면 대부분은 없다고 답할 것이다. 문제가 있다는 걸 인정하면 자신의 무능함을 드러내는 꼴이 될까 두려운 것이다. 그러나 이렇게 묻는다면 아마 솔직한 답을 들을 가능성이 더 높아질 것이다. "현재 어떤 문제들이 있는가?" 이는 문제가 있는 게 예외적인 일이 아니라 흔한 일이라는 걸 전제로 하는 질문이다.

연구 결과 역시 이런 접근 방식을 뒷받침해주고 있다. 와튼스쿨이 실시한 한 실험(제목도 그럴싸하게도 '어리석은 질문이라는 것도 있다'였다)에서, 실험 참가자들은 아이팟(iPod)을 판매하는 판매원 역할을 해보라는 요청을 받았다.[33] 그리고 그들은 그 아이팟은 과거에 두 차례 고장이 나 그 안에 저장된 음악이 다 지워진 적이 있다는 말을 들었다. 실험 주최 측은 모의 판매 협상 중에 판매원들이 어떤 질문을 받았을 때 아이팟의 문제점에 대해 솔직히 얘기할 것인지를 알고 싶었다. 주최 측에서는 잠재적 구매자들에게 세 종류의 질문을 하게 했다.

"이 제품에 대해 뭘 말해줄 수 있죠?"

이 질문에 솔직히 문제점을 털어놓은 판매자는 8퍼센트밖에 안 됐다.

"제품에 무슨 문제가 있는 건 아니겠죠?"

이 질문에는 문제점을 털어놓은 판매자 비율이 61퍼센트로 늘어났다.

"제품에 어떤 문제들이 있나요?"

이 질문에는 고장 난 적이 있다는 얘기를 털어놓은 비율이 89퍼센트까지 뛰었다. 앞의 두 질문들과 달리, 이 질문은 아이팟에 문제가 있다는 걸 전제로 하고 있어 판매자들이 쉽게 사실을 털어놓은 것이다.

양자 역학에서 불확정성 원리를 밝혀낸 독일 이론물리학자 베르너 하이젠베르크(Werner Heisenberg)는 이런 말을 했다.

"우리가 관찰하는 것은 자연 그 자체가 아니라 우리의 질문 방법에 스스로를 드러내는 자연이다."[34]

결국 우리가 질문을 바꾸면, 그러니까 질문하는 방법을 바꾸면 그 결과 또한 바뀌게 되는 것이다.

질문을 하며 살아라

나는 하던 일을 잠시 멈추고 단상에 서서 90여 명의 학생들 앞에서 그 여학생을 칭찬해주고 싶었다. 당시 나는 대강의실 안에서 헌법 강의를 하고 있었다. 통상 조항의 복잡한 측면들에 대해 논의하고 있는데, 갑자기 한 여학생이 손을 번쩍 들었다.

"전 아무것도 모르겠어요."

그 학생이 말했다. 아주 당혹스러워하는 게 눈에 보였다.

"완전히 헤매고 있어요."

나는 그 여학생에게 기립박수를 쳐주고 싶었다.

그것은 용기 있는 행동이었다. 그 여학생은 우리 대부분이 엄두도 못 내는 일을 했다. 모른다는 사실을 또는 이해하지 못한다는 사실을 인정한 것이다.

그것은 겸손한 행동이었다. "모르겠어요"라는 이 무서운 말을 내뱉을 때, 우리의 에고는 위축되고 우리의 마음은 활짝 열리며 우리의 귀는 쫑긋 세워진다.

또한 그것은 공감을 불러일으키는 행동이었다. 손을 듦으로써 그 여학생은 자기 자신을 대변했을 뿐 아니라 자신처럼 헤매고 있던 다른 학생들도 대변한 것이니까.

많은 사람들은 이미 자신이 부족하다고 느끼고 있기 때문에, 무지하다는 걸 인정할 경우 자신이 부족하다는 걸 공공연히 확인시켜 주는 걸로 보일 수도 있다. 그래서 우리는 자신이 모른다는 걸 인정하기보다는 아는 척하는 것이다. 다 안다는 듯 어색하게 웃고 고개를 끄덕이며 허세를 부리는 것이다.

우리가 그런 반응을 하는 것은 교육 제도의 영향 때문이다. 만일 시험을 보면서 답안지에 '잘 모르겠습니다'라고 쓴다면 낙제다. 그와 관련해 미국 교육학자 닐 포스트먼(Neil Postman)은 이렇게 적고 있다.

"우리는 학교에서 모든 질문에는 답이 있다고 배웠다. 또한 설사 답이 없거나, 질문을 이해하지 못하겠거나, 질문 자체에 오류가 있거나, 답을 하는 데 필요한 사실들을 알지 못할 때에도 일단 답을 적는 게 좋다고 배웠다."[35]

'빠르다'는 것은 지적 성취에 대해 쓸 수 있는 최고의 찬사들 중 하나다. 그러나 속도가 신뢰성을 보장해주는 것은 아니며, 자신감이 전문 지식을 보장해주는 것도 아니다. 영국 작가 말콤 글래드웰(Malcolm Gladwell)은 자신이 호기심이 많은 것은 아버지의 지적 겸손함에서 비롯된 것이라 보고 있다.

아버지는 당신의 지적 무지를 전혀 부끄럽게 생각하지 않으며, 세상 사람들이 당신을 어리석다고 생각하는 것에 대해서도 전혀 신경 쓰지 않는 분이다. 그래서 뭔가 이해 안 되는 게 있으면 바로 물어본다. 그 질문이 어리석어 보여도 개의치 않는다. 아버지가 만일 버니 메이도프(Bernie Madoff, 최대 규모의 폰지 사기로 많은 투자자들에게 피해를 입혀 투옥됐던 전직 증권 중개인-옮긴이)를 만났다면, 그는 아마 아버지한테서는 절대 돈을 투자받지 못했을 것이다. 아버지는 "이해가 안 돼요"라는 말을 골백번은 했을 테니까. 어눌하고 느린 음성으로 "대체 뭐가 어떻게 돌아간다는 건지 이해가 안 돼요"라고 말이다.[36]

글래드웰의 아버지가 한 질문들은 그를 어리석게 보이게 만들었을지 몰라도, 사실 그 질문들 자체는 어리석은 질문들이 아니었다. 그의 입장에서 "이해가 안 돼요"라는 말은 "이해하고 싶지 않아요"의 의미는 아니었으니까. 그와 관련해 아이작 아시모프는 이렇게 적고 있다.

"지식 또는 모르는 것을 아는 것으로 인한 불확실성은 무지로 인한 불확실성과는 다르다."[37]

행성들이 태양 주변을 돌고 있다는 사실을 알게 될까 두려워 망원경으로 하늘을 관찰하는 걸 거부하는 연극 〈갈릴레오의 삶(Life of Galileo)〉 속의 추기경이 되진 마라. 그리고 이것을 잊지 마라. 질문을 하는 목적은 최대한 빨리 답을 찾는 데 있는 게 아니다. 어떤 질문들은 그냥 사라지지 않는다. 계속 당신 곁에 머물면서 당신을 변화시키고 내면의 당신 자신을 밖으로 끌어내게 되는 것이다.

'너야, 너?'

'이게 네가 원하는 삶이야?'

'만일 내일 죽게 된다면 무얼 하지 않은 게 후회될 거 같아?'

이런 질문들을 놓고, 서둘러 그 답을 찾으려 하지 않고 참을성 있게 기다릴 수 있겠는가? "모르겠다"는 말을 하면 변화를 추구하는 이런 질문들이 계속 곁에 머물며, 그 결과 그 질문들에 대해 생각할 시간을 갖고 뭔가를 배울 수 있게 된다. 이와 관련해 독일 시인 라이너 마리아 릴케(Rainer Maria Rilke)는 이런 말을 했다.

"지금 질문을 하며 살아라. 그러다 보면 아마 서서히, 그리고 자신도 모르는 새, 먼 훗날 그 답을 찾게 될 것이다."

10장
다른 사람들이
보지 못하는 걸 봐라

> 삶에서 영감을 받지 못하고 있다면,
> 제대로 관심을 기울이고 있지 않은 것이다.
> ―인큐(IN-Q, 미국 작곡자), 노래 〈All Together〉 중에서

뻔한 것들의 횡포

1963년 11월 24일 클리프턴 폴러드(Clifton Pollard)는 아침 9시에 일어났다.[1] 일요일이었지만 그는 자신이 일을 하러 가야 할 것이라는 걸 알고 있었다.

그의 아내는 아침 식사로 베이컨 에그를 준비해줬으나, 식사 도중에 전화가 왔다. 폴러드의 직장 상사였고 빨리 와줘야겠다는 전화였다. 그의 상사는 말했다.

"폴러드, 오늘 오전 11시까지 이리 와줄 수 있겠나? 무엇 때문인지는 알 거라 생각하네."

그는 무엇 때문인지 정확히 알고 있었다. 그는 서둘러 아침 식사를 마치고 자신의 아파트를 나섰다. 그런 다음 알링턴국립묘지로

향했다. 그리고 거기서 존 F. 케네디 대통령이 묻힐 무덤을 파며 하루를 보냈다.

존 F. 케네디의 암살 소식은 전 세계 언론에 대서특필됐다. 리 하비 오스왈드(Lee Harvey Oswald)는 누구였나? 왜 재키 케네디(Jackie Kennedy) 대통령 영부인은 그날 종일 피로 물든 분홍색 정장을 벗지 않았나? 공산주의자들은 이 암살 사건에서 어떤 역할을 했는가? 린든 B. 존슨(Lyndon B. Johnson)은 후임 대통령으로서 무엇을 할 것인가? 대부분의 기자들에게는 이런 의문들이 꼭 제기해야 할 뻔한 의문들이었다.

그러나 한 칼럼니스트 지미 브레슬린(Jimmy Breslin)은 그렇게 뻔한 의문들을 제기하는 걸로는 부족하다고 생각했다. 그는 대학 중퇴 후 신문 칼럼니스트가 된 사람이었다. 그에게는 다른 사람들이 보지 못하는 걸 보고 또 뻔하지 않은 관점들을 포착하는 재능이 있었다.

존 F. 케네디의 장례식 날, 브레슬린은 암살 사건을 담당한 다른 대부분의 기자들과 마찬가지로 백악관을 찾았다. 거기에는 이미 수천 명의 기자들이 와 있었는데, 거기서 들을 수 있는 것은 죄다 백악관 측 공식 대변인의 입에서 나온 똑같은 얘기들뿐이었다. 브레슬린은 속으로 생각했다.

'이래 갖고서야 먹고살겠나? 모두 똑같은 얘기만 듣고 있으니.'

그래서 그는 백악관을 나와 강 건너 알링턴국립묘지로 가보기로 마음먹었다. 거기서 그는 무덤 파는 사람 폴러드를 발견했다. 브레슬린은 그와 인터뷰를 했고, 이후 존 F. 케네디의 마지막 안식처를 준비한 사람의 관점에서 암살 이야기를 풀어나가는 칼럼을 썼다. 그리고 그런 독특한 관점 덕에, 브레슬린의 칼럼은 거의 똑같은 결론에 도달하는 거의 똑같은 뉴스 기사들의 홍수 속에서 유독 눈에 띄었다.

"그는 좋은 사람이었습니다."

당시 존 F. 케네디 대통령 얘기를 하면서 폴러드는 말했다. 그리고 이런 말을 덧붙였다.

"이제 곧 사람들이 몰려올 거고, 내가 준비 중인 바로 이 무덤에 그를 안치하겠죠. 이 일을 하는 게 저로선 더없는 영광입니다."

폴러드는 존 F. 케네디의 장례식에 참석하진 않았다. 장례식이 시작될 때 그는 이미 국립묘지의 다른 구역에서 열심히 일을 하고 있었다. 시간당 3달러 정도씩 받고 무덤들을 파면서 미래의 사자들을 위해 안식처를 준비하고 있었던 것이다. (폴러드 자신도 훗날 그 사자들 중 한 사람이 되었다. 그리고 자신이 존 F. 케네디를 위해 판 무덤에서 100발자국 정도 떨어진 알링턴국립묘지에 묻혔다.)

존 F. 케네디의 무덤을 파는 사람에 대한 칼럼은 브레슬린의 대표적인 칼럼이 되었다. 뻔하지 않은 이야기를 포착하는 재능 덕에 그는 이름만 대도 알 만한 유명인이 되었다. 곧이어 그는 퓰리처상을 수상했으며 〈새터데이 나이트 라이브〉에도 출연했다.

독일 철학자 쇼펜하우어의 말을 빌리자면, 재능 있는 사람은 다른 사람들이 맞추지 못하는 과녁을 맞추지만, 천재성이 있는 사람은 다른 사람들이 보지 못하는 과녁을 맞힌다.[2] 그리고 가장 뛰어난 사상가들은 색다른 장소들에서 영감을 구한다. 그러니까 의도적으로 자기 버전의 '백악관 브리핑룸'을 빠져나와 '국립묘지'를 찾아가는 것.

1970년까지도 여행 가방에는 고대의 발명품인 바퀴가 달려 있지 않았었다.[3] 그래서 사람들은 자동차에서 공항 터미널로, 또 다시 비행기로 목적지까지 거대한 여행 가방을 들고 다녀야 했다. 바퀴는 다른 물체들에서 흔히 볼 수 있었지만, 버나드 새도우(Bernard Sadow)가 나타나기 전까지는 그 누구도 여행 가방에 바퀴를 달 생각을 하지 못했다. 새도우는 한 노동자가 바퀴 달린 스키드(skid, 화물 운반에 쓰이는 짐받이대-옮긴이)를 이용해 무거운 기계를 옮기는 걸 보고 영감을 얻어 같은 방법으로 수하물을 옮겨보기로 했다. 그렇게 해서 생겨난 게 바로 바퀴 달린 여행 가방이다.

이제 넷플릭스가 탄생한 과정을 살펴보자.[4] 1997년에 넷플릭스 공동 창업자 리드 헤이스팅스는 소프트웨어 개발자였다. 그는 대여한 비디오 테이프 〈아폴로 13(Apollo 13)〉을 엉뚱한 곳에 놔뒀다가 반납이 늦어져 많은 연체료를 물게 됐다. 그리고 헬스클럽에 가는 길에 한 가지 영감이 떠올랐다. 대부분의 헬스클럽들과 마찬가지로 그가 다니던 헬스클럽 역시 회원제로 운영되고 있었다. 그는 이렇게 회상한다.

"한 달에 30달러 내지 40달러를 내면, 많든 적든 원하는 만큼 운동을 할 수 있었죠."

결국 그 영감이 씨앗이 되어 넷플릭스가 생겨나게 된다.

단순히 다른 사람들이 보지 못하는 것을 보는 걸로 그치지 마라. 다른 사람들이 보지 못하는 방식으로 보도록 하라. 바퀴를 이용하면 무거운 물체들을 움직일 수 있다는 걸 아는 사람들도 많고, 피트니스 업계에서 회원제 사업 모델이 널리 쓰인다는 걸 아는 사람들도 많다. 그러나 그 누구도 새도우와 헤이스팅스처럼 바퀴와 회원제 사업 모델을 활용할 생각은 하지 못했다. 두 사람은 다른 사람들이 다 놓친 걸 봤는데, 그것은 그들이 세상을 그저 수동적으로 관찰한 사람들이 아니었기 때문이기도 하다. 두 사람은 한 분야에서 쓰인 아이디어가 전혀 다른 분야에서 어떻게 쓰일 수 있는지에 대해 자기 자신에게 적극적인 질문들을 해댔다.

"보는 방법을 아는 것이 발명의 한 방법이다."[5]

스페인 화가 살바도르 달리(Salvador Dali)의 말이다. 뻔하지 않은 아이디어들을 찾으려면, 평범해 보이는 것들 속에서 평범하지 않은 것들을 찾도록 하라. 삶에는 영감을 주는 것들이 차고 넘치지만, 우리는 내내 우리 버전의 백악관 브리핑룸 안에서 보내느라 바빠 미처 그것들을 보지 못한다. 그러니 브리핑룸을 떠나 세상 속으로 들어가라. 그래서 다른 모든 사람들이 간과하고 있는 당신 버전의 무덤 파는 사람을 찾아라.

당신이 만나는 모든 사람들이 당신의 스승이다. 낯선 사람들이 낯선 지혜를 보여준다. 그들은 당신이 알지 못하는 흥미로운 걸 알고 있으며, 그것은 결코 뻔한 것이 아니다. 그런 걸 찾아라. 마치 숨바꼭질을 한다고 생각하라. 형식적인 얘기들은 건너뛰고 이런 질문들을 해보라.

"최근 들어 흥미를 느낀 일은 무엇인가요?", "당신이 갖고 있는 특이한 취미나 관심은 무엇인가요?", "현재 하고 있는 가장 흥미로운 일은 무엇인가요?"(지금 나는 존 F. 케네디의 무덤을 파고 있습니다.)

다른 모든 사람들은 보지 못하는 걸 찾아내게 되는 것은, 그리고 최종적인 목표를 찾아내게 되는 것은 늘 낯설고 특이한 장소들에서뿐이다.

편리한 것들의 횡포

> 스스로 생각하라.
> 안 그러면 다른 사람들이 당신에 대한 생각 없이,
> 당신 대신 생각하게 될 것이다.
> —무명씨

요즘에는 정교한 컴퓨터 알고리즘들이 사람들에게 가장 좋아할 만한 것들을 개인 맞춤식으로 골라 추천해준다. 그런데 그런 컴퓨터 알고리즘들은 우리의 시야를 넓혀주기는커녕 우리의 선호도를 파악해 우리의 구미에 맞추는 데 급급하다. 물론 다른 옵션들을 찾기 위해 우리가 직접 여기저기 뒤져볼 수도 있지만, 우리의 시간과 에너지는 한정되어 있다. 그래서 예를 들어 넷플릭스에서 우리는 바로 '가장 인기 있는' 리스트를 참고해 범죄 다큐멘터리 〈타이거 킹(Tiger King)〉을 탐닉하기 시작한다. 그렇게 시간이 지나면서 우리의 관심 폭은 줄어들고 우리의 지적 시야는 좁아진다.

게다가 우리는 다음에 무엇을 볼 것인지를 고민하지 않아도 된다. 스트리밍 서비스들이 자신들의 컴퓨터 알고리즘을 통해 우리가 무엇을 좋아하는지 알아내 새로운 프로그램을 자동으로 선정해줘 우리의 부담을 덜어주기 때문이다.

"이것 봐요, 이번엔 〈매치메이킹 인디아(Indian Matchmaking)〉를 봐요."

이런 컴퓨터 알고리즘들의 경우 질은 개의치 않는다. 중요한 것은 당신의 관심뿐. 당신의 관심을 끌고 그 관심을 계속 잡아두는 것뿐. 우리 세대에서 가장 머리가 좋은 사람들 가운데 일부가 당신이 계속 보고 계속 클릭하고 계속 머물게 하는 데 자신들의 시간 대부분을 쏟고 있는 것이다.

또한 이런 컴퓨터 알고리즘들은 단순히 트렌드를 체크하고 있는 게 아니다. 트렌드를 만들어내기도 한다. 당신을 위한 맞춤형 현실을 만들어내, 당신이 세상을 보는 방식뿐 아니라 당신 자신을 보는 방식에까지 영향을 미치게 한다. 다른 것들보다 수익성이 더 좋은 것들의 우선순위를 정함으로써, 그러니까 어떤 노래나 영화, 책 또는 팟캐스트를 앞 페이지에 놓을 건지를 결정함으로써, 당신이 보는 것과 당신이 읽는 것 그리고 당신이 관심을 기울이는 것들에 영향을 주는 것이다.

이런 편리함을 누리는 대가로 우리는 선택의 자유를 잃게 된다. 지적 자유도 없이 감옥에 갇힌 꼴이 되는 것인데, 우리는 그런 사실조차 깨닫지 못한다.

이런 상황은 편리한 컴퓨터 알고리즘뿐 아니라 다른 모든 편리한 것들에도 적용된다. 매순간 엄청나게 많은 콘텐츠가 쏟아져 나오는 속에서 우리는 톱 10 리스트, 베스트셀러들, 블록버스터들 등에 의존한다. 가장 핫한 주식, 가장 핫한 직장, 가장 핫한 가상화폐 등등 우리는 늘 가장 핫한 것들을 찾는다. 인기 있는 것이 품질도 좋은 것이라 믿는다. 수요가 많은 것이 분명 수요가 없는 것보다 나을 테니까.

그러나 인기가 있다는 게 더 낫다는 의미는 아니다. 인기가 있다는 것은, 그저 다수의 사람들이 다른 것보다 그것을 더 좋아한다는 의미일 뿐이다.

게다가 상당수의 경우 다수의 사람들이 인기를 결정하는 것도 아니다. 출판사들은 책들이 서점에 깔리기도 전에 이미 어떤 책들이 성공할 가능성이 큰지를 결정해, 그 책들에 많은 마케팅 비용을 쏟아붓고 지역 서점들에서도 맨 앞쪽이나 중앙에 진열하려 한다. 음반 회사들 역시 어떤 노래들을 가장 라디오 방송을 많이 타게 할 것인지를 미리 결정해, 음악 DJ들은 선택권이 거의 없게 된다. 또한 온라인에서 미디어를 찾을 때 컴퓨터 알고리즘들은 대개 이미 잘 팔리는 책과 영화와 앨범들을 보여준다. 그 책과 영화와 앨범들은 더 많이 노출되고 더 많은 사람들이 찾게 되면서 훨씬 더 잘 팔리게 된다.

그 결과 악순환이 일어나게 된다. 그와 관련해 저널리스트 알렉산드라 알터(Alexandra Alter)는 이런 말을 했다.

"베스트셀러들은 베스트셀러이기 때문에 가장 잘 팔린다."[6]

신문사들도 비슷한 방식으로 운영된다. 그들은 어떤 기사들이 많이 읽히고 공유되는지, 또 어떤 기사들로 인해 사람들이 정기구독을 하는지를 면밀히 추적 관찰한다.[7] 그래서 인기가 덜한 기사들보다는 '클릭률(click-through rate, CTR)'이 높은 기사들을 더 중시한다. 캐나다에서 가장 인기 있는 신문들 중 하나인 〈글로브 앤드 메일(The Globe and Mail)〉의 전직 편집자 앤드류 고램(Andrew Gorham)은 신문 업계에서 널리 쓰이는 접근 방식을 이렇게 설명한다.

"기사 분석을 보고 이렇게 말합니다. '오, 이런! 이 기사가 클릭률이 높네. 이걸 앞으로 보내지. 이걸 띄워. 페이스북에 공유하고 홈페이지로 보내고 뉴스 특보도 내보내고 뉴스레터에도 실어'."

그리고 이런 말을 덧붙인다. "바로 즙을 짜내지 않으면 증발해버리거든요."

인기 있는 것들을 이렇게 마구잡이로 짜내 쓰는 일에는 큰 대가가 따른다. 우리의 삶이 마치 인기 있는 아이들이 훨씬 더 많은 인기를 받게 되는 중학교 시절의 인기 콘테스트 장처럼 변질되어버리기 때문이다. 사람들이 인기 있는 것들에 더 많이 노출될수록 우리의 현실은 더욱더 왜곡된다. 그리고 기존의 믿음들에 이의를 제기하는 인기 없는 주장들은 모두 너무 쉽게 논외의 대상이 되어버린다. 독립적인 저널리스트들은 설 자리를 잃게 된다. 대규모 플랫폼을 이용하지 못하는 저자들은 출판 계약을 맺는 것조차 힘들어진다.

어떤 아이디어가 인기를 끌게 될 때쯤이면 그것은 더 이상 참신한 아이디어가 아니다. 모든 플랫폼에서 클릭 수를 올리기 위해 똑같은 아이디어, 똑같은 이야기, 똑같은 한 줄짜리 제목(낚시성으로 살짝 바꾼 제목)들을 반복 사용하기 때문이다. 인기 있는 아이디어들은 유행처럼 삽시간에 번져 도처에서 같은 티셔츠가 눈에 띄게 된다. 베스트셀러 책들이 남들의 이목을 끌기 위한 장식물이 되어버린 이유이기도 하다. 그래서 가끔 읽기 위해 책을 사는 게 아니라 자신이 그런 타입의 책을 사는 그런 타입의 사람이라는 메시지를 전하기 위해 책을 산다. 그런 다음 그 책은 책꽂이에 장식처럼 꽂히게 된다.

무라카미 하루키의 말을 빌리자면, 다른 모든 사람들이 소비하는 걸 소비하면 다른 모든 사람들이 생각하는 것처럼 생각하게 된다. 다시 말해, 당신이 다른 많은 기자들과 함께 백악관으로 몰려가 같은 질문들에 대한 같은 답들을 듣는다면, 당신은 다른 모든 기자들과 똑같은 이야기를 쓰게 되는 것이다.

범상치 않은 아이디어들은 사람들에게 무시당한 아이디어들에서 나오는 경우가 많다. 그리고 무시당한 아이디어들은 〈뉴욕타임스〉 1면에 당당하게 모습을 드러내지도 못한다. (그렇게 된다면 무시당할 일도 없지만.) 만일 다른 셰프들보다 더 눈에 띄는 셰프가 되고 싶다면 아예 다른 재료들로 요리를 하든가, 아니면 다른 셰프들은 사용한 적 없는 방식으로 재료들을 섞어 써야 한다.

편리한 것들의 횡포를 피하자고 급격한 변화를 꾀할 필요는 없다. 그러니까 갑자기 베레모를 쓴다거나 무슨 특이한 음악을 듣는다거나 예술 영화만 봐야 하는 것은 아니다. 그보다는 그저 소비하는 것에 대해 목적의식 같은 걸 가지기만 하면 된다. 즉 다른 사람들에게 선택을 맡기지 않고 직접 선택하면 되는 것이다.

그러려면 당신은 컴퓨터 알고리즘의 편리함에 익숙해진 대부분의 사람들이 답하기 힘든 다음과 같은 단순한 질문들에 스스로 답해야 한다.

'난 실제 뭘 배우고 싶은 건가? 다른 사람들이 아닌 나 자신이 관심을 보이는 건 무엇인가?'

당신 자신이 뭘 배우고 싶은지 알고 나면 그다음엔 덜 편리한 정보 출처들의 도움을 받아보라. 아직 실현되지 못한 기발한 아이디어들을 찾아보라. 혁신을 이끄는 학계의 논문들을 뒤져보라. 아직 지지하는 사람들이 없는 과학적 발견들을 찾아보라. 이제는 일반 대중의 관심에서 멀어진 영화들을 보라. 한때 대단한 영향력이 있었지만 지금은 절판된 책들을 뒤져보라. 그러니까 아마존의 '킨들 무제한(Kindle Unlimited)'에도 없고 도서관과 헌책방에서나 찾을 수 있는 책들 말이다.

늘 컨트리 뮤직에 대해 더 많은 걸 배우고 싶었는가? 그렇다면 미국 영화감독 켄 번스(Ken Burns)가 제작한 뛰어난 컨트리 뮤직 관련 다큐멘터리 영화를 보라. 영화 제작의 창의적인 과정에 대해 더 많은 걸 배우고 싶은가? 그렇다면 영화감독 로버트 로드리게스(Robert Rodriguez)가 영화 제작자들과 인터뷰를 하는 토크쇼 프로그램 〈디렉터즈 체어(The Director's Chair)〉를 보라. 내가 좋아하는 TV 프로그램들 중 하나지만, 잘 알려지지 않은 텔레비전 네트워크인 엘 레이(El Rey)에서 방송되고 있어 들어본 적이 없을 수도 있다.

규모가 작은 개인 서점으로 걸어 들어가, 베스트셀러 코너를 건너뛴 채 뜻밖의 즐거움을 안겨주는 좁은 통로를 돌아다니며 다음에 읽을 책을 찾아보라. 선반에서 아무 책들이나 끄집어내 대충 읽어보고 마음에 와닿는 책들을 사라.

서브스택(Substack, 유료 구독 뉴스레터 플랫폼-옮긴이)에 올라온 독립 저널리스트들의 글을 읽어보라. 아니면 잡지 매점을 찾아가 한 번도 사본 적 없는 잡지를 한 권 사보라.

그렇다. 물론 추천해주는 것을 그저 받아들이는 것은 편하다. 그러나 불편을 감수할 때 비로소 다양한 정보를 찾을 수 있고, 그 결과 사고의 지평을 넓히고 상상력을 키울 수 있다.

새로운 것들의 횡포

2019년 인스타그램은 폭탄선언을 했다. '좋아요 수'를 없애는 실험을 하려 한다는 발표를 한 것이다.[8] 그러니까 이제 사용자들은 얼마나 많은 사람들이 자신의 최신 셀피(selfie, 스마트폰 등으로 찍은 자신의 사진-옮긴이)에 '좋아요'를 눌렀는지 보여주는 하트 모양의 작은 표시를 더 이상 볼 수 없게 된다는 얘기였다.

그런 변화를 시도한 이유는? 인스타그램의 최고경영자 애덤 모세리(Adam Mosseri)에 따르면, '압박감을 느낄 여지를 덜어주기 위해서'였다.

"우리는 사용자들이 인스타그램에서 경쟁심 같은 걸 느끼게 하고 싶지 않습니다."

덜 이타적인 차원에서 보더라도, 그 조치로 각 포스트에 최대한 많은 '좋아요'를 받아야 한다는 압박감이 줄어들게 되고, 그 결과 잠재적인 수입원들 중에 1일 활동이 늘게 되어 더 많은 사람들이, 더 자주 인스타그램에 포스팅을 할 걸로 예측됐다.

하지만 '좋아요'를 없앤다는 소식에 대한 많은 인스타그램 인플루언서들의 반응은 아주 냉랭했다. 인플루언서에게 '좋아요'는 곧 돈이다. 기업들이 인플루언서에 대한 후원 계약을 할 때 주로 감안하는 게 겉으로 드러난 '좋아요' 수이기 때문이다. 그런데 인스타그램의 실험으로 이제 그 '좋아요' 수를 알 수 없게 된 것이다.

인스타그램의 그 발표로 많은 인스타그램 인플루언서들은 절망 상태에 빠졌다. 그들은 인스타그램을 보이콧한다고 위협했고 분노에 찬 자신들의 모습을 동영상으로 만들어 올렸다(아이로니컬하게도 인스타그램에). 멜버른에서 활동 중인 한 인플루언서는 이렇게 적었다.

"그간 내 피와 살과 눈물을 여기에 갈아 넣었는데, 그걸 다 뺏어가려 하네요. 죽을 맛인 건 저뿐만이 아닙니다. 내가 아는 모든 브랜드와 기업들도 죽을 맛일 겁니다."[9]

인스타그램 같은 플랫폼에 회원 가입할 때 당신은 파우스트적 거래(Faustian bargain, 파우스트가 자신의 영혼을 팔아먹었다는 악마와의 거래-옮긴이)를 하게 된다. 하루 종일 그 플랫폼을 드나드는 많은 사용자들과 세련된 디자인을 이용하는 대가로, 모든 통제권을 그 중개자인 플랫폼에 넘긴다는 데 동의하는 것이다. 따라서 플랫폼 측은 일방적으로 각종 정책들을 바꿀 수도 있고, '좋아요' 수를 없앨 수도 있으며, 자신들이 하고 싶은 것은 뭐든 다 맘대로 할 수 있다. 설사 그 결과로 사용자인 당신의 사업이나 영향력이 끝장난다 해도 말이다.

우리는 새로운 것에 아주 잘 적응한다. 진화론적 관점에서 보면 그것은 그럴 만한 이유가 있다. 환경에 변화가 생기면 잠재적인 위협이 될 수도 있다. 당신 집 앞에 못 보던 낯선 밴이 주차해 있으면 금방 눈에 띄지만 허구한 날 지나다닌 낯익은 나무는 눈에 들어오지 않는 것도 바로 그 때문이다.

많은 사람들이 발전하려면 새로운 걸 받아들여야 한다고 생각해 이런 말들을 한다. "트위터에서 팔로워를 늘려요! 모든 일들이 거기서 일어나니까.", "클럽하우스(Clubhouse, 음성 기반의 소셜 미디어-옮긴이)에 회원 가입해 지혜의 폭탄들을 투하해봐요.", "스냅챗(Snapchat)은 무슨 일이 있어도 이용해야 해요.", "페이스북과 인스타그램은 끝났어요. 이제 대세는 틱톡(TikTok)이에요."

새로운 것은 눈에 띄며, 눈에 띄는 것은 대개 효과가 있다고 여겨진다. 그러나 소셜 미디어가 사람들을 유명해지게 만드는 경우란 드물다. 이미 얼마나 유명한지를 반영할 뿐이다.

게다가 새로운 것은 오래가지 않는다. 매일 인스타그램에 포스팅되는 9,500만 개의 사진과 동영상들은, 그리고 매일 공유되는 5억 개의 트윗들은 그 수명이 대체 몇 분의 1초나 될까?[10] 우리는 뭔가를 보고 좋아하고 바로 잊어버린다. 그런데도 우리는 늘 순식간에 사라지는 그것들을 좇아다닌다.

오늘 인기 있던 것이 내일이면 잊힌다. 당신이 하는 일이 최신 유행에 영향을 받게 된다면 당신의 그 일은 수명이 짧아지게 된다. 수명이 긴 일들에 투자하는 게 중요하다. 이를 나는 '조지 클루니 효과(George Clooney effect, 후광 효과)'라 부른다. 우리의 삶에서 어떤 것들은 수명이 긴 것이 단점보다는 장점이다. 다음은 아마존 창업자 제프 베이조스(Jeff Bezos)가 자주 하는 말이다.

"나는 이런 질문을 자주 받습니다. '앞으로 10년 후엔 어떤 것들이 변할까요?' 그러나 이런 질문은 거의 받지 못했습니다. '어떤 것들이 앞으로 10년 후에도 변하지 않을까요?'"[11]

앞으로도 변하지 않을 것들, 그러니까 심지어 앞으로 10년 후까지도 사람들이 여전히 관심을 보이고 여전히 사용할 것들에 투자하는 게 현명하다.

내가 온라인 플랫폼을 선보인 2016년에, 나는 나 자신에게 똑같은 질문을 했었다. '어떤 것들이 변하지 않을까?' 내 시간을 소셜 미디어에서 팔로워를 늘리는 데 쓰고 싶다는 유혹도 느꼈었다. 어쨌든 소셜 미디어는 아주 대중적인 것이었고, 사람들은 '좋아요'와 팔로워 수를 인기와 동일시하는 경향이 있었으니까. 게다가 어떤 사람의 이메일 주소를 알아내는 것보다는 소셜 미디어에서 그 사람을 새로운 팔로워로 받아들이는 게 훨씬 더 쉬웠으니까.

그럼에도 나는 소셜 미디어의 편리함과 가시성을 포기하는 대신 블로그를 시작했으며 이메일 목록을 늘리는 데 집중하기로 마음먹었다. 현재 나는 미디엄(Medium) 같은 제3의 플랫폼이 아닌 나 자신의 웹사이트에서 그 블로그를 운영하고 있다. 그리고 나의 이메일 목록에 있는 사람들에게 매주 소식지를 보내고 있으며, 제3의 플랫폼이 나와 내 고객들의 관계를 좌지우지하지(심한 경우 전부 뺏어가지) 못하게 하고 있다.

말하자면 이렇다. 내가 내 플랫폼을 운영하는 데 활용 중인 서비스들, 그러니까 주로 웹과 이메일 서비스는 조만간 다른 데로 가지는 않는다. 웹과 이메일 모두 1990년대 이래 대중적으로 쓰이고 있다. 또한 미국인 사용자들이 수백만 명씩 페이스북을 탈퇴했지만, 이메일 사용을 중단한 미국인 사용자들은 거의 없다.[12]

오늘날 가장 핫한 서비스들은 영원무궁할 것 같지만 현실은 그렇지 못하다. 프렌드스터(Friendster), AOL 인스턴트 메신저(AOL Instant Messenger), 마이스페이스(Myspace), 바인(Vine) 등을 기억하는가? 엄청난 인기를 누리던 서비스들이지만 모두 사라졌다. 지금 우리는 사람들이 왜 그 서비스들에 그렇게 열광했었는지 기억조차 하지 못한다.

그런 종류의 기술들과 그 변덕스런 사업 모델들은 오늘 있다가 내일 사라지는 특성을 갖고 있어 전면적인 투자를 하기엔 적절치 않다. 물론 여러 곳에 투자를 분산하고 오랜 시간이 지나도 건재한 서비스들에 주로 투자한다면 괜찮다. 그러나 팔로워들에 다가가기 위해 전적으로 인스타그램에 의지한다면 그것은 가진 돈을 몽땅 한 가지 주식에 투자하는 것이나 다름없다. 재앙을 자초하게 될 것이다.

우리가 새로운 것들에 끌리는 데는 또 다른 잘못된 추정도 한몫한다. 어떤 아이디어가 '혁신적'인 것이 되려면, 그리고 '혁신적'이란 말을 들으려면 새로워야 한다는 추정. 그런데 내가 처음 집필을 시작했을 때 그런 추정은 전혀 힘을 쓰지 못했다. 뭔가 '새로운' 아이디어를 떠올렸다고 생각할 때마다, 알고 보면 결국 이미 다른 누군가가 그 아이디어를 썼기 때문이다. 그때마다 나는 그 아이디어를 버리고 찾기 힘든(그리고 찾았다고 생각한 순간 사라지는) 독창적인 아이디어를 찾으려 애썼다. 그러나 독창적이라고 해서 꼭 새로운 것은 아니다.

"무엇을 어디서 가져왔는가보다는 그것을 어디로 가져가느냐가 중요하다."[13]

프랑스 영화감독 장뤼크 고다르(Jean-Luc Godard)의 말이다. 다시 말해 이미 존재하는 아이디어에 당신의 견해를 더하면, 즉 당신 자신의 독특한 관점을 더하면 그 아이디어는 독창적인 것이 된다는 것이다. 그 누구도 당신의 두 눈으로 세상을 볼 수는 없다.

"단 한 문장이라도 진실한 문장을 써라."[14]

글이 써지지 않을 경우에 대한 헤밍웨이의 해결책이다. 당신 자신의 목소리를 찾는 열쇠이기도 하다. 진실을 말한다면, 그러니까 실제로 보고 느끼고 생각하는 그대로 말한다면 그 말은 당신만의 말이 될 것이다.

'기시감(deja vu)'이라는 말을 들어봤을 것이다. 낯선 장소나 환경에 와 있는데 마치 전에 와본 적이 있는 듯 낯익게 느껴지는 경우를 가리킨다. 이에 반대되는 '미시감(jamais vu)'이라는 말도 있는데, 뭔가 낯익은 걸 보고 있는데 마치 처음 보는 듯 새롭게 느껴지는 경우를 가리킨다.

미시감은 창의력의 열쇠다. 많은 독창적인 아이디어들은 영감을 구하기 위해 뒤를 돌아다보고 오래된 것에서 새로운 것을 찾는 데서 생겨나며, 또한 무언가를 다른 사람들이 보지 못하는 방법으로 보는 데서 생겨난다. 그와 관련해 미국 작가 윌리엄 데리지위츠(William Deresiewicz)는 이렇게 말한다.

"오래된 예술 작품들은 단지 오늘날 만들어진 게 아니라는 이유 때문에 오늘날 널리 받아들여지는 지혜와 다른 입장을 취한다."[15]

예를 들어 특정 주제와 관련해 오래된 책들은 베스트셀러 코너에 있는 요즘의 가장 핫한 책들과는 다른 관점을 취한다. 그러니 진화에 대해 알고 싶다면 최근 나온 책들 대신 찰스 다윈의 《종의 기원》을 읽어보라. 반짝거리고 새로운 것들에만 집중하느라 다른 사람들이 놓친 통찰력을 발견하게 될 것이다.

뒤를 돌아본다는 것은 과거에 이미 읽은 책들을 다시 읽는다는 의미이기도 하다. 책을 다시 읽는 것은 시간 낭비가 아니다. 책을 다시 집어 들 때마다 그것을 읽는 나는 새로운 사람이다. 책은 변하지 않았다. 그러나 나는 변했다. 삶을 좀 더 산 시점에서 책을 읽음으로써, 예전에는 놓쳤던 세세한 부분들이 보이고 잘 연결되지 않던 내용들도 서로 연결된다.

그러니 "새로운 게 뭐야?" 이런 질문만 하진 마라. "뭐가 오래됐어? 뭐가 10년 후쯤에도 그대로 있을까?" 이런 질문을 하라. 만일 당신의 목표가 오래갈 아이디어를 만드는 것이라면 조지 클루니 효과를 잊지 마라. 그리고 오래가는 것들에 집중하라.

잘 알려진 문구들의 횡포

로버트 프로스트(Robert Frost)의 〈가지 않은 길(The Road Not Taken)〉은 모든 시대를 통틀어 가장 인기 있는 시들 중 하나다. 시 제목만 보곤 잘 기억나지 않는다 해도, 아마 다음 마지막 연을 보면 기억날 것이다.

> 훗날에 먼 훗날에 어디선가
> 나는 한숨 쉬며 말하겠지.
> 숲속에 두 갈래 길이 있었다고, 그리고 나는…
> 사람들이 덜 지나간 길을 택했고,
> 그리고 그로 인해 모든 게 달라졌다고.[16]

이 시는 자동차 범퍼 스티커부터 기내 쇼핑 카탈로그 포스터에 이르는 모든 곳에서 개인주의와 자기 결정권에 대한 증언처럼 인용된다. 우리가 갈 길은 다른 사람들이 선택하는 게 아니라 우리 자신이 선택한다는 것이다.

이 시와 관련해 놀라운 것은 그 인기가 아니다. 놀라운 것은, 이렇게 인기 있는 시가 어떻게 내용과 해석이 그렇게 왜곡될 수 있느냐

하는 것이다.

이 시를 자세히 들여다보면 사람들이 종종 놓치는 미묘하면서도 중요한 사실들이 드러난다. 시의 전문을 읽어보면 앞부분에선 오가는 사람들이 많아 실은 두 길이 "거의 똑같게(really about the same)" 다져져 있었다고 쓰여 있다. 그런데 다음 연에선 두 길이 "똑같이 아무도 밟지 않은 낙엽들로 덮여 있었다(equally lay in leaves no steps had trodden black)"라고 쓰여 있다. 다시 말해 어느 쪽 길도 사람들이 더 많이 지나가거나 더 적게 지나가지 않았고, 그래서 어느 쪽 길을 택하든 결국 거의 같다는 얘기가 된다. 결국 여행자는 사람들이 덜 지나간 더 나은 길을 택했다고 생각했지만, 그 생각은 자기 착각에 지나지 않았던 것이다. 역대 가장 심한 아이러니들 중 하나지만, 자기 착각에 대한 이 시로 인해 아주 광범위한 착각이 생겨난 것이다.

나도 한때 그런 착각을 퍼뜨리는 데 일조했었다. 대학 신입생 시절 영어 수업 시간에 프로스트의 그 시를 선택적으로만 인용했던 것. 그때 고맙게도 교수가 그 시를 제대로 이해하지 못한 채 잘못 인용하지 말고, 잠시 시간을 내 직접 전문을 다 읽어보라는 조언을 해줬다. 다른 많은 사람들과 마찬가지로 나 역시 직접 그 시를 다 읽어보지도 않고 잘 알려진 짧은 문구만을 맞지도 않는 상황에 인용한 것이다. 시와 관련해 잘못된 정보는, 그리고 또 일반적으로 잘못된 정보는 이런 식으로 확산되는 경우가 많다.

시간을 내 직접 듣고 읽고 각종 사실들을 대충 훑어보지도 않은 채, 우리는 입에서 입으로 옮겨가며 필히 그 내용이 왜곡될 수밖에 없는 잘 알려진 문구 등을 인용하는 것이다. 그리고 사람들 사이에 널리 알려지고 리트윗될 때마다 왜곡은 점점 더 심해진다. 그러니까 어떤 저자의 작품을 다른 저자가 해석하고 그것을 또 다른 저자가 재해석하는 식이 되는 건데, 그때마다 왜곡이 점점 더 심해지는 것이다.

언젠가 한 풍자적인 웹사이트에서 다음과 같은 제목의 글을 올린 적이 있다. '연구: 페이스북 사용자의 70퍼센트는 과학 관련 글에 제목만 보고 덧글을 단다.'[17] 거의 20만에 가까운 사람들이 어떻게 했다고? 소셜 미디어상에서 그 글을 공유했는데, 그들 중 상당수가 아예 그 글을 읽지도 않았다는 것이다. 그걸 어떻게 아냐고? 직접 클릭해 그 글을 읽어본 사람들이라면 그게 가짜라는 걸 금방 알았을 것이고, 그렇다면 공유하지도 않았을 테니까. 그 글 안에 제대로 된 영어 문장은 단 두 개뿐이었다. 그 나머지는 아무 의미 없는 단락들로 채워져 있었던 것이다.

미국 역사상 최악의 오피오이드(opioid, 마약성 진통제-옮긴이) 확산 사태들 중 하나도 글을 다 읽지 않은 데서 비롯됐다. 1980년 허셜 직(Hershel Jick) 박사는 〈뉴잉글랜드 의학 저널〉의 편집자에게 다섯 문장으로 된 편지를 썼다.[18] 보스턴대학교 메디컬 센터의 의사였던 직 박사에게는 병원 기록들이 담긴 데이터베이스가 있었는데, 그 속에는 얼마나 많은 입원 환자들이 진통제 치료 후 약물 중독에 걸렸는지에 대한 정보도 담겨 있었다. 그 편지에서 그는 오피오이드 진통제 치료 후 약물 중독 사례는 드물다고 적었다.

직 박사의 편지는 비공식적인 것이었고, 그의 연구 대상은 약물 중독 경험이 없는 입원 환자들로 제한되어 있어 그 연구 결과 역시 제한된 것이었다. 그의 편지는 〈뉴잉글랜드 의학 저널〉의 서신 왕래 코너에 실렸고 동료 심사도 받지 않은 상태였다. 직 박사 자신은 해당 연구가 자신이 해온 많은 연구들 가운데 그 중요성이 가장 낮은 수준이라면서, 자신이 보낸 문제의 편지 또한 대수롭지 않게 여겼다.

사실 그 편지는 처음엔 별 관심도 끌지 못했다. 그러다 공개된 지 10년 후쯤 갑자기 엄청난 관심을 끌게 된다. 1990년 〈사이언티픽 아메리칸(Scientific American)〉에 실린 한 논문에서 모르핀이 중독성이 없다는 주장을 뒷받침할 목적으로 '광범위한 연구' 운운하며 다섯 문장짜리 그 편지가 언급됐다.[19] 1992년에는 시사주간지 〈타임(Time)〉에서 아편 중독에 대한 두려움은 '기본적으로 불필요한' 두려움이라는 걸 보여줄 목적으로 '기념비적인 연구' 운운하며 다시 또 그 다섯 문장짜리 편지가 언급됐다. 마약성 진통제 옥시콘틴(OxyContin)을 만든 미국 제약 회사 퍼듀 파마(Purdue Pharma) 측은 오피오이드 치료약을 사용한 환자들 중 약물 중독 증상을 보인 것은 1퍼센트도 안 된다고 주장하면서 직 박사의 그 편지를 언급하기 시작했다. 그리고 그런 주장을 토대로, 미국 식품의약국(FDA)은 옥시콘틴이 통증 관리에 합법적으로 쓰일 경우 중독 증상이 나타날 가능성이 아주 낮다는 옥시콘틴 라벨 내용을 승인했다.[20]

이런 식의 '전화 게임(game of telephone, 첫 사람이 한 말을 계속 귓속말로 이어가며 전달하는 게임으로, 처음 한 말이 여러 사람을 거치면서 엉뚱하게 바뀌는 경우가 많다-옮긴이)'을 통해 직 박사의 편지에 적힌 연구 결과는 계속 변질되고 잘못 전달되었다. 그 연구 결과는 병원에서 오피오이드를 단기간 처방받은 환자들에게서 나온 것이었다. 그러니까 집에서 장기간 오피오이드를 복용한 환자들과는 전혀 무관한 연구 결과였다. 결국 제약 회사들은 직 박사의 편지를 최일선의 의사들을 설득하는 데 활용했다. 오피오이드는 만성 통증에 사용해도 안전하기 때문에, 오피오이드를 처방하지 않는 의사들은 환자들을 불필요한 고통 속에 방치하는 셈이라고 말이다. 하지만 그 누구도 직 박사의 편지를 직접 읽어보려 하지 않았다.

1999년부터 2015년까지 처방된 오피오이드 과다 복용으로 숨진 사람은 18만 3,000명에 달하는 걸로 알려졌다.[21] 약물 중독 증상을 보인 사람은 수백만에 달한다. 문제의 편지를 쓴 직 박사는 이런 말을 했다.

"내가 편집자에게 보냈던 그 편지가 제약 회사들이 맘 놓고 이런 짓을 하는 구실로 활용됐다는 사실에 분노를 금할 수 없습니다."[22]

해결책은? 시를 읽어라. 그리고 만일 시를 읽지 않았다면 그 시를 인용하지 마라. 낚시성 링크(clickbait, 자극적인 제목으로 사용자들의 클릭을 유도하는 기사나 광고-옮긴이)가 판치는 세상에서, 또 대부분의 사람들이 제목에만 집중하고 내용은 무시하는 세상에서, 시를 읽는 것은 당신이 할 수 있는 가장 체제 전복적인 일들 중 하나다.

그러면 굳이 애써 원천 소스를 찾으려 하지 않는 다른 사람들보다 분명한 경쟁 우위에 서게 될 것이다. 다른 사람들이 놓치는 걸 당신은 볼 수 있게 될 테니까.

11장
나는 당신의 스승이 아니다

> 나뿐 아니라 다른 그 누구도 당신 대신 길을 갈 수는 없다.
> 당신은 스스로 길을 가야 한다.
> —월트 휘트먼, 〈나 자신의 노래(Song of Myself)〉

성공담들은 어떻게 우리를 우롱하나?

때는 제2차 세계대전 당시,[1] 당신에겐 적지를 날아다니는 미국 전투기들을 어떻게 보호할 것인지를 결정할 임무가 주어졌다. 전투기들은 큰 화염에 휩싸여 일부는 아군 기지로 되돌아오고 일부는 추락하거나 불타버린다. 전투기 외부를 보강할 수도 있으며, 그래서 전투기의 어느 부분들을 보강해야 할지를 결정하는 게 당신이 할 일이다.

그런데 한 가지 참고할 만한 사항이 있다. 아군 기지로 무사히 돌아온 비행기들의 경우 총알 자국들은 주로 엔진이 아닌 동체에 집중되어 있다. 이런 사실을 알고 있는 상황에서 당신은 전투기의 어느 부분을 보강할 것인가?

어쩌면 그 답은 아주 뻔해 보일 수도 있다. 전투기들이 대공포 사격을 받을 때 가장 많이 파손되는 부분들을 보강하면 되지 않겠는가. 그런데 아브라함 왈드(Abraham Wald)라는 수학자는 그 정반대 접근 방식을 택하는 게 옳은 접근 방식이라고 생각했다. 그러니까 총알 자국들이 있는 부분들이 아니라 총알 자국들이 없는 부분들을 보강해야 한다고 주장한 것이다.

왈드는 다른 모든 사람들이 보지 못하는 사각지대에 뭔가가 감춰져 있다고 봤다. 다른 사람들은 모두 추락하거나 불타버린 전투기들이 아니라 적의 대공포 사격에도 불구하고 무사히 귀환한 전투기들만 보고 있다는 걸 알게 된 것이다.

다시 말해, 살아 돌아온 전투기들에 난 총알 자국들을 보면 가장 약한 부분이 아니라 가장 강한 부분이 어디인지를 알 수 있었다. 어쨌든 그 전투기들은 동체가 스위스 치즈(Swiss cheese, 여기저기 구멍이 나 있는 연한 노란색 에멘탈 치즈-옮긴이)처럼 변한 상태에서도 살아남았으니 말이다. 비행기에서 가장 취약한 부분은 엔진이었는데, 살아 돌아온 전투기들을 보면 엔진은 손상되어 있지 않았다. 즉 엔진에 총알 구멍들이 보이지 않았던 것은 전투기들이 엔진에 총알을 맞지 않아서가 아니라, 결정적으로 엔진에 총알을 맞은 전투기들은 귀환하지 못했기 때문인 것으로 판단했다.

그래서 왈드는 엔진 부분을 더 보강할 것을 제안했다. 그리고 그의 제안은 제2차 세계대전 때 바로 실행에 옮겨졌다. 훗날 월남과 한국에서 전쟁이 일어났을 때도 이와 똑같은 접근 방식이 취해졌다.

이 이야기에는 전쟁이라는 경계를 훨씬 뛰어넘는 소중한 교훈들이 담겨 있다. 일상생활 속에서 우리는 성공담들, 그러니까 살아 돌아온 전투기 이야기들에 큰 관심을 보이며 그런 이야기들을 따라 하려 애쓴다. 학교에서는 과거 다른 사람들의 성공담을 토대로 성공하는 데 가장 좋은 방법들을 가르친다. 서점의 논픽션 코너에서 아무 경영서든 한 권을 뽑아 펼쳐보라. 아마 오늘날 가장 큰 성공을 거둔 기업가들을 본받아 비즈니스 게임에서 승리하는 공식이 무엇인지 보게 될 것이다.

이처럼 성공 공식들은 영웅들에 대한 대중의 갈망을 충족시켜주지만, 사람들을 잘못된 길로 이끌기도 한다. 우리는 엔진에 총알을 맞아 영영 귀환하지 못한 사람들이 아니라 살아 돌아온 사람들만 보려 한다. 실리콘 밸리로 진출해 신생 기업을 만들었다 실패한 야심 찬 기업가는 미국 비즈니스 잡지 〈패스트 컴퍼니(Fast Company)〉의 표지 인물이 되지 못한다. 제니 크레이그(Jenny Craig, 미국 다이어트 전문 기업-옮긴이) 다이어트 프로젝트에서 체중 감량에 도전했다 실패한 사람은 인포머셜(informercial, 상품에 대해 상세한 정보를 제공하는 방식의 텔레비전 광고-옮긴이)에 나오지 못한다. 리처드 브랜슨(Richard Branson, 버진 그룹 창업자-옮긴이), 스티브 잡스, 마크 저커버그처럼 되겠다는 꿈 때문에 전도유망한 교육도 포기했지만, 장래성 없는 직업에서 헤어 나오지 못하고 있는 대학 중퇴자는 뉴스거리가 되지 못한다.

그런데 위대한 영웅들 중 일부는 자신이 택한 길 덕분이 아니라 그 길을 택했음에도 불구하고 성공을 거둔 것일 수도 있다. 예를 들어 잡스가 리드칼리지를 중퇴하지 않았다면 훨씬 더 큰 성공을 거뒀을 수도 있다. 피트니스 광고에 나오는 여성은 운동 프로그램이나 자신이 홍보 중인 건강보조식품들 덕분이 아니라 그런 운동 프로그램이나 건강보조식품에도 불구하고 멋진 복부 근육이 생긴 것일 수도 있다. 1주일에 한 번씩 운동을 해 한 달 만에 체중을 10킬로그램 가까이 늘린 남자에겐 당신에겐 없는 초인의 유전자들이 있을 수도 있다.

게이트키퍼(gatekeeper, 뉴스나 정보 등을 취사선택하는 사람-옮긴이)들은 한 가지 결론에 도달하는 제한된 정보만 보여주는 경우가 많다. 그들은 쉽게 수집할 수 있으면서도 금전적 가치가 있는 데이터나, 설득력이 있어 보이지만 이야기의 일부만 보여주는 추천 등을 잔뜩 쏟아낸다. 그런 정보를 토대로 온라인 강좌를 들었지만 아무 도움도 못 받은 사람들은 얼마나 많은가? 그런 정보를 토대로 입사한 회사에서 일에 흥미를 못 느껴 퇴사한 사람들은 또 얼마나 많은가? 어떤 입사 지원자에 대해 이력서상의 추천 내용보다 더 정확한 정보를 줄 수 있는 사람들은 얼마나 많을까?

또한 성공담들에서는 대개 행운도 중요한 역할을 한다는 사실이 무시된다. 전투기 조종사들은 운이 좋아 엔진에 총알을 한 발도 안 맞았을 수 있다. 그 조종사들은 술고래에 줄담배를 펴대는데도 95세까지 사는 사람들일 수 있다. 그런 사람들의 접근 방식을 그대로 따르려 했다간 취약한 곳에 총알 한 발을 맞아 비행기가 폭발하거나 추락하게 될 것이다.

이것을 잊지 마라. 업계 최고의 성공을 거둔 사람들이 꼭 최고의 방법을 택한 사람들은 아니다. 그들은 종종 보강하지 않아도 될 부분을 보강하고도 살아남은 운 좋은 전투기 조종사 같은 사람들인 것이다.

다른 누군가의 성공담에 마음이 막 흔들리려 할 때 자중하도록 하라. 당신은 지금 전체 그림을 보고 있는 게 아니라는 걸 상기하라. 그리고 이 책에 나오는 성공담들에 대해서도 그렇게 신중한 태도를 취하도록 하라. 무엇보다 먼저, 뻔히 보이는 총알 구멍들에 마음을 뺏기지 않도록 하라. 그렇게 취약한 부분들은 겉보기에 깨끗해 보이는 표면 밑에 감춰진 경우가 많다.

헨리 데이비드 소로 식의 잘못된 인도

1845년 미국 사상가 헨리 데이비드 소로(Henry David Thoreau)는 매사추세츠주에 있는 월든 호수로 그 유명한 순례를 떠나 숲속에 작은 오두막을 짓고 살았다. 그는 이렇게 적었다.

"나는 내 의지대로 삶을 살아보고 싶어 숲으로 갔다. 삶의 본질적인 사실들만 마주하고 싶었고, 삶이 가르치려는 것을 배울 수 있는지 알고 싶었으며, 죽음에 임해서 제대로 된 삶을 살지 못했다는 걸 깨닫고 싶지 않았기 때문이다."

소로는 전기도 수돗물도 없이 혼자 힘으로 스파르타인처럼 강인

하게 살았다. 삶의 복잡한 요소들을 최대한 줄인 채 삶의 본질을 만끽하려 했던 것이다.[2]

소로는 숲속에서의 경험들을 《월든》이란 책 속에 기록했는데, 그 책은 고등학교 교과서에 실렸을 뿐 아니라 자급자족의 미덕, 인간과 자연의 긴밀한 관계를 보여주는 본보기처럼 할리우드 영화들에서도 자주 언급되고 있다.

나는 소로의 숲속 은둔 생활에 대한 이야기를 읽고 난 뒤 그가 부러웠다. 그의 이야기를 접하고 나니 나 자신의 부족한 면들이 생각났다. 알다시피, 나는 도시 출신으로 1,500만 명이 모여 사는 복잡한 도시 이스탄불에서 자랐다. 작가인 나의 손은 굳은살도 없고 여리여리하다. 일하다 생긴 상처라 해봐야 종이에 베이는 상처 정도다 (그 상처도 엄청 아플 수 있지만). 누군가가 나를 월든 호수의 오두막에 집어넣고 전기와 수돗물과 와이파이를 끊어버린다면, 나는 아마 못 살 것이다. 그래서 나는 자신의 의지대로 살려고 스스로 거친 환경에 노출된 채 살아갈 수 있는 소로 같은 사람들이 존경스럽다.

그러나 그런 내 마음은 소로의 자급자족 실험을 좀 더 자세히 파고든 아만다 파머(Amanda Palmer)의 책 《부탁의 기술(The Art of Asking)》을 읽고 나서 바뀌었다.[3] 그 책에 따르면, 소로가 지었다는 오두막은 실은 외딴 숲속이 아니라 그의 집에서 3.2킬로미터도 채 안 떨어진 곳에 있었다고 한다. 그리고 그는 또 거의 매일 걸어서 갈 수 있을 만큼 가까운 콩코드 시 근처의 문명 세계로 돌아갔다고 한다. 또한 자신의 친구 랄프 왈도 에머슨의 집에서 자주 저녁식사를 했다고 한다. 특히 이 부분이 마음에 와닿았다. 소로의 어머니가 주말마다 그에게 신선한 페이스트리를 갖다 주었다고 한다. 이 모든 걸 역사학자 리처드 작스(Richard Zacks)는 이렇게 요약하고 있다. "사람들은 잘 모르지만, '자연의 아들'은 주말마다 집에 가 쿠키통을 털었다."[4]

나는 지금 소로를 조롱하려고 이 이야기를 하는 게 아니다(물론 조금은 그럴 수도 있지만). 내가 이 이야기를 하는 것은 중요한 교훈 하나를 강조하기 위해서다. 그러니까 우리가 우러러보는 사람들이 실은 그 명성에 걸맞은 삶을 살고 있지 못한 경우가 많다는 걸 강조하기 위한 말이다. 예를 들어 저탄수화물 다이어트 관련 베스트셀러를 쓴 저자가 실은 당신이 먹는 치트밀(cheat meal, 다이어트 도중에 어쩌다 한 번씩 먹는 권장 식단 외의 음식-옮긴이)이 건강한 음식으로 보일 만큼 몸에 안 좋은 음식을 자주 먹는다. (나는 그 저자의 그런 모습을 직접 여러 차례 보았다.) 또 유명한 생산성 대가(productivity guru)가 매일 한 시간씩 소셜 미디어를 보면서 시간을 낭비한다.

그렇다고 해서 그들의 조언까지 잘못됐다는 의미는 아니다. 그들도 인간이라는 의미다. 또한 '벌거벗은 사람이 셔츠를 팔겠다고 할 때는 조심하라'는 아프리카 속담을 떠올려, 그들이 말하는 것을 가감해서 들으라는 의미이기도 하다.[5]

인플루언서들은 소셜 미디어라는 '회반죽'으로 자신의 총알 자국들을 가리는 등 자신의 삶을 매력적으로 보이게 만들어 돈을 번다. 만일 소로가 요즘 같은 인스타그램 시대에 살았다면, 아마 자신이 만든 오두막 앞에서 셀카들을 찍으면서도 절대 자기 어머니가 가져다준 막 구운 페이스트리를 허겁지겁 먹는 사진은 찍지 않았을 것이다.

예를 들어 이 책의 경우, 수년간의 연구 결과들이 약 400페이지 안에 농축되어 있다. 당신이 읽고 있는 말들은 단순히 내게서 쏟아져 나온 게 아니다. 이 책은 수많은 수정을 거쳤다. 터무니없는 아이디어들은 거의 다 버려졌고, 남은 아이디어들은 여러 유능한 사람들에 의해 다듬고 또 다듬어졌다.

내가 독자들을 직접 만나는 걸 조금 부담스러워하는 것도 바로 그 때문이다. 나 자신이 독자들의 기대에 부응하는 삶을 전혀 살고 있지 못하기 때문이다. 그래서 나는 독자들이 실제의 나보다 훨씬 더 멋지고 똑똑하고 재미있어 보이는 내 도플갱어, 그러니까 이 책 안에서나 존재하는 내 분신만을 만나길 바란다. 시어도어 루스벨트(Theodore Roosevelt) 미국 대통령은 이런 말을 했다고 한다.

"비교는 즐거움을 훔쳐 가는 도둑이다."

그뿐만이 아니다. 비교는 당신의 자신감까지 훔쳐 간다. 우리 자신을 다른 사람들과 비교하다 보면 스스로가 다른 사람들만 못한 경우가 많다. 그것은 우리가 자신을 다른 사람들의 허상과, 그러니까 실은 아주 불완전한데 마치 완벽한 것처럼 부풀린 다른 사람들의 허상과 비교하기 때문이다.

게다가 인터넷으로 인해 우리와 우리 롤 모델들 간의 거리가 좁혀짐으로써 그런 경향은 더 심화됐다. 인터넷 덕에 우리 롤 모델들의 일거수일투족을 추적 관찰할 수 있게 되면서 우리가 얼마나 부족한 게 많은 사람인지를 계속 상기하게 된 것이다. 그러나 당신이 부러워하는 것은 소셜 미디어에서 보는 그들의 모습으로, 충격적인 얘기로 들릴지 모르나 그 모습은 실제의 모습과는 다르다. 사실 그 누구도 그렇게 많은 시간을 인상파 화가의 그림처럼 아름다운 일몰을 감상하거나 멋진 모델들과 함께 일광욕을 즐기진 않는다.

당신이 인터넷상에서 보는 것은 상당수가 가짜다. 인스타그램에선 40달러면 5,000명의 팔로워를 살 수 있고 유튜브에선 15달러면 5,000명의 팔로워를 살 수 있다.[6] 수백 대의 컴퓨터와 스마트폰을 동원해 같은 콘텐츠를 계속 클릭함으로써 가짜 클릭 수를 만들어 내는 대규모 기업형 클릭 사기 행위들이 있기 때문이다.[7] 마치 돈을 받지 않는 기업 홍보 대사라도 된 듯 사람들은 받지도 않은 기업 후원을 받았다며 소셜 미디어에 콘텐츠를 올리기도 한다. 왜? 한 인플루언서는 이렇게 설명했다.

"인플루언서의 세계에서 기업 홍보 대사는 성공 보증수표 같은 거거든요. 후원 기업이 많을수록 신뢰도가 더 올라가니까요."[8]

당신이 만일 영향력이나 명성을 갖고자 갈망한다면, 그 영향력이나 명성 때문에 닫히는 문들은 보지 않고 열리는 문들만 보려 할 것이다. 미국 가수 테일러 스위프트(Taylor Swift)의 삶을 다룬 다큐멘터리 〈미스 아메리카나(Miss Americana)〉에 바로 그런 장면이 나온다.[9] 그녀는 전 세계적으로 1억 장 이상의 앨범을 팔아 치우면서 업계 최고의 자리에 올랐으며, 아주 부유하고 유명하다. 문제의 장면에서 그녀는 자기 팀원들에게 자기 출신 주의 한 정치 후보를 공식 지지할 수 있게 해 달라고 애원한다. 그러나 그 지지로 일부 팬들이 돌아설 걸 우려해, 팀원들은 끝까지 반대한다. 결국 그녀는 보통 사람들이라면 두 번 생각해볼 필요도 없이 바로 할 수 있는 정치인에 대한 공개 지지를 하지 못해 눈물까지 흘린다. 테니스 챔피언 안드레 애거시(Andre Agassi)는 자신의 회고록 《오픈(Open)》에서 이렇게 적고 있다.

"유명해진다는 게 얼마나 재미없는 일이며 유명한 사람들이 얼마나 따분한지 놀라지 않을 수 없습니다. 그들은 당혹스럽고 불확실하고 불안전하며 종종 자신이 하는 일을 너무도 싫어합니다. 이런 말은 행복은 돈으로 살 수 없다는 옛말처럼 늘 듣는 말이지만, 직접 겪어보기 전까진 절대 믿지 못하죠."[10]

다른 누군가의 삶에서 단편적인 부분들만 보고 그것을 토대로 비교할 때 우리는 함정에 빠지게 된다. 당신은 아마 어떤 여성처럼 돈은 벌고 싶지만, 그 사람처럼 주 5일간 80시간씩 죽어라 일하고 싶진 않을 것이다. 또한 아마 어떤 남성 같은 몸매를 갖고 싶지만, 그러기 위해 그 남성처럼 강도 높은 다이어트와 운동을 하고 싶진 않을 것이다. 당신이 만일 당신의 삶을 다른 누군가의 삶과 완전히 바꾸고 싶지 않다면 그 사람을 부러워할 필요는 없다.

경쟁과 비교는 순응의 한 형태다. 다른 사람들과 경쟁을 할 때 우리는 우리 자신을 그들의 기준에서 평가한다. 그들을 닮되 더 나아지려 애쓴다. 그 결과 우리의 삶은 늘 기를 쓰고 남들보다 한발 앞서려 하는 고달픈 제로섬 게임으로 변한다. 우리는 결국 누가 더 많은 캔디를 갖고 있나 보려고 사방을 둘러보는 여섯 살 난 아이들 같이 행동하게 된다. 그리고 그렇게 함으로써 우리의 힘을 다른 사람들에게 넘겨버리게 된다. 우리와 다른 사람들 간의 차이를 토대로 우리가 우리 자신에 대해 어떻게 느껴야 하는지를 결정하게 되는 것이다. 나는 일전에 미국 베스트셀러 작가 태피 브로데서애크너(Taffy Brodesser-Akner)가 쓴 이런 포스트를 본 적이 있다.

"방금 책을 한 권 읽었는데, 너무 좋아 침대에서 일어날 수도 없을 정도다. 내가 직접 소설을 쓰기 전에도 좋은 책을 보면 이런 기분이 들었던가? 글을 쓴다는 건 경쟁이 치열한 스포츠 같은 건가?"[11]

나는 브로데서애크너가 무슨 말을 하려는 것인지 이해된다. '내 책은 결코 ~만큼 좋은 책은 못 될 거야'라는 생각은 정말 자주 드는 생각이다. 그러나 그럴 때 나는 상기한다. 그 책을 쓴 저자 역시 다른 책들에 대해 비슷한 생각을 했을 것이라는 사실을 말이다. 그 저자들이 그런 생각 때문에 글 쓰는 걸 멈추지 않았다는 사실이 너무 기쁘다. 그리고 나 역시 글 쓰는 걸 멈추지 않을 것이다.

비교하는 걸 피할 수 있는 최선의 방법은 진실성을 보이는 것이다. 물론 진실성이란 말은 너무 자주 쓰여 그 의미가 상당히 퇴색되었다. 나는 다른 누군가의 기준이 아니라 자기 자신의 기준에 따라 삶을 살아간다고 할 때 주로 진실성이란 말을 쓴다. 당신이 만일 당신 자신의 목표들을 좇는다면, 그리고 에고를 만족시키기 위한 헛된 경쟁을 하지 않는다면 비교는 아무 의미 없게 된다.

사실 당신의 삶이 보다 더 당신 자신만의 삶이 될수록 다른 사람들과의 비교는 그만큼 더 그 의미를 잃게 된다. 그러나 당신이 다른 사람들이 갈망하는 걸 갈망한다면, 그만큼 더 심한 경쟁에 시달리게 될 가능성이 커진다. 기업의 '출세 사다리'는 밟고 올라갈 단수가 제한되어 있어서 다른 누군가의 득이 당신의 실이 되는 것이다. 하지만 당신이 만일 당신 자신의 사다리를 만든다면, 그러니까 당신 나름대로 독자적인 행동들을 추구한다면 똑같은 '사과 대 사과' 식 비교가 덜 심해질 것이다.

나는 소로를 부러워했으나, 그러다 결국 그의 삶 그대로 사는 것은 원치 않는다는 걸 깨달았다. 수돗물이 안 나오거나 난방도 안 되는 오두막에서 사는 것은 전혀 관심 없다. 모기에 물리는 것도, 라임병(Lyme disease, 진드기가 옮기는 전염병-옮긴이)에 걸리는 것도, 옻나무에 옻이 오르는 것도 원치 않는다. 게다가 다른 호수들의 경우와 마찬가지로 월든 호수 일대의 풀은 생각보다 훨씬 더 갈색빛이 돌아 스산하다.

만약 다음에 어떤 사람이 세상을 향해 들려주는 이야기를 듣고 그 사람을 떠받들고 싶은 생각이 든다면 소로의 모습을 떠올려보라. 숲속에서 삶의 본질을 만끽하는 게 아니라 엄마가 만들어준 페이스트리를 허겁지겁 먹는 소로의 모습을.

대부분의 조언이 안고 있는 문제

2016년에 나는 팟캐스트를 시작해볼까 하는 고민을 하기 시작했다. 그런데 나의 멘토이기도 했던 한 믿을 만한 친구가 그러지 말라는 조언을 해줬다. 그는 이렇게 말했다.

"오잔, 팟캐스트는 시작할 생각도 하지 말게. 지금 개나 소나 다 팟캐스트를 시작하고 있지. 그래서 이미 너무 포화 상태야. 그러니 팟캐스트 말고 다른 걸 해."

나는 그의 조언을 따랐다. 팟캐스트를 시작하는 대신 서면 인터뷰 시리즈를 올리기 시작한 것이다. 나는 내 게스트들과의 인터뷰를 녹음해 그것을 옮겨 적은 뒤 편집을 했고, 그런 다음 내 웹사이트에 올렸다. 간단해 보일 수도 있는 일이었지만, 그렇지 않았다.

글로 쓰는 것과 말로 하는 것은 다르다. 말로 하면 정확한 문법과 적절한 단어 선택 그리고 다른 세부 사항들이 죄다 쓸데없게 되어 버린다. 그래서 말로 나눈 인터뷰를 이해 가능한 서면 인터뷰로 바꾸려면 며칠간 애를 써야 한다. 게다가 콘텐츠를 서면 인터뷰 형태로만 올리면서 나는 많은 회원들을 잃었다. 그들은 자신들의 팟캐스트 앱을 통해 편집되지 않은 대화 원본을 그대로 듣고 싶어 했던 것이다.

그러나 나는 내 멘토 친구의 조언을 믿었기 때문에 계속 서면 인터뷰 형태를 고집했다. 그러다가 너무나도 힘들었던 서면 인터뷰 15회 만에, 결국 두 손 두 발 다 들고는 팟캐스트를 시작했다.

여기에 한 가지 문제가 있다. "유나이티드 135기, 하강하면서 고도 1만 피트 유지하라." 항공 교통 관제사가 확신에 찬 어조로 항공기들에게 착륙 안내를 하듯 우리는 그렇게 확신에 찬 어조로 조언을 한다. "오잔, 팟캐스트는 시작할 생각도 말게." 심지어 우리는 조언을 하면서 "내가 하는 말은 가감해서 듣게" 또는 "자네 생각은 다를 수도 있겠지" 같은 말을 덧붙이지도 않는다.

우리는 팟캐스트를 제대로 시작하는 확실한 방법은 한 가지이며, 사업을 제대로 시작하는 확실한 방법도 한 가지, 효과가 보장된 마케팅 퍼널(marketing funnel, 잠재 고객이 브랜드를 알게 된 후 제품을 구매하기까지의 과정-옮긴이) 전략을 짜는 확실한 방법도 한 가지라고 믿고 있다. 그러나 무언가를 제대로 하는 확실한 방법이란 것은 없다. 무슨 일에든 특별한 묘책이 있다는 믿음은 잘못된 믿음일 뿐이다.

모든 항공기들은 안전하게 착륙하기 위해 미리 정해진 교통 패턴들을 따라야 하며, 그런 경우 확실성은 미덕이다. 그러나 우리 삶에서의 교통 패턴들은 모두 다르다. 한 사람에게 통하는 패턴이 다른 사람에겐 통하지 않을 수도 있는 것이다.

어떤 사람들은 팟캐스트를 시작해야 하지만, 또 어떤 사람들은 그래선 안 된다. 어떤 사람들은 대학에 가야 하지만, 또 어떤 사람들은 그래선 안 된다. 어떤 사람들은 더 많은 위험을 감수해야 하지만, 또 어떤 사람들은 그래선 안 된다. 어떤 사람들은 더 열심히 일해야 하지만, 또 어떤 사람들은 이미 탈진 상태여서 그래선 안 된다.

불확실성의 상태에서, 다시 말해 모든 게 불확실한 삶에서 우리는 종종 다른 사람들은 우리가 모르는 뭔가를 알고 있다고 생각한다. 팟캐스트를 시작하는 것이 안 좋은 생각이라는 게 이미 결정됐다 해도 우리는 앞으로 나아갈 수 있다. 많은 정보를 토대로 내려진 걸로 보이는 다른 사람들의 결론을 굳이 다시 생각해볼 이유는 없다.

그러나 다른 사람들의 결론은 종종 정보를 토대로 내려지지 않는다. 그 결론은 주로 그리고 때론 전적으로 그들 자신의 경험에 의해 좌지우지된다. 또 그 결론은 선의에서 나왔지만 불안할 만큼 확신에 찬 그들의 조언을 보여주는 한 가지 예다.

기업가이자 벤처 투자자인 마크 앤드리슨(Marc Andreessen)이 2007년에 쓴 '개인 생산성 가이드(A Guide to Personal Productivity)'라는 제목의 인기 있는 블로그 포스트를 예로 들어보자. 그 블로그 포스트에서 앤드리슨은 일을 성공적으로 해내는 자신의 전략들을 공유하고 있다. 먼저 그는 이런 조언을 한다.

"뭔가를 다시 해 달라는 요청을 절대 받지 않을 최선의 방법은 처음 요청받았을 때 완전히 망쳐버리는 것이다."

다음에 그는 이런 조언도 한다.

"자리에 앉아 제대로 먹는 아침 식사로 하루를 시작하도록 하라. 그렇다. '많은 연구 결과에 따르면', 아침 식사는 하루 중에 가장 중요한 식사이기 때문이다."[12]

대부분의 사람들에게 앤드리슨의 첫 번째 조언은 밥줄을 끊어버리는 데 효과가 있다. 그리고 앞서 이미 언급했듯 두 번째 조언 역시 '많은 연구 결과에 따르면'이라는 말이 무색할 만큼 큰 믿음이 가진 않는다. (앤드리슨은 앞서 말한 문장 이후에 다시는 연구 결과를 운운하지 않았다.)

'post hoc, ergo propter hoc'이라는 인과 오류가 있다. 'after it, therefore because of it', 즉 '그것 후에, 따라서 그것 때문에'라는 뜻을 가진 라틴어다. 어떤 사람이 a와 b와 c를 한 뒤 억만장자가 되었다. 따라서 a와 b와 c 때문에 부자가 된 게 분명하다. 꼭 그런 것이 아닌데도 말이다. 어쩌면 x와 y와 z 같은 다른 요소들이 부자가 된 원인이 될 수도 있는 것이다.

이 같은 인과 오류는 아침 일과 이야기가 왜 자립 이야기의 핵심적인 부분이 되었는지를 일부 설명해준다. 선망의 대상인 영웅들이 아침을 어떻게 보내면서 성과를 극대화하는지 엿보고 싶은 대중의 관음증적 관심을 그런 이야기들이 충족시켜주는 것이다. 그들은 요가를 하고 명상을 하고 수 킬로미터를 달리고 차가운 물에 몸을 담그고 직접 키우는 염소한테서 나온 생유를 마시는데, 그 모든 걸 아침 9시 전에 끝낸다.

아침 일과에 대한 이 같은 집착으로 인해 사람들은 그저 다른 누군가의 공식 게임 전 일과를 따라 하기만 하면, 그러니까 a와 b와 c만 하면 성공의 길을 걷게 될 것이라는 잘못된 인상을 받게 된다. 그러나 삶은 그런 식으로 돌아가지 않는다. 스티븐 킹이 사용하는 펜과 같은 종류의 펜을 사용한다고 해서 더 나은 작가가 될 수는 없는 것이다.

우리는 삶을 살 만하고 가치 있게 만들어주는 것들에 대해 한 가지 잘못된 생각을 갖는 경우가 많다. 영웅들의 성공담대로 이 한 가지 길을 따라가기만 하면 해피 엔딩으로 끝날 수 있게 될 것이라는 생각이 바로 그것. 하지만 삶의 길들과 이야기들은 아주 다양하다. 그리고 다른 누군가의 해피 엔딩을 그대로 따라 하려고 노력하는 과정에서, 우리는 자신이 직접 만들어나갈 수도 있었던 삶의 이야기들을 날려버리게 된다. 결국 다른 누군가의 영화 뒷배경에 나오는 대사도 없는 일개 엑스트라로 전락해버리는 것이다.

맹목적으로 다른 사람의 길을 따라가는 건 단순히 무해한 운동에 그치지 않는다. 그렇게 함으로써 우리는 의당 우리 자신이 져야 할 책임마저 저버리게 된다. 그러니까 우리 자신에게 적절한 전략을 택하거나 적절한 펜을 갖거나 적절한 과정만 거친다면 할 것은 다 한 것이라는 식의 말을 하게 되는 것이다. 다른 사람의 성공담을 따라 하는 것은 널리 용인되는 전략이며, 따라서 굳이 우리 자신의 길을 개척할 필요가 없다는 것이다.

설사 믿을 만한 사람으로부터의 조언이라 해도, 조언을 따를 때는 잠시 숨을 멈추고 숨을 고르도록 하라. 그리고 여러 사람들로부터, 특히 서로 의견이 다른 사람들로부터 조언을 구하도록 하라. 또한 잊지 마라. 그들의 조언은 어디까지나 그들의 조언일 뿐이다. 어디까지나 그들 자신의 경험, 그들 자신의 능력, 그들 자신의 편견에서 나온 조언인 것이다. 그래서 그 조언은 당신에게는 또는 지금 당신이 하고 있는 일에는 맞지 않을 수도 있다.

다른 사람들의 조언을 듣되, 그것에 얽매이진 마라. 그들의 조언을 검증해보되, 맹목적으로 그것을 따르진 마라. 그 조언이 당신 자신의 삶에 맞는지 잘 검토해보라. 사람들이 절대적인 진리라고 주장하는 것들이 실은 그들의 경험에 지나지 않는 경우가 많다.

이것을 잊지 마라. 가장 좋은 조언은 당신이 어떤 길로 가야 하는지를 정확히 알려주지 않는다. 그보다는, 당신 앞에 놓인 가능성 있는 여러 길들을 볼 수 있게 해주고 당신이 못 보는 사각지대에 무엇이 있는지를 알려줘, 어떻게 할 것인지를 당신 스스로 결정할 수 있게 해준다.

그리고 다른 사람에게 조언을 해줄 때는 자신의 개인적 상황에 맞는 조언을 해줘라. 상대에게 당신 자신의 경험을 설명해주고, 그 조언이 보편적인 지혜로 탈바꿈되지 않게 하라. '나' 기술문('나'는 이렇게 했고… 등등)을 사용하라. 필요한 세부 사항들과 경고 등도 덧붙여라. 또한 상대가 스스로 생각해 앞으로 갈 길을 찾을 수 있게 격려해줘라. 그리고 이렇게 물어봐라. "당신은 어떻게 생각해요?", "당신 기분은 어때요?", "과거 이런 문제에 직면했을 때 어떤 게 도움이 되던가요?"

마지막으로, 내 기억으론 팟캐스트를 시작한 것은 내가 내린 최선의 결정들 중 하나였다. 그 길을 감으로써 나는 결국 꿈에 그리던 출판 계약을 맺을 수 있었고, 또 내 삶에 지대한 영향을 준 사람들을 만날 수 있었다.

그렇다면 내게 팟캐스트는 시작할 생각도 하지 말라고 했던 그 멘토는? 그 역시 나중에 팟캐스트를 시작했다.

아무도 오지 않는다

아무도 오지 않는다
당신을 구하러
당신을 고치러
군중 속에서 당신을 선택하러
당신에게 이제 당신 차례라고 말해주러
당신이 해냈다고 말해주러
자신의 등에 업히라고 말해주러
당신에게 공식을 주거나
당신 대신 길을 가주러

당신은 비탄에 빠진 처녀가 아니다
당신은 당신 자신의 이야기 속 영웅이다
당신은 빛나는 갑옷을 입은 당신 자신의 기사다

ozanvarol.com/genius를 방문하면, 이 책의 4부에서 언급된 전략들을 실행에 옮기는 데 도움이 될 각종 워크시트들과 도전 과제들 그리고 연습 문제들을 만나볼 수 있다.

5부

탈바꿈

5부의 구성

12장. **당신의 미래를 놓아줘라:** 새로운 가능성들에 대해 자신의 마음을 열고, 통제할 수 없는 것들을 통제하려 하는 걸 그만두고, 알지 못하는 것의 장점을 받아들이는 것에 대해

13장. **탈바꿈하라:** 현재의 자신을 끊임없이 재해석하는 것에 대해

5부에서 살펴볼 내용들

- 전문가들은 왜 제대로 미래를 예측하지 못하는가?
- 어떻게 미래의 더 나은 가능성들에 눈멀게 될 수 있는가?
- 당신의 안전망이 왜 구속복이 될 수 있는가?
- 어떻게 하면 분명한 길이 보이기도 전에 걷기 시작할 수 있는가?
- 조심조심 사는 삶은 왜 반쯤 죽은 삶인가?
- 애벌레에서 나비로의 변신이 현재의 자신에게 어떤 가르침을 줄 수 있는가?

12장
당신의 미래를 놓아줘라

인간의 무의식 깊은 곳에는 논리적으로 납득이 가는 우주에 대한 갈망이 있다.
그러나 실제의 우주는 늘 논리적인 것보다 한 걸음 더 앞서 나간다.
―프랭크 허버트(Frank Herbert), 《듄》에서 무앗딥(Muad'dib)의 말

미래를 예측하는 비법

"그 어떤 비행선도 뉴욕에서 파리까지 날아가진 못할 것이다. 내겐 대서양 횡단 비행은 불가능한 일로 보였다."

1909년 비행기를 공동 발명한 윌버 라이트(Wilbur Wright)는 이렇게 적었다.[1] 그러나 그로부터 꼭 10년 후인 1919년, 영국 비행기가 대서양을 가로지르는 데 성공했다.[2]

1998년 미국 경제학자 폴 크루그먼(Paul Krugman)은 이렇게 적었다.

"인터넷 발전 속도는 급격히 줄어들 것이다. 대부분의 사람들은 서로 할 말이 없게 된다. 그리고 2005년쯤이면 인터넷이 경제에 미치는 영향은 분명 팩스기가 경제에 미친 영향을 뛰어넘지 못하게

될 것이다."3

그 예측은 아마 과녁에서 살짝 벗어난 것일 수도 있다. 어쨌든 이후 크루그먼은 노벨 경제학상을 수상하게 된다.4

예측은 인간의 본성에 호소하며, 그래서 인기가 있다. 예측은 모든 게 불확실한 세상에서 확실한 걸 보여주는 듯한 착각을 일으킨다. 그러나 예측은 우리가 생각하는 것보다 훨씬 더 자주 틀린다.

펜실베이니아대학교 교수 필립 테틀록(Philip Tetlock)이 예측의 정확성을 알아보기 위한 연구를 한 적이 있다. 그 연구에는 정치 및 경제 동향에 대한 논평 또는 조언을 하는 전문가 284명이 참여했다.5 그들의 교육 수준은 높았다. 절반 이상은 박사였고 거의 전부가 석사 학위를 갖고 있었던 것. 그리고 관련 업계 경력이 평균 12년 정도 됐다.

연구진은 그 전문가들에게 다양한 일들에 대해 예측해보라는 요청을 했다. 예를 들어 미국의 현재 집권당이 다음 선거에서도 계속 집권할 것인지, 또 이후 20년간 GDP 성장률이 높아질 것인지 낮아질 것인지, 아니면 그대로 유지될지에 대해 예측해보라고 한 것이다. 1980년대 중반부터 2003년 사이에 테틀록은 8만 2,000가지 이상의 예측들을 수집했다.

전문가들의 예측력은 형편없었다. 과거에 일어났던 일이 미래에도 계속 일어날 것인지를 추정하는 데 있어서, 그러니까 예를 들어 현재의 GDP 성장률 1퍼센트가 다음 2년간도 똑같이 유지될 것인지를 추정하는 데 있어서 그들의 예측력은 단순한 컴퓨터 알고리즘의 예측력만도 못했다. 전문가들의 예측력은 수준 높은 아마추어들,

테틀록이 말하는 이른바 '세심한 〈뉴욕타임스〉 독자들'의 예측력만도 못했다. 테틀록은 이렇게 적고 있다.

"그나마 예측력이 전문가들보다 못했던 건 의외로 약한 예측력을 보여준 UC 버클리대학교 학생들뿐이었다."[6]

교육을 더 받거나 경험이 더 많아도 차이가 없다. 그러니까 박사 학위가 있는 전문가들이 박사 학위가 없는 전문가들보다 나은 예측력을 보여주지 못한다는 얘기다. 또한 경험 많은 전문가들 역시 아마추어들보다 나은 예측력을 보여주지 못한다.

그런데 예측의 정확도에 영향을 미치는 변수가 하나 있었다. 매스컴의 찬사가 바로 그것. 매스컴의 관심을 끄는 지명도 높은 전문가들, 그러니까 우리가 TV에서 흔히 보는 이른바 '권위자들' 역시 지명도 낮은 동료들보다 나은 예측력을 보여주지 못했다. 전문가들의 경우 매스컴에 출연하는 횟수가 많을수록 더 지나치게 자신감 넘치는 어구들을 사용하며, 설사 나중에 잘못된 걸로 밝혀지는 한이 있더라도 사람들의 입에 오르내릴 만한 예측들을 하고 싶어 한다.

예측과 관련된 이런 문제는 정치학이나 경제학 분야에서만 발생하지 않는다. 모든 분야에서 발생한다. 절묘하게도 '전문가들은 어떻게 그리 많은 걸 알면서도 그리 예측을 못하는가?'라는 부제가 붙은 또 다른 연구에 따르면, 의학과 회계학 그리고 심리학 등 다양한 분야에서 같은 문제가 확인되고 있다.[7]

그런데 전문가들은 부정확한 예측을 했다고 해서 퇴출되진 않는다. 아무 일 없었다는 듯 잘 지내는 경우가 많다. 그렇다고 사람들이 이렇게 말하는 경우도 거의 없다.

"스투 박사(Dr. Stu)님, 박사님의 경제 예측들 가운데 90퍼센트가 틀린 걸로 판명 났으니, 그만 물러나셔야 하는 거 아닌가요?"

이미 사람들은 빛나고 흥미진진한 다음 뉴스 속보로 넘어간다. 스투 박사는 가끔 올바른 예측을 하기도 하겠지만, 그것은 그가 놀라운 예지력을 갖고 있기 때문이 아니다. 단지 운이 좋기 때문이다. 하루 종일 쏴대다 보면 결국 과녁을 맞추게 될 테니까. 그러나 그렇다고 해서 당신이 명사수가 되는 것은 아니다.

오해하진 마라. 물론 전문가들은 아주 중요한 역할들을 한다. 전문가들만 컴퓨터 프로그래밍을 할 수 있고 항공기를 설계할 수 있다. 나는 유튜브 동영상들을 보면서 신경 치료 하는 법을 배운 치과의사는 원치 않는다. 전문가들에게는 경험이 있고, 특정 분야에 대한 지식은 경험에서 온다. 전문가들은 자기 분야에서 과거에 일어난 일들에 대해 얘기하는 것은 아주 잘한다. 그러나 미래에 일어날 일들을 예측하는 것은 잘하지 못한다.

이런 문제는 비단 전문가들만의 문제는 아니다. 그 누구도 미래를 예측하는 일은 잘하지 못한다. 우리의 삶은 대개 미리 예측하거나 도표화하거나 파워포인트 자료처럼 축약할 수가 없다. 미래가 어차피 우리의 예측대로 되지 않는다면 예측 따위는 내다버려야 한다(아니면 그대로 따라야 한다).

우리는 우리가 통제할 수도 없는 일들을 예측하거나, 혹시 일어날지도 모르는 일들을 걱정하느라 너무 많은 정신적 에너지를 소모

한다. 안 좋은 경제 상황, 안 좋은 날씨, 안 좋은 뭔가를 예측하며 미리 사서 마음고생을 하는 것이다.

걱정을 하다 보면 당신의 상상력이 크게 낭비된다. 그간 아직 오지도 않은 미래에 대해 걱정하면서 또 정치적 예측, 주식 시장 예측, 코로나19 예측 등 많은 예측들을 하면서 얼마나 많은 시간과 에너지를 소모했는지 생각해보라.

포기는 패배가 아니라 해방일 수 있다. 포기를 한다는 게 책임을 방기한다거나 문제를 회피한다는 의미는 아니다. 통제할 수 있는 것들에 집중하고 통제할 수 없는 것들을 손에서 놓는다는 의미인 것이다.

모든 것은 결국 '도움이 될까?'라는 한 가지 의문으로 요약된다. 미래에 대해 걱정하는 게 도움이 될까? 애용하는 뉴스 사이트를 수시로 바꾸는 게 도움이 될까? 위안은 되지만 잘못된 길로 인도하는 예측들을 해대는 자칭 예언자들에게 당신의 마음 상태에 대한 책임을 넘기는 게 도움이 될까?

만일 이 의문들에 대한 답이 '노'라면 그러지 마라. 더 이상 미래를 예측하려 하지 마라. 대신 스스로 미래를 만들어나가라.

계획의 문제

> 안전한 길을 내다보는 눈은 영원히 감겨 있다.
> —프랭크 허버트, 《듄》에서 폴 아트레이데스(Paul Atreides)의 말

> 나침반이라면 지겹다!
> 해도(海圖)도 지겹다!
> —에밀리 디킨슨(Emily Dickinson), 〈격정의 밤-격정의 밤(Wild Nights-Wild Nights)!〉

1800년대에 영국의 회색가지나방들은 기이한 변화를 겪었다.[8] 그 변화가 있기 전까지만 해도 그 나방들의 98퍼센트는 옅은 색이었다. 겨우 2퍼센트만 짙은 색이었다. 그러나 이후 50년간 그 비율은 완전히 역전됐다. 1895년에 이르자 그 회색가지나방들의 98퍼센트는 짙은 색, 그 나머지는 옅은 색이 된 것이다.

그 같은 변화는 한 가지 대격변에서 기인한 것으로, 그 파급 효과로 인해 나방들뿐 아니라 우리 인간들의 삶까지 변화됐다. 그 대격변은 산업혁명이었다.

산업혁명 이전에는 옅은 색 나방들이 짙은 색 나방들보다 상당히 유리했다. 나무껍질에 무성히 자라는 옅은 색 이끼들로 인해 옅은 색 나방들은 새들의 눈에 잘 띄지 않았고, 그래서 잡아먹힐 가능성 또한 현저히 낮았던 것이다.

그러다 산업혁명이 시작되자 석탄을 때는 공장들에서 엄청난 양의 아황산가스와 그을음이 분출되기 시작했다. 아황산가스 때문에 나무껍질에서 자라던 옅은 색 이끼들이 죽었고 그을음 때문에 나무껍질은 색이 더 짙어졌다.

이런 변화들로 인해 옅은 색 나방들은 짙은 나무껍질을 배경으로 눈에 확 띄게 되어 배고픈 새들의 쉬운 점심거리가 되었다. 반면에 나무껍질 색과 비슷해 눈에 잘 안 띄게 된 짙은 색 나방들은 그 개체

수가 급증하게 된다.

예전의 장점은 새로운 단점이 되고 예전의 단점은 새로운 장점이 되었다. 옅은 색 나방들은 점점 줄어들었다. 짙은 색 나방들은 점점 더 늘어났다.

세계는 현기증 날 정도로 빨리 진화한다. 오늘 아무리 계획을 잘 짜도 내일이면 무용지물이 되기도 한다. 유망해 보이던 신제품이 실패하며, 안정되어 보이던 일자리가 사라지고, 혼란을 불러일으킨 것이 혼란에 빠진다. 변화로 인해 경쟁 우위가 조금씩 사라지면서 잘나가던 기업들이 서서히 무너지기 시작한다. 마치 옅은 색 나방들이 보다 짙은 색 나무껍질에 스스로를 노출시키며 서서히 사라져 갔듯이.

사람들은 '정상'으로 되돌아가고 싶어 하거나 '새로운 정상'을 예측하려 하지만, 이 세상에 '정상'이라는 것은 없다. 변화만 있을 뿐이다. 지속적이고 끊임없는 변화. 때론 느린 속도로, 때론 빠른 속도로, 그러나 끊임없이 변화한다. 우리 발 아래쪽 땅이 안정된 게 아니며, 안정된 적도 없었다는 걸 깨닫는 순간 우리는 안도하게 된다. 그리고 새로운 가능성들에 마음의 문을 열게 되고 알지 못하는 것의 미(美)를 받아들일 수 있게 된다.

사업을 시작하고 싶다거나, 책을 쓰고 싶다거나, 요가 교실을 열고 싶다거나 하는 일반적인 계획은 갖고 있는 게 좋다. 그러나 그런 계획들이나 그 계획들을 실행에 옮길 방법에 너무 얽매이는 것은 좋지 않다. 계획을 짤 때 당신은 현재 당신이 알고 있는 것들에서 아이디어들을 끌어온다. 하지만 현재 당신의 예지력에는 한계가 있다. 마음의 문을 열지 않는다면 걸림돌이 될 것이다.

원숭이를 잡는 방법과 관련된 유명한 이야기가 있다. 잼이나 꿀을 담는 병에 견과류들을 넣는다. 원숭이가 그 병에 다가와 손으로 견과류들을 집으려 한다. 그러나 견과류를 잔뜩 쥔 상태에서는 손이 좁은 병 입구에서 빠지지 않는다는 걸 알게 된다. 견과류를 놔버린다면 손을 빼는 게 자유로워질 수 있지만, 원숭이는 그러지 않는다. 자신이 가질 수 없는 것을 놔버리는 대신 계속 붙잡고 있는 걸 택하는 것이다.

계획이 확고할수록 우리는 더 그 계획에 집착한다. 심지어 일이 계획한 대로 되어가지 않을 때에도 그런다. 봐야 할 필요가 있을 때 눈을 감는다. 움직여야 할 필요가 있을 때 자리에 그대로 앉아 있는다. 실제 있는 그대로를 보는 게 아니라 우리가 보고 싶은 걸 본다. 당신이 만일 산업혁명이 시작됐다는 걸 믿지 않기로 작정한 옅은 색 나방이라면, 결국 배고픈 새의 먹이로 전락하고 말 것이다.

우리는 모든 걸 이해하려 끊임없이 애를 쓴다. 그러나 '사람들이 이해한 것'은 끝이다. 자막이 올라가는 때 말이다. 하지만 당신 삶의 영화는 아직 끝나지 않았다. 끊임없이 진화하고 확장되면서 당신은 여전히 계속 움직이고 있다. 다음에 어떤 일이 일어날지 안다면, 아마 당신은 그 일이 일어나지 않게 방해하려 할 것이다. 배워야 할 교훈들을 배우지 않으려 할 것이다.

우리는 미래를 통제하려 애쓰는데, 그것은 미래는 불확실하고 불확실한 것은 무섭기 때문이기도 하다. 우리는 어떤 게 효과가 있을지, 또는 다음엔 어떤 일이 일어날지 알지 못한다. 그래서 확실한 걸 찾아냄으로써 불확실한 걸 없애려 한다. 우리는 우리의 예전 방식을 고수하려 하고, 미래에 대한 우리의 계획에 집착하려 하며, 검증된 공식, 검증된 레시피, 검증된 과정을 찾으려 한다. 우리는 미지의 지역들이 표시된 지도를 찾으려 하며, 아직 아무도 밟지 않은 길들이 표시된 지도를 찾으려 한다.

우리가 집착하는 것이 우리 자신을 규정짓고 우리 자신을 가둔다. 우리는 우리가 꿈꾸는 미래의 인질이 된다. 우리는 결국 일련의 환경들, 하나의 길 또는 한 사람에게 정착한다. 우리는 이 파티 저 파티를 기웃거리며 데이지(소설 《위대한 개츠비》의 여주인공-옮긴이)가 나타나길 헛되이 기다리는 '위대한 개츠비'같이 행동한다. 그러면서 우리는 현재 상상하는 데이지보다 훨씬 더 나은 가능성들이 우리를 기다리고 있을지도 모른다는 사실을 잊는다.

당신의 삶에서 가장 주목할 만했던 순간들을 떠올려보라. 대부분의 사람들 경우와 마찬가지로, 아마 그 순간들은 조심스레 계획한 순간들은 아니었을 것이다. 그 순간들은 대개 당신이 긴장을 풀고 가능성을 믿었고 또 미지의 것들에 마음을 열었기 때문에 찾아왔을 것이다. 또한 그 순간들은 당신이 예측할 수 있는 것보다 훨씬 더 매혹적인 방식으로 찾아왔을 것이다.

나무껍질 색이 바뀔 때 우리에게는 선택권이 있다. 두려움에 떨며 움츠러들 수도 있다. 아니면 현실을 부정하며 점점 짙어지는 나무들에 들러붙어 살아갈 수도 있다. 세상에 돌아가던 옛 방식들이 마법처럼 다시 작동되기 시작할 것이라는 실낱같은 희망에 매달리면서. 아니면 신들을 향해 주먹을 휘둘러대면서 우주가 우리에게 더 나은 것들을 주게 해 달라는 헛된 하소연을 하며 하루하루를 허비할 수도 있다.

어제의 우리 피부를 벗겨내듯 내일의 계획에 대한 우리의 집착을 누그러뜨릴 수도 있다. 카드 게임에서처럼 나왔으면 하는 패보다는 이미 나온 패를 가지고 최선을 다할 수도 있다. 우리의 기술과 제품 또는 서비스를 사용해본 적 없는 방법으로 사용하는 법을 배울 수도 있다. 온통 그을음이 낀 세상에서 배고픈 새들로부터 우리 자신을 지킬 다른 피신처를 찾을 수도 있다.

우리의 삶은 춤과 비슷하지만 연출할 수는 없다. 세심하게 짜놓은 계획에 따라서 춤을 추는 게 아니라, 다음에 어떤 일이 일어날까 하는 호기심을 가지고 춤을 춰야 한다. 억지로 어떤 결과를 보려 하거나 정해진 다음 단계로 가려 할 때, 그러니까 예측할 수도 없는 것들을 예측하고 통제할 수도 없는 것들을 통제하려 할 때 스텝이 뒤엉키게 되어 춤을 출 수 없게 된다.

스릴러물의 경우 어떻게 끝나는지 정확히 알고 본다면 재미가 크게 떨어질 것이다. 축구 경기의 경우 누가 이길지 알고 있다면 따분할 것이다. 여행의 경우 안내서에 코를 박고 '중요한' 관광지를 하나하나 체크하며 돌아다닌다면, 그래서 주변에서 펼쳐지는 마법 같은 광경들을 놓치게 된다면 여행의 참맛을 느끼지 못하게 될 것이다.

그런데 우리의 삶에 관한 한 우리는 자세한 안내서를 원한다. 일들이 어떻게 전개될 것인지 한 줄 한 줄 적어놓은 자세한 계획을 원하는 것이다. 그러나 우리의 삶은 단순한 사다리보다는 복잡한 정글짐에 더 가깝다. 예측과 논리 그리고 순서를 거부한다. 자연 속에서는 그 무엇도 단순하지 않다. 나무에서는 단순히 일자로 쭉 뻗은 줄기는 보기 힘들다. 화산은 용암을 뿜어대고 자신의 손길이 닿는 모든 걸 파괴하면서 아주 복잡한 방식으로 폭발하며, 그러다 서서히 식어 굳어지고 시간이 지나면서 결국 풍요롭고 비옥한 흙을 만들어낸다.

지혜는 당신의 5년 계획이나 대본 안에 있는 게 아니다. 지혜는 당신 내면에 있다. 빛은 터널 끝에 있는 게 아니다. 빛은 당신 내면에 있다. 당신이 만일 즉흥극 배우처럼 행동한다면, 그러니까 만일 긍정적인 '네, 그리고(Yes, and)…' 식의 접근법에 따라 삶이 제시하는 각 제안을 받아들일 수 있다면 우리의 삶은 훨씬 더 유연해진다. 그래서 새로운 역할들을 맡을 수 있고, 우여곡절에서 기쁨을 찾을 수 있으며, 예기치 않은 목적지들에 도달할 수 있게 된다.

미래는 눈이 열린 사람들, 마음이 열린 사람들의 편이다. 만일 대본이나 계획에 집착하지 않는다면, 그러니까 보고 싶은 것들만 보는 게 아니라 실제 있는 것들에 눈길을 돌린다면 당신은 자칫 놓칠 수도 있었던 것들을 보게 될 것이다.

불확실한 것은 버그가 아니라 한 가지 특징이다. 지워버려야 할 것이 아니라 그대로 받아들여야 할 것이다. 우리가 분명하고 환하게 밝혀진 길을 찾을수록 다른 사람들이 자주 다닌 길을 더 많이 선택하게 되고, 우리 자신의 길은 더 찾지 못하게 된다. 포커를 제대로 치는 방법은 한 가지 이상이고, 어떤 제품을 제대로 마케팅하는 방법도 한 가지 이상이며, 책을 제대로 쓰는 방법도 한 가지 이상이다.

너무 많은 사람들이 다음에 어떤 일이 일어날지 정확히 알기 전엔 움직이려 하지 않는다. 결국 절대 움직이지 못한다는 의미다. 우리의 삶은 종종 한 번에 몇 발자국 앞까지만 길을 밝혀준다. 앞길을 미리 보여주는 예고편 같은 것은 없으며, 앞에 무엇이 나타날지 보여줄 만큼 강력한 손전등도 없다. 한 발 한 발 내디딜 때마다, 그리고 과감히 다른 길들을 갈 때마다, 당신은 알지 못하는 것에서 아는 것으로, 어둠에서 빛으로 나아가게 된다. 뭔가를 알 수 있는 유일한 방법은 앞길이 분명히 보이기 전에 일단 걷기 시작하는 것이다.

그렇다. 당신은 전에 이 특정 제품을 출시해본 적이 전혀 없다. 전에 법대를 다닌 적도 전혀 없다. 전에 이런 일을 해본 적도 전혀 없다. 그러나 당신은 과거에 이미 다른 제품들을 출시해봤고 다른 학교를 다녀봤으며 다른 일을 해봤다.

무슨 일을 하든 그것이 처음인 때가 있다. 당신은 전에 여기 와본 적이 있는데, 그때 아무 이상 없이 헤쳐 나왔다. 당신은 좌절을 극복했고 예측하지 못한 문제들을 해결했으며 다음 임무에 적용할 수 있는 아주 중요한 기술들을 습득했다.

당신은 가끔 불확실한 일들의 파도 위에서 서핑을 할 것이다. 또 어떤 때는 파도가 당신을 서핑할 것이다. 그러나 익숙한 물에서만 수영한다면 당신은 결코 예상치 못한 물은 발견하지 못할 것이다.

있는 그대로의 세계와 당신이 바라는 세계 사이에는 늘 괴리가 있다. 우리는 그 괴리를 위협으로 볼 수도 있다. 아니면 그 괴리를 우리 자신의 텅 빈 캔버스로 보고, 거기에 우리의 창의력을 맘껏 발휘해볼 수도 있다.

당신은 어느 쪽을 택할 것인가?

13장
탈바꿈하라

춤추는 스타를 낳으려면 반드시 자신의 내면에 혼돈이 있어야 한다.
―프리드리히 니체(Friedrich Nietzsche), 《짜라투스트라는 이렇게 말했다》

나는 우리가 어디로 가는지는 모르지만,
어떻게 거기에 가야 하는지는 정확히 안다.
―보이드 바티(Boyd Varty), 《사자 사냥꾼의 인생 가이드(The Lion Tracker's Guide to Life)》

당신의 다음 삶

애벌레는 나비가 되기 위해 자신의 죽음을 받아들여야 한다.[1] 그 과정은 애벌레 안쪽 깊은 데서 어떤 자극이 일어나 급격히 변화해야 할 때가 됐다는 신호가 오면서 시작된다. 그런 신호가 오면 애벌레는 잔가지나 잎사귀에 거꾸로 매달려 번데기가 된다.

그리고 애벌레는 그 번데기 안에서 효소를 분비해 자신의 모든 조직을 녹이고 소화시켜, 문자 그대로 자기 자신을 먹기 시작한다. 대중문화에선 애벌레에서 나비로 변신하는 과정이 미화되는 경우가 많지만, 사실 그 과정에 우아한 면은 없다. 번데기를 열어 그 속을 본다면 부식되어가는 애벌레만 보일 것이다.

애벌레가 자기 자신을 녹여 소화시킬 때 살아남는 것은 오직 '성충판'이라 불리는 세포 집단뿐이다. 성충판은 영어로 'imaginal disc'라 하는데, 이는 'imagination(상상)'이란 단어에서 온 이름이다. 그 성충판들은 애벌레의 '레고 블록'들, 즉 기본 원칙들이다. 번데기 안에서 영양가 높은 수프를 먹고 자라는 이 성충판들에서 애벌레의 눈과 날개, 다리 그리고 나비가 되는 데 필요한 다른 것들이 생겨난다. 역겨운 환경에서 아름다운 나비가 나오는 것이다.

낡은 껍질을 벗더라도 뱀은 여전히 뱀이다. 그러나 우리 인간의 경우 삶의 한 단계에서 다음 단계로 변화하는 과정이 종종 보다 격하다. 애벌레가 나비로 탈바꿈하듯 완전한 탈바꿈을 통해 다른 뭔가로 변해야 할 수도 있는 것이다.

내 경우 2016년에 그런 탈바꿈 시기를 맞았다. 그때까지만 해도 나는 낡은 피부를 벗는 정도, 그러니까 로켓 과학자에서 변호사로, 거기서 다시 교수로 바뀌는 정도였지만 늘 한 고용주에게서 꾸준히 급여가 들어오는 형태였다.

종신 재직이 보장된 전임 교수가 된 직후에 나는 내 삶이 더 이상 나를 위한 삶이 아니라는 걸 알게 됐다. 나는 소수의 교수들만 읽을 학술 논문은 쓰고 싶지 않았지만 써야 했다. 게다가 몇 년이고 계속 같은 학과 학생들을 가르쳐야 했고 같은 질문들에 답을 해야 했으며 같은 위원회 모임들에 참석해야 했다.

애벌레 같은 나의 삶은 편해졌다. 너무 편해졌다. 나는 더 이상 배우지 않았고 더 이상 성장하지도 않았다. 그러나 나는 탈바꿈의 조짐이 나타나기 시작한 뒤에도 처음엔 그것을 무시했다. 그리고 내가 몸담고 있는 학계를 중요한 안전망으로 여겼다. 종신 재직권 덕에 평생 필요한 수입이 보장됐다. 로켓 과학에 대한 책을 쓰고 업계를 이끄는 기업을 상대로 강연하는 등 모든 것을 잃을 위험 없이 다른 모험들을 해볼 수도 있었다. 설사 내가 벌인 다른 프로젝트들이 잘못된다 해도, 내게는 떨어지는 나를 안전하게 받아줄 종신 재직권이라는 안전망이 있었다.

그러던 어느 날 깨달음의 순간이 찾아왔다. 내 안전망이 내 구속복이기도 하다는 사실을 깨달은 것이다. 한 발을 계속 학계에 담고 있는 한 나는 계속 구속될 게 뻔했다. 학업에 전념하느라 제한된 시간과 창의적 에너지가 계속 줄어들어 다른 분야로 도약할 엄두도 못 낼 테니까.

다시 말해, 한때 나를 안전하고 편안하게 만들어주던, 내가 한때 아주 좋아한 일을 할 수 있게 해주던 그물이 이제 나를 구속하고 있었던 것이다. 결국 현재의 나 자신을 완전히 놓아주지 않고서는 내가 바라는 내가 될 수 없었다.

당신을 안전하게 받아주기 위해 존재하는 안전망은 당신을 구속할 수도 있다. 그 그물 위에 있을 때만 안전하다고 믿게 될 수도 있기 때문이다. 그 그물은 이렇게 말한다.

"저쪽 말고 이 위에서만 놀아. 그리고 건강한 위험들을 무릅쓰지 말고 새로운 도약도 하지 마. 내가 받아줄 수 없으니."

내 삶에서 안전망은 현실에 도움이 되는 듯했으나, 그렇다고 계속 의지할 수 있을 만큼 안전하지도 안정되지도 않았다. 그것이 바로 내가 나 자신에게 들려주고 있던 이야기였다.

사실 두려움이 있었다. 놓아줘야 한다는 두려움. 애벌레로서의 삶을 놓치게 될 것이라는 두려움. 내가 정말 나비가 될 수 있을지 알지 못하는 데서 오는 두려움.

'그래, 세상에는 정말 많은 나비들이 있지. 근데, 빌어먹을, 나는 애벌레야! 내가 아는 건 그게 다야.'

그러다 문득 기억이 났다. 놓아주는 게 사랑의 행위일 수 있다는 사실이. 죽음 속에 탄생이 있다. 그와 관련해 미국 신화학자 조지프 캠벨(Joseph Campbell)은 이렇게 적고 있다.

"흙이 생명을 낳으려면 으스러져야 한다. 씨앗이 죽지 않으면 식물은 태어날 수 없다. 빵은 밀의 죽음에서 나온다. 이처럼 생명은 생명을 먹고 산다."[2]

그렇다. 생명은 생명을 먹고 산다. 예전의 우리 자신은 새로운 우리 자신을 위한 퇴비 역할을 한다. 예전의 우리 길은 새로운 목적지들까지 안내해주는 등대 역할을 한다.

그래서 나는 내 스스로 번데기가 되고 내 과거를 내 미래를 위한 연료로 쓰기로 마음먹었다. 로켓 과학 분야에서의 내 경력은 비판적 사고에 필요한 날개는 물론 책을 쓰는 데 필요한 주제도 제공해줬다. 학계에서의 내 경력은 사람들을 가르치고 사람들의 마음을 사로잡는 데 필요한 다리들을 제공해줬다. 10년에 걸친 내 집필 경력은 이야기를 쓰는 데 필요한 더듬이를 제공해줬다. 그리고 나의 이 모든 성충판들, 즉 기본 원칙들은 새로운 나를 탄생시키는 데 도움이 되었다.

애벌레에서 나비로의 탈바꿈은 바로 이뤄지지는 않는다. 애벌레는 자기 자신으로부터 달아나지 않는다. 오히려 자기 자신이 된다. 스스로를 구현한다. 애벌레는 번데기 안에 머물면서 그 황폐한 환경을 돌보며, 그러다 자신의 성충판들을 찾아내 나비가 되는 데 필요한 것들을 형성한다.

나는 나 자신의 번데기 안에서 몇 년을 보냈으며, 그러면서 여전히 학계에 머물며 내 다른 자아들과 미래의 가능성들을 테스트해봤다. 그러다가 학계를 떠나기로 결정한 것은, 그러니까 나비처럼 나는 데 필요한 부위들이 형성된 것은 글쓰기와 말하기 분야에서 어느 정도 성공을 거둔 후였다.

분명히 말하지만 썩어가는 것은 재미없는 일이다. 한동안의 무질서와 붕괴 그리고 한때 존재했던 것들의 부패는 피할 수 없다. 특히 탈바꿈에 가장 가까워질 때 자기 회의감이 가장 깊어지게 된다. 자기 자신이 막 썩어가기 시작할 때 애벌레의 삶으로 되돌아가고 싶어진다. 주변 사람들은 그런 탈바꿈은 그만두고 그간 살아온 대로 살라며 당신을 설득하면서 이런 말을 할 것이다.

"당신은 지금 무언가를 놓아주려 하나봐요. 그간 죽어라 노력해 이뤄온 모든 것들을 놓아주려 하고 있어요."

그런데 놓아준다는 게 잊는다는 의미는 아니다. 그 반대다. 놓아주려면 지난 과거를 기억해야 하고, 나비로서의 새 삶을 살아가는 데 쓰라며 애벌레가 남겨준 단서들도 기억해야 한다. 경제학자들은 예술사를 전공한다거나 법대를 다닌다거나 사업을 시작한다든가 하는 데 쓴 시간과 돈과 노력을 매몰 비용이라 한다. 그러나 그런 것들은 사실 비용들이 아니다. 그런 것들은 예전의 자신에게서 현재의 자신에게 전해진 선물들이다.

만일 당신의 일에서 성공에 필요한 기술들을 배웠다면 그 일이 실패였을까? 만일 어떤 인간관계가 당신에게 사랑의 의미를 가르쳐줬다면 그 인간관계가 실패였을까? 만일 예술사를 전공한 것이 창의력을 이해하는 데 도움이 됐다면 예술사를 전공한 게 실패였을까?

번데기 안에 있을 때는 자기 자신을 주변에 날아다니는 나비들과 비교하지 마라. 그 나비들은 날아다닌 지 한참 됐고, 당신은 아직 날개도 다 안 나온 상태다. 어린나무는 다 자란 나무를 보며 창피하게 느껴선 안 된다. 우리는 뿌리가 없다며 씨앗을 비난해선 안 된다. 그보다는 자라는 데 필요한 시간과 물을 줘야 한다.

당신 자신에게도 그렇게 하라. 번데기 안에서 이대로 영영 썩어갈 것이라 느껴질 수도 있겠지만, 실은 비로소 진짜 원하던 사람이 되어가고 있는 것이다. 진짜 자신의 본질로 되돌아가고 있는 것이고, 그래서 프로그래밍된 대로가 아니라 그 본질에 따라 행동할 수 있게 되어가고 있는 것이다. 당신 스스로 당신의 탈바꿈을 방해하지 않는 한, 또는 세상과 다른 사람들로 하여금 당신을 계속 번데기 안에 갇혀 지내게 허용하지 않는 한 번데기 안에서 빠져나와 하늘로 날아오르게 될 것이다.

그러니 이것을 잊지 마라. 당신이 한때 애벌레였던 것에 대해 그 누구에게도 미안해할 필요가 없다. 당신의 탈바꿈은 애벌레 시절의 당신을 보며 지내온 사람들에게 좋은 자극이 될 수도 있다. 그들은 당신의 탈바꿈을 보며 자신이 정체되어 있다는 사실을 깨닫게 될 것이다. 그것이 그들에게 불편함을 안겨줄 수도 있지만, 그들을 오랜 잠에서 깨어나게 해줄 수도 있다. 그리고 만일 그들이 깨어나는 걸 원치 않거나 당신의 탈바꿈을 이해하고 받아들이려 하지 않는다면, 그것은 그들의 문제이지 당신의 문제는 아니다.

앞으로 나아가기 위해서는 종종 몇 발 뒤로 물러서야 한다. 그와 관련해 미국 작가 글레넌 도일(Glennon Doyle)은 이렇게 적고 있다.

"다음 삶에서 우린 늘 이런 대가를 치러야 한다. 진정한 삶을 살려면 현재의 우리 자신, 우리가 쌓아올린 것들, 우리가 믿는 것들, 우리가 진리라고 알고 있는 것들을 잃어야 하는 것이다."[3]

진정한 변화를 하려면 다시 태어나기 전에 먼저 죽어야 한다. 그리고 죽음은 끝이 아니라 시작일 수 있다는 걸 알아야 한다. 당신은 아직 알지 못할 수 있지만, 지금도 당신 안에서는 성충판들이 나비가 될 준비를 하고 있다. 그러니 고맙다는 말을 전하고 애벌레는 보내줘라. 그리하여 죽어가는 것이 새로 태어나는 것의 밑거름 역할을 하게 하라.

번데기에서 새로운 자기 자신이 태어나면 가능성들이 끝없이 나타날 것이다. 당신은 이제 날개를 달고 백만 가지 다른 방향들로 날아갈 수 있다.

당신은 앞에 펼쳐진 무한한 심연을 보며 정신이 아득해질 수도 있다. 아니면 손에 움켜쥐고 있던 과거를 놓고 날개를 퍼덕이며 우주가 이끄는 대로 날며 호기심 어린 눈으로 세상을 보게 될 수도 있다.

'나비'에 해당하는 그리스어는 프시케(psyche)다. 'psyche'는 '영혼'을 뜻하기도 한다.[4] 탈바꿈을 한다고 해서 당신 자신을 잃는 것은 아니다. 당신은 당신의 영혼 깊은 곳을 보게 될 것이다.

조심조심 사는 삶

당신은 절대
실패에 직면하지 않는다
잘 다져진 길에서 벗어나지도 않는다
미지의 세계로 뛰어들지도 않는다
일상을 바꾸지도 않는다
금지된 과일을 먹지도 않는다
제대로 크게 노래하지도 않는다
정말 미친 듯이 춤추지도 않는다
빗속에 밖에 나가지도 않는다
결함들을 드러내지도 않는다
목 놓아 울지도 않는다
사랑을 고백하지도 않는다
마음에 상처를 입지도 않는다

사방의 벽을 온통 하얗게 칠한다

안전한 길만 찾는다

더없이 고매한 충동들을 억누른다

소명 의식으로부터 몸을 사린다

다른 사람들이 바라는 대로 말한다

놀고 싶어 한다고 내면의 아이를 혼낸다

자신의 것이라는 이유로 생각들을 묵살한다

계속 아무 위험도 없는 위험한 상태를 유지한다

같은 길들을 걷는다

꿈들을 뒤로 미룬다

다른 사람들이 만든 박스들 안에 자신을 구겨 넣는다

가슴 안에서 타오르는 불을 꺼버린다

두 눈 안에서 춤추는 빛을 흐려지게 한다

그리고 매일 당신 영혼의 작은 부분들을 살육한다

조심조심 사는 삶은 반쯤 죽은 삶이다

삶의 목적은 단순히 잘 지내는 데 있는 게 아니기 때문이다

삶의 목적은 생동감 넘치게 사는 데 있다

ozanvarol.com/genius를 방문하면, 이 책의 5부에서 언급된 전략들을 실행에 옮기는 데 도움이 될 각종 워크시트들과 도전 과제들 그리고 연습 문제들을 만나볼 수 있다.

에필로그

> 앞으로 나는 행운을 요구하지 않으리.
> 나 자신이 행운이니까.
> -월트 휘트먼, 〈열린 길의 노래(Song of the Open Road)〉

당신의 몸은 우주의 기본 요소들로 이뤄져 있다. 당신의 피 속에 흐르는 철, 뼈 속에 들어 있는 칼슘 그리고 뇌에 들어 있는 탄소가 다 수십억 년 전 적색 거성들의 혼돈 속에 만들어진 것들이니까.[1]

지난 300년간의 당신 집안 가계도를 보면 직계 조상이 4,000명이 넘는다는 걸 알게 될 것이다.[2] 그들 중 한 사람만 뺀다 해도 아마 현재의 당신은 없었을 것이다. 현재의 당신이 있기까지는 너무도 많은 요건들이 갖춰져야 했다. 따라서 당신이 지금 이 책을 읽고 있는 것은 기적이나 다름없다.

그러니 당신 자신이 되어라. 비굴하지 않게 당당히.

당신에게 도움 되지 않는 것들은 버려라. 그래야 당신의 본질을 발견할 수 있다.

마음을 깨끗이 정리해라. 그래야 그 속의 지혜를 볼 수 있다.

자신을 알아가는 데서 기쁨을 찾아라. 당신은 하나뿐이고 앞으로도 늘 그럴 테니까.

당신의 대양 깊은 데서 놀고 있는 큰 물고기들과 함께 헤엄쳐라.

몸을 따라가라. 그간 마음이 가게 해주지 않았던 곳들로 가라.

당신의 영혼을 밝혀주는 빛을 받아들여라.

평범한 것들 속에서 비범한 것들을 찾아라.

거인의 어깨 위에 서라. 그리고 다음 세대가 당신 어깨 위에 서게 해줘라.

당신을 존재하게 만든 에너지와 연결되도록 하라.

그리고 그 에너지를 당신만 만들 수 있는 작품으로 바꿔라.

더 이상 스승과 영웅들을 찾지 마라.

당신 자신이 바로 당신이 기다려온 스승이자 영웅이다.

나비야, 이제 날아갈 때가 됐다.

미안하지만, 나는 이만 가야겠다.

배터리는 다 되어가고 밖은 점점 어두워지고 있다.

||| 감사의 글 |||

 예술 작품을 만드는 일을 하면서 살아가는 것, 그러니까 이런저런 내 생각들을 글로 쓰고 말하고 또 세상 사람들과 공유하면서 살아가는 것에 대한 내 감정은 사실 '감사하다'는 말로는 다 표현하기 힘들다.

 무엇보다 먼저, 내 책들을 읽고 평가하고 공유하는 여러분에게 감사드린다. 여러분이 이 책을 손에 들고 있는 상상을 하는 것만으로도 얼마나 큰 영광인지! 여러분은 내게 매일 소중히 간직해야 할 놀라운 선물을 주었다. 아무쪼록 이 책에서 여러분의 삶에 생기를 불어넣어줄 뭔가를 찾아냈길 바란다.

 늘 내 작품을 지지해주고 풋내기 작가 시절부터 내게 기회를 준

내 록스타이자 내 저작권 대리인인 리처드 파인(Richard Pine)에게 감사드린다. 그 덕에 이 로켓을 띄우고 이후 쭉 함께해올 수 있었다. 잉크웰의 그 나머지 모든 분들, 특히 알렉시스 헐리(Alexis Hurley)와 엘리자 로스테인(Eliza Rothstein)에게도 감사드린다.

이 책은 퍼블릭어페어즈 출판사에서 내는 내 두 번째 책이다. 내가 미처 보지 못한 것들을 보게 해주고 일반적이지 않은 내 아이디어들을 지지해준 편집자 벤저민 애덤스(Benjamin Adams)에게 고마움을 전하고 싶다. 제작 편집자 멜리사 베로네시(Melissa Veronesi), 마케팅 전문가 미구엘 세르반테스(Miguel Cervantes), 홍보 전문가 요한나 딕슨(Johanna Dickson), 그리고 멋진 표지를 디자인해준 피트 개르소(Pete Garceau)에게도 감사드린다.

내 창작 작업을 뒷받침해준 놀라운 팀, 그들과 함께 일한 것은 영광이었다.

브렌단 세이벨(Brendan Seibel)은 내가 하는 모든 일들을 눈에 띄지 않게 뒤에서 도와주고 있다. 나를 도와 각종 조사를 해주고 사실 확인을 해주고 이 책을 수정해준 것(잘못된 건 전부 내 탓이었지만), 그리고 또 뭐든 건드는 것마다 처음 상태보다 눈에 띄게 좋게 만들어준 것에 대해 고마운 마음을 전한다.

데이비드 몰다워(David Moldawer)는 내 마음속에 떠다니는 어수선한 생각들 속에서 보석 같은 생각들을 찾아내 이 책의 출간 제안서를 작성할 수 있게 도와줬다. 앨리슨 맥클린(Allison McLean)과 엘리자베스 헤이즐턴(Elizabeth Hazelton)은 자신들의 뛰어난 홍보 및 마케팅 능력으로 내 메시지를 확대 재생산해줬다. 앨커미+에임의 브랜디 베르노스키(Brandi Bernoskie)와 그녀의 팀은 내 책들과 다른 노력들을 소개할 멋진 웹 페이지들을 디자인해줬다.

내 좋은 친구이자 공동 창작자인 크리스 웨스트(Chris West)는 비디오 내러티브의 자기 팀원들과 함께 내 온라인 글들을 다듬어주고 있고, 놀라운 동영상들을 제작해 내 아이디어들에 활력을 불어넣어 주고 있다. 워싱턴 스피커스 뷰로우의 탁월한 팀은 내 강연 플랫폼을 만들어 전 세계의 청중들에게 연결될 수 있게 해줬다.

중학생 때 나는 부모님께 우주비행사가 되고 싶다고 했다. "넌 할 수 있어." 두 분은 그러셨다. 후에 교수가 되고 싶다고 했을 때도 두 분은 "넌 할 수 있어"라고 하셨다. 그리고 또 후에 교수 일을 그만두고 전업 작가 겸 연사가 되겠다고 했을 때도 "넌 할 수 있어"라고 하셨다. 다른 사람들에게도 나처럼 늘 믿고 밀어주시는 부모님들이 계시길 바란다. 두 분 정말 사랑합니다.

읽고 쓰는 걸 처음 배운 뒤 바로 나는 할아버지의 타자기 앞에 앉아 이야기들을 썼다. 나중에 어찌 될지 전혀 모른 채 자기 마음이 시키는 대로 한 자 한 자 써 내려가던 그 어린 소년에게 정말 깊은 고마움을 느낀다. 이 책에서 가장 좋은 것들은 그 어린 소년의 창의적인 비전과 장난기 많은 본성에서 온 것이다.

우리 집 개 아인슈타인과 스푸트니크는 나로 하여금 매일 삶에서 진정 중요한 것들(먹기, 껴안기, 놀기 그리고 잠자기)이 무엇인지를 상기시켜준다. 내 삶을 그 녀석들과 공유하는 것은 정말 큰 축복이다.

["이 우주엔 개들이 있는데, 뭣 때문에 다른 우주를 원하겠는가?" 이는 동화작가 겸 소설가 매트 헤이그(Matt Haig)의 다중 우주 소설 《미드나잇 라이브러리》에 나온 말이다.]

마지막으로 내 아내이자 내 우주 상수이자 모든 걸 함께하는 내 동반자 캐시. 이 삶을 그대와 함께할 수 있어 얼마나 감사한지! 캐시, 내게 영감을 불어넣어주고 내 영혼을 깨워주고 나를 더 나은 사람으로 만들어줘 고마워. 당신의 천재성은 끊임없이 나를 놀라게 해.

주

서문
1. Zora Neale Hurston, *Dust Tracks on a Road* (New York: Harper-Collins, 2010).

1장
1. Guy Raz, "How Do Schools Kill Creativity?," *TED Radio Hour*, October 3, 2014, www.npr.org/2014/10/03/351552772/how-do-schools-kill-creativity.
2. Gillian Lynne, *A Dancer in Wartime* (London: Vintage, 2012), 14.
3. William Poundstone, *Carl Sagan: A Life in the Cosmos* (New York: Henry Holt and Co., 1999), 12.
4. Neil Postman and Charles Weingartner, *Teaching as a Subversive Activity* (New York: Dell Publishing Co., 1969), 60.
5. Tim T. Morris, Danny Dorling, Neil M. Davies, and George Davey Smith, "Associations Between School Enjoyment at Age 6 and Later Educational Achievement: Evidence from a UK Cohort Study," *npj Science of Learning* 6, no. 1 (June 15, 2021), pubmed.ncbi.nlm.nih.gov/34131153/.
6. Postman and Weingartner, *Teaching as a Subversive Activity*, 62.
7. Richard P. Feynman, as told to Ralph Leighton, *"What Do You Care What Other People Think?" Further Adventures of a Curious Character* (New York: W. W. Norton & Co., 2001).
8. Jacob W. Getzels and Philip W. Jackson, *Creativity and Intelligence: Explorations with Gifted Students* (London: John Wiley & Sons, 1962), 31.
9. Erik L. Westby and V. L. Dawson, "Creativity: Asset or Burden in the

Classroom?,". *Creativity Research Journal* 8, no. 1 (1995): 1-10, www.gwern.net/docs/psychology/1995-westby.pdf.
10. Postman and Weingartner, *Teaching as a Subversive Activity*, 62.
11. Postman and Weingartner, *Teaching as a Subversive Activity*, 29.
12. Tom Peters, "Say 'No' to Normalcy," *Journal for Quality and Participation* 21, no. 3 (May/June 1998): 64, www.proquest.com/openview/30dc2926802784d40c9b3e9dac54cd13/1?pq-origsite=gscholar&cbl=37083.
13. Quoted in "Modern Living: Ozmosis in Central Park," *Time*, October 4, 1976, content.time.com/time/subscriber/article/0,33009,918412,00.html.
14. David Bayles and Ted Orland, *Art and Fear: Observations on the Perils (and Rewards) of Artmaking* (Santa Cruz, CA: Image Continuum, 1993), 79.

2장

1. Elle Luna, *The Crossroads of Should and Must: Find and Follow Your Passion* (New York: Workman Publishing Co., 2015).
2. Catrin Sian Rutland, Pia Cigler, and Valentina Kubale, "Reptilian Skin and Its Special Histological Structures," in *Veterinary Anatomy and Physiology*, edited by Catrin Sian Rutland and Valentina Kubale (London: IntechOpen, 2019), 150-152; Stephen Divers and Scott Stahl, *Mader's Reptile and Amphibian Medicine and Surgery*, 3rd ed. (St. Louis: Elsevier, 2019), 732.
3. Maranke I. Koster, "Making an Epidermis," *Annals of the New York Academy of Sciences* 1170, no. 1 (August 4, 2009): 7-10, nyaspubs.onlinelibrary.wiley.com/doi/10.1111/j.1749-6632.2009.04363.x.
4. Philip Galanes, "For Arianna Huffington and Kobe Bryant: First Success. Then Sleep," *New York Times*, September 28, 2014, www.nytimes.com/2014/09/28/fashion/arianna-huffington-kobe-bryant-meditate.html.
5. Rebecca Solnit, *A Field Guide to Getting Lost* (New York: Penguin Books, 2006).
6. E. Bruce Goldstein, *Encyclopedia of Perception* (Thousand Oaks, CA: Sage Publications, 2009), 492.
7. John A. Banas and Stephen A. Rains, "A Meta-Analysis of Research on Inoculation Theory," *Communication Monographs* 77, no. 3 (2010), nca.tandfonline.com/doi/abs/10.1080/03637751003758193#.YpwV7JDMLlw.
8. Carl R. Rogers, *On Becoming a Person: A Therapist's View of Psychotherapy* (Boston: Houghton Mifflin, 1995), 332.
9. Lowell L. Bennion, *Religion and the Pursuit of Truth* (Salt Lake City, UT: Deseret

Book Co., 1959), 52.
10. Emma Goldman, "What I Believe," *New York World*, July 19, 1908.
11. David Kortava, "Lost in Thought: The Psychological Risks of Meditation," *Harper's*, April 2021, harpers.org/archive/2021/04/lost-in-thought-psychological-risks-of-meditation/.
12. M. Farias, E. Maraldi, K. C. Wallenkampf, and G. Lucchetti, "Adverse Events in Meditation Practices and Meditation-Based Therapies: A Systematic Review," *Acta Psychiatrica Scandinavica* 142 (2020): 374-393, onlinelibrary.wiley.com/doi/full/10.1111/acps.13225.
13. F. Scott Fitzgerald, "The Crack-Up," *Esquire*, February 1, 1936, classic.esquire.com/article/1936/2/1/the-crack-up.
14. Graham M. Vaughan, "Henri Tajfel: Polish-Born British Social Psychologist," *Britannica*, April 29, 2022, www.britannica.com/biography/Henri-Tajfel.
15. Henri Tajfel, "Experiments in Intergroup Discrimination," *Scientific American* 223, no. 5 (November 1970): 96-103, www.jstor.org/stable/24927662.
16. David Foster Wallace, "Tense Present: Democracy, English, and the Wars over Usage," *Harper's*, April 2001.
17. Amy E. Boyle Johnston, "Ray Bradbury: *Fahrenheit 451* Misinterpreted," *LA Weekly*, May 30, 2007, www.laweekly.com/ray-bradbury-fahrenheit-451-misinterpreted/.
18. Elizabeth N. Simas, Scott Clifford, and Justin H. Kirkland, "How Empathic Concern Fuels Political Polarization," *American Political Science Review* 114, no. 1 (February 2020): 258-269, www.cambridge.org/core/journals/american-political-science-review/article/how-empathic-concern-fuels-political-polarization/8115DB5BDE548FF6AB04DA661F83785E.
19. David J. Lick, Adam L. Alter, and Jonathan B. Freeman, "Superior Pattern Detectors Efficiently Learn, Activate, Apply, and Update Social Stereotypes," *Journal of Experimental Psychology: General* 147, no. 2 (February 2018): 209-227, pubmed.ncbi.nlm.nih.gov/28726438/.
20. Daniel J. Isenberg, "Group Polarization: A Critical Review and Meta-Analysis," *Journal of Personality and Social Psychology* 50, no. 6 (1986): 1141-1151, psycnet.apa.org/record/1986-24477-001.
21. Susan David, "The Gift and Power of Emotional Courage," TEDWomen, November 2017, www.ted.com/talks/susan_david_the_gift_and_power_of_emotional_courage/.
22. Glen Pearson, "African Famine: 'I See You,'" *HuffPost Canada*, August 9, 2011,

www.huffpost.com/archive/ca/entry/africa-famine_b_922063.
23. Pearson, "African Famine."
24. Scott Neuman, "On Anniversary of Apollo 8, How the 'Earthrise' Photo Was Made," *The Two-Way*, NPR, December 23, 2013, www.npr.org/sections/thetwo-way/2013/12/23/256605845/on-anniversary-of-apollo-8-how-the-earthrise-photo-was-made.
25. Archibald MacLeish, "Riders on Earth Together, Brothers in Eternal Cold," *New York Times*, December 25, 1968, archive.nytimes.com/www.nytimes.com/library/national/science/nasa/122568sci-nasa-macleish.html.
26. Jim Lovell, "Apollo 8 Astronaut Remembers Looking Down at Earth," Smithsonian National Air and Space Museum, December 21, 2018, airandspace.si.edu/stories/editorial/apollo-8-astronaut-remembers-looking-down-earth.
27. "Edgar Mitchell's Strange Voyage," *People*, April 8, 1974, people.com/archive/edgar-mitchells-strange-voyage-vol-1-no-6/.
28. Pico Iyer, "Why We Travel," *Salon*, March 18, 2000, www.salon.com/2000/03/18/why/.
29. Chip Heath and Dan Heath, *Switch: How to Change Things When Change Is Hard* (New York: Broadway Books, 2010), 208.
30. Daniel M. Stancato and Dacher Keltner, "Awe, Ideological Conviction, and Perceptions of Ideological Opponents," *Emotion* 21, no. 1 (February 2021): 61-72, psycnet.apa.org/buy/2019-46364-001.
31. Jonathon McPhetres, "Oh, the Things You Don't Know: Awe Promotes Awareness of Knowledge Gaps and Science Interest," *Cognition and Emotion* 33, no. 8 (2019): 1599-1615, www.tandfonline.com/doi/full/10.1080/02699931.2019.1585331.
32. T. S. Eliot, "Little Gidding," in *Four Quartets* (New York: Harcourt Brace and Co., 1943).

3장

1. Arthur C. Brooks, "This Holiday Season, We Can All Learn a Lesson from Beethoven," *Washington Post*, December 13, 2019, www.washingtonpost.com/opinions/this-holiday-season-we-can-all-learn-a-lesson-from-beethoven/2019/12/13/71f21aba-1d0e-11ea-b4c1-fd0d91b60d9e_story.html.
2. Maynard Solomon, *Beethoven* (New York: Schirmer, 2012).
3. Craig Wright, *The Hidden Habits of Genius: Beyond Talent, IQ, and Grit—*

Unlocking the Secrets of Greatness (New York: Dey StreetBooks, 2020).

4. Blaise Pascal, *Pensées*, translated by Gertrude Burford Rawlings (Mount Vernon, NY: Peter Pauper Press, 1900), 65.
5. "Free Your Mind," En Vogue, *Funky Divas*, EastWest Records, 1992.
6. Clive Thompson, "End the Tyranny of 24/7 Email," *New York Times*, August 28, 2014, www.nytimes.com/2014/08/29/opinion/end-the-tyranny-of-24-7-email.html.
7. Nicholas Carr, *The Shallows: What the Internet Is Doing to Our Brains* (New York: W. W. Norton & Co., 2010), 120.
8. Herbert A. Simon, "Designing Organizations for an Information-Rich World," *Computers, Communication, and the Public Interest*, edited by Martin Greenberger (Baltimore: Johns Hopkins University Press, 1971), 40.
9. Melina R. Uncapher and Anthony D. Wagner, "Minds and Brains of Media Multitaskers: Current Findings and Future Directions," *Proceedings of the National Academy of Sciences* 115, no. 40 (October 1, 2018): 9889–9896, www.pnas.org/doi/full/10.1073/pnas.1611612115.
10. Kermit Pattison, "Worker, Interrupted: The Cost of Task Switching," *Fast Company*, July 28, 2008, www.fastcompany.com/944128/worker-interrupted-cost-task-switching.
11. Statista, "Daily Time Spent on Social Networking by Internet Users Worldwide from 2012 to 2022," March 21, 2022, www.statista.com/statistics/433871/daily-social-media-usage-worldwide/.
12. Marc Brysbaert, "How Many Words Do We Read per Minute? A Review and Meta-Analysis of Reading Rate," *Journal of Memory and Language* 109 (December 2019), www.sciencedirect.com/science/article/abs/pii/S0749596X19300786.
13. Robert A. Heinlein, *Stranger in a Strange Land* (New York: Ace Books, 1987), 98.
14. Oliver Burkeman, "Treat Your To-Read Pile Like a River, Not a Bucket," www.oliverburkeman.com/river.
15. Chip Heath and Dan Heath, *Decisive: How to Make Better Choices in Life and Work* (New York: Currency, 2013); Amar Cheema and Dilip Soman, "The Effect of Partitions on Controlling Consumption," *Journal of Marketing Research* 45, no. 6 (December 2008): 665–675, www.jstor.org/stable/20618855.
16. Marcia Reynolds, "Zebras and Lions in the Workplace: An Interview with Dr. Robert Sapolsky," *International Journal of Coaching in Organizations* 4, no. 2 (2006): 7–15, libraryofprofessionalcoaching.com/concepts/managing-stress-and-challenges/zebras-and-lions-in-the-workplace-an-interview-with-dr-robert-

sapolsky/.
17. Rosamund Stone Zander and Benjamin Zander, *The Art of Possibility: Transforming Professional and Personal Life* (Boston: Harvard Business School Press, 2000), 177.
18. Tim Ferriss, *The 4-Hour Work Week: Escape the 9-5, Live Anywhere, and Join the New Rich* (New York: Crown, 2009), 70.
19. Jia Tolentino, *Trick Mirror: Reflections on Self-Delusion* (New York: Random House, 2020), 66-67.
20. Pamela Rothon, "A Conversation with Corita Kent," *American Way* 3, no. 11 (November 1970): 7-14.

4장

1. Brene Brown, *Braving the Wilderness: The Quest for True Belonging and the Courage to Stand Alone* (New York: Random House, 2019), 160.
2. 사실은 할리우드 영화 내용과는 조금 달랐다. 캐시는 선 레코즈에서 샘 필립스를 놀라게 한 후 먼저 혼자 오디션에 참석했고, 그런 다음 밴드와 함께 다시 초대를 받았다. 그 밴드의 가스펠들을 들은 뒤 필립스는 그들을 가스펠 밴드로 마케팅한다는 아이디어는 거절했으며, 새로운 소재를 갖고 다시 찾아와 달라고 부탁했다. 나중에 다시 가진 오디션에서 캐시는 마침내 〈Folsom Prison Blues〉를 불렀다. Colin Escott with Martin Hawkins, *Good Rockin' Tonight: Sun Records and the Birth of Rock 'n' Roll* (New York: Open Road Integrated Media, 2011).
3. *Walk the Line*, screenplay by Gill Dennis and James Mangold, directed by James Mangold (20th Century Fox, 2005).
4. Robert L. Doerschuk, "One Vision Beyond Music: On Simplicity, Context, and the Necessity of Urgency," *Keyboard*, June 1989.
5. Bruce Springsteen, *Born to Run* (New York: Simon & Schuster, 2017), 166.
6. David Rubenstein, "Oprah Winfrey," *The David Rubenstein Show: Peer to Peer Conversations*, March 1, 2017, www.bloomberg.com/news/videos/2017-03-01/the-david-rubenstein-show-oprah-winfrey?srnd=peer-to-peer.
7. Jane L. Levere, "Airline Safety Videos That Passengers Might Watch," *Seattle Times*, January 31, 2014, www.seattletimes.com/life/travel/airline-safety-videos-that-passengers-might-watch/.
8. Paula Caligiuri, "When Unilever Bought Ben & Jerry's: A Story of CEO Adaptability," *Fast Company*, August 14, 2012, www.fastcompany.com/3000398/when-unilever-bought-ben-jerrys-story-ceo-adaptability.

9. Nick Craig, *Leading from Purpose: Clarity and the Confidence to Act When It Matters Most* (New York: Hachette Book Group, 2018).
10. "Nick Craig on Leading from Purpose," *Purpose and Profit with Kathy Varol* (audio podcast), June 9, 2021, purposeandprofit.libsyn.com/5-nick-craig-on-leading-from-purpose; Nick Craig, "Do You Lead with Purpose?," Knowledge at Wharton, September 26, 2018, knowledge.wharton.upenn.edu/article/do-you-lead-with-purpose/.
11. 놀라운 제품들을 만들어낸 기업들의 사례를 좀 더 알고 싶다면 다음을 참조하라. Seth Godin, *Purple Cow: Transform Your Business by Being Remarkable* (New York: Portfolio, 2009).
12. Cameron Crowe, "Joni Mitchell Defends Herself," *Rolling Stone*, July 26, 1979, www.rollingstone.com/feature/joni-mitchell-defends-herself-61890/.
13. Laura Shapiro, *Something from the Oven: Reinventing Dinner in 1950s America* (New York: Viking, 2004).
14. Claudia H. Deutsch, "At Kodak, Some Old Things Are New Again," *New York Times*, May 2, 2008, www.nytimes.com/2008/05/02/technology/02kodak.html.
15. Rupert Neate, "Kodak to Stop Making Cameras," *Guardian*, February 9, 2012, www.theguardian.com/business/2012/feb/09/kodak-to-stop-making-cameras.
16. 후지필름의 이야기 출처는 다음과 같다. Christopher Sirk, "Fujifilm Found a Way to Innovate and Survive Digital. Why Didn't Kodak?," CRM.ORG, September 17, 2020, crm.org/articles/fujifilm-found-a-way-to-innovate-and-survive-digital-why-didnt-kodak; Ushijima Bifue의 "Fujifilm Finds New Life in Cosmetics," nippon.com, April 25, 2013, www.nippon.com/en/features/c00511/; Aidan McCullen, *Undisruptable: A Mindset of Permanent Reinvention for Individuals, Organisations, and Life* (Chichester, UK: Wiley, 2021).
17. Richard Nieva, "YouTube Started as an Online Dating Site," CNET, March 14, 2016, www.cnet.com/tech/services-and-software/youtube-started-as-an-online-dating-site/.
18. Ankit Ajmera, "Slack Reference Price for Direct Listing Set at $26/Share," Reuters, June 19, 2019, www.reuters.com/article/us-slack-listing-reference-price/slack-reference-price-for-direct-listing-set-at-26-share-idUSKCN1TK31V?il=0; Haidee Chu, "'Glitch' Died so Slack Could Take over Offices Everywhere, but Traces of the Game Live On," *Mashable*, February 25, 2020, mashable.com/article/slack-glitch.
19. Ciaran O Murchadha, *The Great Famine: Ireland's Agony 1845-1852* (London: Continuum International Publishing, 2011).

20. Ann Gibbons, "The Great Famine: Decoded," *Science*, May 21, 2013, www.science.org/content/article/great-famine-decoded.
21. George Stroumboulopoulos, "Interview with BlackBerry Co-CEO Jim Balsillie," *The Hour*, CBC, April 1, 2008, www.youtube.com/watch?v=wQRcEObmSRM.
22. Adam Grant, *Think Again: The Power of Knowing What You Don't Know* (New York: Viking, 2021), 16.
23. George Parker, "Xerox Was Actually First to Invent the PC, They Just Forgot to Do Anything with It," *Business Insider*, February 29, 2012, www.businessinsider.com/xerox-was-actually-first-to-invent-the-pc-they-just-forgot-to-do-anything-with-it-2012-2.
24. Francois Jacob, "Evolution and Tinkering," *Science* 196, no. 4295 (June 10, 1977): 1163, DOI: 10.1126/science.860134.
25. Robert Root-Bernstein et al., "Arts Foster Scientific Success: Avocations of Nobel, National Academy, Royal Society, and Sigma Xi Members," *Journal of Psychology of Science and Technology* 1, no. 2 (October 2008): 53.
26. Tom Bilyeu, "Amelia Boone: How to Cultivate Mental Toughness," Impact Theory, March 7, 2017, impacttheory.com/episode/amelia-boone/.
27. Thomas C. Hayes, "Walker Balances Bulk with Ballet," *New York Times*, April 11, 1988, www.nytimes.com/1988/04/11/sports/walker-balances-bulk-with-ballet.html.

5장

1. 이 이야기의 출처는 다음과 같다. Judy Klemesrud, "'Rocky Isn't Based on Me,' Says Stallone, 'But We Both Went the Distance,'" *New York Times*, November 28, 1976, www.nytimes.com/1976/11/28/archives/rocky-isnt-based-on-me-says-stallone-but-we-both-went-the-distance.html; Josh Cornfield, "Rocky's Muse: Boxer Who Inspired Stallone Gets His Moment," Associated Press, May 4, 2017, apnews.com/article/c32bbd68efbf4a2987719eb6a32bcff4; "*Rocky*: Video Commentary with Sylvester Stallone," produced by Jennifer Peterson and Mark Rance (MGM Home Video, 2000), www.youtube.com/watch?v=TBjKQi5c_As.
2. Robert Krulwich, "How Do Plants Know Which Way Is Up and Which Way Is Down?," *Krulwich Wonders*, NPR, June 22, 2012, www.npr.org/sections/krulwich/2012/06/21/155508849/how-do-plants-know-which-way-is-up-and-which-way-is-down.
3. Gil Bailie, *Violence Unveiled: Humanity at the Crossroads* (New York: Crossroad

Publishing Co., 1997), xv.
4. Lizzo, "Juice," *Cuz I Love You* (2019): "If I'm shinin', everybody gonna shine."
5. Bruce McClure and Deborah Byrd, "Gamma Cephei, aka Errai, a Future North Star," EarthSky, September 22, 2021, earthsky.org/brightest-stars/gamma-cephei-errai-future-north-star/.
6. Jim Carrey, commencement address, Maharishi International University, Fairfield, Iowa, May 24, 2014, www.miu.edu/graduation-2014.
7. Boyd Varty, *The Lion Tracker's Guide to Life* (Boston: Houghton Mifflin Harcourt, 2019).
8. Jocelyn Hoppa, *Isaac Asimov: Science Fiction Trailblazer* (Berkeley Heights, NJ: Enslow Publishers, 2009), 8.
9. Seth Godin, "And Maybe It's Enough," Seth's Blog, April 6, 2022, seths.blog/2022/04/and-maybe-its-enough/.
10. Robert I. Sutton, "Kurt Vonnegut on 'Having Enough': A Reminder from the No Asshole Rule," *Fast Company*, March 10, 2011, www.fastcompany.com/1737273/kurt-vonnnegut-having-enough-reminder-no-asshole-rule.
11. Max Kutner, "How to Game the College Rankings," *Boston*, August 26, 2014, www.bostonmagazine.com/news/2014/08/26/how-northeastern-gamed-the-college-rankings/.
12. Luxi Shen and Christopher K. Hsee, "Numerical Nudging: Using an Accelerating Score to Enhance Performance," *Psychological Science* 28, no. 8 (June 30, 2017): 1077-1086, journals.sagepub.com/doi/abs/10.1177/0956797617700497.
13. Bethany McLean, "How Wells Fargo's Cutthroat Corporate Culture Allegedly Drove Bankers to Fraud," *Vanity Fair*, May 31, 2017, www.vanityfair.com/news/2017/05/wells-fargo-corporate-culture-fraud.
14. Nicholas Iovino, "$480M Wells Fargo Shareholder Settlement Approved," *Courthouse News Service*, December 18, 2018, www.courthousenews.com/480m-wells-fargo-shareholder-settlement-approved/.

6장

1. John F. Kennedy, commencement address, Yale University, June 11, 1962, www.jfklibrary.org/about-us/about-the-jfk-library/kennedy-library-fast-facts/rededication-film-quote.
2. Glennon Doyle, *Untamed* (New York: Dial Press, 2020), 55.
3. David Lynch, *Catching the Big Fish: Meditation, Consciousness, and Creativity*

(New York: Jeremy P. Tarcher/Perigee, 2007), 1.

4. 이는 아람어 'avra kehdabra'에서 유래된 말인 'abracadabra'의 한 가지 가능한 의미다. Lawrence Kushner, *The Book of Words: Talking Spiritual Life, Living Spiritual Talk* (Woodstock, VT: Jewish Lights Publishing, 2011), 11.

5. Nana Ariel, "Talking Out Loud to Yourself Is a Technology for Thinking," *Psyche*, December 23, 2020, psyche.co/ideas/talking-out-loud-to-yourself-is-a-technology-for-thinking.

6. Julia Cameron, *The Artist's Way: A Spiritual Path to Higher Creativity* (New York: Jeremy P. Tarcher/Putnam, 1992).

7. 전략적 미루기에 대해 좀 더 많은 걸 알고 싶다면 다음을 참조하라. Adam Grant, "Why I Taught Myself to Procrastinate," *New York Times*, January 16, 2016.

8. Gerry Leisman et al., "Thinking, Walking, Talking: Integratory Motor and Cognitive Brain Function," *Frontiers in Public Health* 4 (May 25, 2016): 94, www.ncbi.nlm.nih.gov/pmc/articles/PMC4879139/.

9. Marily Oppezzo and Daniel L. Schwartz, "Give Your Ideas Some Legs: The Positive Effect of Walking on Creative Thinking," *Journal of Experimental Psychology: Learning, Memory, and Cognition* 40, no. 4 (2014): 1142–1152.

10. "Quentin Tarantino," *The Joe Rogan Experience*, June 29, 2021, open.spotify.com/episode/5cdu4y60lq6QXyUbhMpVWH.

11. William Poundstone, *Carl Sagan: A Life in the Cosmos* (New York: Henry Holt and Co., 1999), 104.

12. Charles J. Limb and Allen R. Braun, "Neural Substrates of Spontaneous Musical Performance: An fMRI Study of Jazz Improvisation," *PLoS ONE* 3, no. 2 (February 27, 2008): e1679, journals.plos.org/plosone/article?id=10.1371/journal.pone.0001679.

13. Guy Raz, "What Does a Creative Brain Look Like?," *TED Radio Hour*, October 3, 2014, www.npr.org/transcripts/351549673.

14. Ellen M. Calder, "Personal Recollections of Walt Whitman," *Atlantic Monthly*, June 1907, www.theatlantic.com/past/docs/issues/07jun/recollections.htm.

15. Chip Heath and Dan Heath, *Decisive: How to Make Better Choices in Life and Work* (New York: Currency, 2013).

16. David Robson, "A Brief History of the Brain," *New Scientist*, September 21, 2011, www.newscientist.com/article/mg21128311-800-a-brief-history-of-the-brain/.

17. 뉴턴 이야기의 출처는 다음과 같다. Thomas Levenson, "The Truth About

Isaac Newton's Productive Plague," *New Yorker*, April 6, 2020, www.newyorker. com/culture/cultural-comment/ the-truth-about-isaac-newtons-productive-plague; Ada Palmer, "Self-Care & Healthy Work Habits for the Pandemic," *Ex Urbe*, July 30, 2020, www.exurbe.com/self-care-healthy-work-habits-for-the-pandemic/.
18. Isaac Newton, letter to Robert Hooke, February 5, 1675, in *The Correspondence of Isaac Newton: 1661-1675*, vol. 1, edited by H. W. Turnbull (London: Cambridge University Press, 1959), 416.
19. 이 법정 비유는 올리비에 시보니(Olivier Sibony)와의 한 인터뷰에서 영감을 받아 만들어졌다. Bill Huyett and Tim Koller, "How CFOs Can Keep Strategic Decisions on Track," McKinsey & Company, February 1, 2011, www.mckinsey.com/business-functions/strategy-and-corporate-finance/ our-insights/how-cfos-can-keep-strategic-decisions-on-track.
20. Reed Hastings, "Reed Hastings on Netflix's Biggest Mistake," *Forbes*, September 11, 2020, www.forbes.com/sites/forbesdigitalcovers/2020/09/11/reed-hastings-no-rules-rules-book-excerpt-netflix-biggest-mistake/?sh=5e0d0b0332d9.
21. Hastings, "Reed Hastings on Netflix's Biggest Mistake."
22. Hastings, "Reed Hastings on Netflix's Biggest Mistake."
23. Reed Hastings, "How Netflix Changed Entertainment-and Where It's Headed," TED Talk, April 2018, www.ted.com/talks/reed_hastings_how_netflix_changed_entertainment_and_where_it_s_headed/.
24. Mark Harris, *Mike Nichols: A Life* (New York: Penguin Books, 2022), 369, 435.

7장

1. 미국 얼터너티브 록 밴드 R.E.M.의 이야기 출처는 다음과 같다. Kory Grown, "R.E.M. Reflect on 'Radical' *Out of Time* LP," *Rolling Stone*, November 21, 2016, www.rollingstone.com/feature/rem-losing-my-religion-out-of-time-album-124296/; Hrishikesh Hirway, "R.E.M.- Losing My Religion," *Song Exploder: How Music Gets Made* (Netflix, 2020), www.netflix.com/watch/81025976.
2. Hirway, "R.E.M."
3. Brooke N. Macnamara et al., "Deliberate Practice and Performance in Music, Games, Sports, Education, and Professions: A Meta-Analysis," *Psychological Science* 25, no. 8 (August 2014): 1608-1618.
4. Henry Ford and Samuel Crowther, *My Life and Work* (Garden City, NY:

Doubleday, Page & Co., 1922), 92.
5. Daniel H. Pink, *A Whole New Mind: Why Right-Brainers Will Rule the Future* (New York: Riverhead Books, 2005), 187.
6. Lawrence Pearsall Jacks, *Education Through Recreation* (New York: Harper & Brothers, 1932).
7. Atul Gawande, *The Checklist Manifesto: How to Get Things Right* (New York: Picador, 2011).
8. Rene Proyer and Willibald Ruch, "The Virtuousness of Adult Playfulness: The Relation of Playfulness with Strengths of Character," *Psychology of Well-Being Theory Research and Practice* 1, no. 1 (January 2011), DOI:10.1186/2211-1522-1-4.
9. Alice Isen, Mitzi M. S. Johnson, Elizabeth Mertz, Gregory F. Robinson, "The Influence of Positive Affect on the Unusualness of Word Associations," *Journal of Personality and Social Psychology* 48, no. 6 (June 1985): 1413-1426, DOI:10.1037//0022-3514.48.6.1413.
10. Alice Isen, Kimberly A. Daubman, and Gary P. Nowicki, "Positive Affect Facilitates Creative Problem Solving," *Journal of Personality and Social Psychology* 52, no. 6 (1987): 1122-1131, https://psycnet.apa.org/doiLanding?doi=10.1037%2F0022-3514.52.6.1122.
11. Oliver Burkeman, "How Pixar Conquered the Planet," *Guardian*, November 12, 2004, www.theguardian.com/film/2004/nov/12/3.
12. Megan McArthur, "A NASA Astronaut's Lessons on Fear, Confidence, and Preparing for Spaceflight," TED Talk, November 2020, www.ted.com/talks/megan_mcarthur_a_nasa_astronaut_s_lessons_on_fear_confidence_and_preparing_for_spaceflight/.
13. Kory Grow, "R.E.M. Reflect on 'Radical' *Out of Time* LP," *Rolling Stone*, November 21, 2016, www.rollingstone.com/feature/rem-losing-my-religion-out-of-time-album-124296/.
14. Richard P. Feynman and Ralph Leighton, *"Surely You're Joking, Mr. Feynman!": Adventures of a Curious Character* (New York: W. W. Norton, 1985).
15. Michael T. Ghiselin, "Perspective: Darwin, Progress, and Economic Principles," *Evolution* 49, no. 6 (December 1995): 1029-1037, www.jstor.org/stable/2410428.
16. Amy Stewart, "Talking with Elizabeth Gilbert About Her Novel of Botanical Exploration," *Garden Rant*, October 2, 2013, gardenrant.com/2013/10/elizabeth-gilberts-novel-of-botanical-exploration.html.
17. Aaron Sorkin, "Aaron Sorkin Teaches Screenwriting," Master-Class, www.

masterclass.com/classes/aaron-sorkin-teaches-screenwriting.
18. Chip Heath and Dan Heath, *Decisive: How to Make Better Choices in Life and Work* (New York: Currency, 2013); Stuart Brown with Christopher Vaughan, *Play: How It Shapes the Brain, Opens the Imagination, and Invigorates the Soul* (New York: Penguin/Avery, 2009), 131–132.
19. Vanessa Van Edwards, "Priming Psychology: How to Get People to Do What You Want," Science of People, www.scienceofpeople.com/priming-psychology/.
20. Chip Heath and Dan Heath, *Switch: How to Change Things When Change Is Hard* (London: Random House Business Books, 2011), 157.

8장

1. Stephen King, *On Writing: A Memoir of the Craft* (New York: Pocket Books, 2002), 9–16.
2. Emma Kelly, "15 Books You Didn't Know Stephen King Wrote," *Newsweek*, April 22, 2021, www.newsweek.com/stephen-king-novels-you-didnt-know-he-wrote-1584233.
3. Arthur Schopenhauer, *Parerga and Paralipomena*, vol. 2, *Short Philosophical Essays*, translated by Adrian Del Caro (Cambridge: Cambridge University Press, 2015).
4. *Rocketman*, screenplay by Lee Hall, directed by Dexter Fletcher (Paramount Pictures/New Republic Pictures, 2019).
5. Clare O'Connor, "How Sara Blakely of Spanx Turned $5,000 into $1 billion," *Forbes*, March 14, 2012, www.forbes.com/global/2012/0326/billionaires-12-feature-united-states-spanx-sara-blakely-american-booty.html?sh=650816f37ea0.
6. Sara Blakely, "I Never Had a Business Plan" (Instagram post), July 20, 2020, www.instagram.com/p/CC3SpZGASE_/.
7. Kevin Kelly, "68 Bits of Unsolicited Advice," Technium, April 28, 2020, kk.org/thetechnium/68-bits-of-unsolicited-advice/.
8. Philip Glass, *Words Without Music: A Memoir* (New York: Liveright Publishing Co., 2016).
9. William Goldman, *Adventures in the Screen Trade: A Personal View of Hollywood and Screenwriting* (New York: Grand Central Publishing, 2012).
10. Ignaz Philipp Semmelweis, *The Etiology, Concept, and Prophylaxis of Childbed Fever*, translated by K. Codell Carter (Madison: University of Wisconsin Press, 1983).

11. Nahlah Ayed, "The Dirt on Handwashing: The Tragic Death Behind a Life-Saving Act," CBC Radio, May 28, 2020, www.cbc.ca/radio/ideas/the-dirt-on-handwashing-the-tragic-death-behind-a-life-saving-act-1.5587319.
12. Nicholas P. Leveillee, "Copernicus, Galileo, and the Church: Science in a Religious World," *Inquiries* 3, no. 05 (2011), www.inquiriesjournal.com/articles/1675/copernicus-galileo-and-the-church-science-in-a-religious-world.
13. Christopher Graney, "The Inquisition on Copernicus, February 24, 1616: A Little Story About Punctuation," Vatican Observatory, February 24, 2016, www.vaticanobservatory.org/sacred-space-astronomy/139212-2/.
14. King, *On Writing*, 184.
15. Rufus W. Griswold (unsigned), untitled review of *Leaves of Grass*, *Criterion*, November 10, 1855.
16. "*Leaves of Grass*," New York Daily Times, November 13, 1856.
17. Elizabeth Gilbert, *Big Magic: Creative Living Beyond Fear* (New York: Riverhead Books, 2015), 125.
18. Lao-tzu, *Tao Te Ching*, translated by Stephen Mitchell (New York: Harper Perennial Modern Classics, 2006).
19. Bob Ross, "Happy Accident," *The Joy of Painting*, March 25, 1987.
20. Dean Keith Simonton, "Creativity as Heroic: Risk, Success, Failure, and Acclaim," in *Creative Action in Organizations: Ivory Tower Visions and Real World Voices*, edited by Cameron M. Ford and Dennis A. Gioia (Thousand Oaks, CA: Sage Publications, 1995), 88.
21. Gary Kauffman, "Babe Ruth Would Now Be Listed as a Contact Hitter," How They Play, May 27, 2022, howtheyplay.com/team-sports/strikeouts-have-skyrocketed-since-Babe-Ruth.
22. Josh Waitzkin, *The Art of Learning: An Inner Journey to Optimal Performance* (New York: Free Press, 2008), 113.
23. Rudy Francisco, "Most of What I Know," *I'll Fly Away* (Minneapolis: Button Poetry, 2020): "The ground has taught me / more about flight / than the sky ever could."
24. Alysa Landry, "Navajo Weaver Shares Story with Authentic Rugs," *Native Times*, March 16, 2009, www.nativetimes.com/archives/22/1217-navajo-weaver-shares-story-with-authentic-rugs.
25. Jason Fried, "A Mistake Is Just a Moment in Time," Signal V. Noise, September 10, 2016, m.signalvnoise.com/a-mistake-is-just-a-moment-in-time/.
26. 이 제리 사인펠트 이야기의 출처는 다음과 같다. Michael Neill and Michael Alexander, "Success Was a Shore Thing Once Jerry Seinfeld Stuck to Being a

Stand-Up Kind of Guy," *People*, September 5, 1988; Steven Rea, "Jerry Seinfeld's True Comedy," *Entertainment Weekly*, March 1, 1991.
27. Lionel Messi, "Adidas: Overnight Success," Adidas commercial (2012), vimeo.com/44340483.
28. Steve Martin, *Born Standing Up: A Comic's Life* (New York: Scribner, 2007), 1.
29. Mark Harris, *Mike Nichols: A Life* (New York: Penguin Books, 2022), 531.
30. Tim Ferriss, *Tribe of Mentors: Short Life Advice from the Best in the World* (Harper Business: New York, 2017).
31. Seth Godin, *Permission Marketing: Turning Strangers into Friends and Friends into Customers* (New York: Simon & Schuster, 1999).

9장

1. Jacob Margolis, "How a Tweet About the Mars Rover Dying Blew Up on the Internet and Made People Cry," *LAist*, February 16, 2019, laist.com/news/jpl-mars-rover-opportunity-battery-is-low-and-its-getting-dark.
2. Chuck Palahniuk, *Lullaby* (New York: Anchor Books, 2003), 18–19.
3. Soroush Vosoughi, Deb Roy, and Sinan Aral, "The Spread of True and False News Online," *Science* 359, no. 6380 (March 9, 2018): 1146–1151, www.science.org/doi/10.1126/science.aap9559.
4. Jonathan Swift, "The Art of Political Lying," *Examiner*, November 9, 1710.
5. Alex Mayyasi and Priceonomics, "Why Cereal Has Such Aggressive Marketing," *Atlantic*, June 16, 2016, www.theatlantic.com/business/archive/2016/06/how-marketers-invented-the-modern-version-of-breakfast/487130/.
6. John Harvey Kellogg, *Plain Facts for Old and Young* (Battle Creek, MI: J. H. Kellogg, MD, 1881).
7. Loren K. Ammerman, Christine L. Hice, and David J. Schmidly, *Bats of Texas* (College Station: Texas A&M University Press, 2011), 18.
8. Robynne Boyd, "Do People Only Use 10 Percent of Their Brains?," *Scientific American*, February 7, 2008, www.scientificamerican.com/article/do-people-only-use-10-percent-of-their-brains/.
9. Shuang Rong et al., "Association of Skipping Breakfast with Cardiovascular and All-Cause Mortality," *Journal of the American College of Cardiology* 73, no. 16 (April 30, 2019): 2025–2032, pubmed.ncbi.nlm.nih.gov/31023424/.
10. Elizabeth Pratt, "Eating Breakfast Every Morning May Be Better for Your Heart," *Healthline*, April 23, 2019, www.healthline.com/health-news/skipping-

breakfasts-raises-your-risk-of-cardiovascular-disease.

11. Ryan W. Miller, "Eating Breakfast? Skipping a Morning Meal Has Higher Risk of Heart-Related Death, Study Says," *USA Today*, April 23, 2019, www.usatoday.com/story/news/health/2019/04/23/skipping-breakfast-tied-higher-risk-heart-disease-death-study/3547295002/.

12. Shelly Insheiwat, "Study: Skipping Breakfast Increases Risk of Heart Disease Mortality by 87 Percent," FOX 11 Los Angeles, April 23, 2019, www.foxla.com/news/study-skipping-breakfast-increases-risk-of-heart-disease-mortality-by-87-percent.

13. E. J. Mundell, "Skipping Breakfast a Bad Move for Your Heart?," WebMD, April 23, 2019, www.webmd.com/heart/news/20190423/skipping-breakfast-a-bad-move-for-your-heart.

14. Tyler Vigen, "Spurious Correlations," https://tylervigen.com/spurious-correlations.

15. Peter Attia, "The Bad Science Behind 'Skipping Breakfast,'" Peter Attia, MD, May 12, 2019, peterattiamd.com/skipping-breakfast/.

16. George Plimpton, "Ernest Hemingway, The Art of Fiction No. 21," *Paris Review* 18 (Spring 1958), www.theparisreview.org/interviews/4825/the-art-of-fiction-no-21-ernest-hemingway.

17. Richard P. Feynman, "What Is and What Should Be the Role of Scientific Culture in Modern Society," in *The Pleasure of Finding Things Out: The Best Short Works of Richard P. Feynman* (New York: Basic Books, 1999), 111.

18. Matt Preuss, "Investor Letter: Enron—Ask Why," Visible, April 27, 2016, visible.vc/blog/investor-letter-enron-ask-why/.

19. "Why We Praise Meaningless Jargon and Fail to Realize the Emperor Has No Clothes," Farnam Street, fs.blog/the-emperor-has-no-clothes/.

20. Peter Whoriskey, "As Drug Industry's Influence over Research Grows, so Does the Potential for Bias," *Washington Post*, November 24, 2012, www.washingtonpost.com/business/economy/as-drug-industrys-influence-over-research-grows-so-does-the-potential-for-bias/2012/11/24/bb64d596-1264-11e2-be82-c3411b7680a9_story.html.

21. Stephan Guyenet, "Conflict of Interest," *Whole Health Source*, August 28, 2008, wholehealthsource.blogspot.com/2008/08/conflict-of-interest.html.

22. Upton Sinclair, *I, Candidate for Governor: And How I Got Licked* (Berkeley: University of California Press, 1994), 109.

23. 절대적 위험 감소율 대 상대적 위험 감소율에 대해 좀 더 알고 싶다면 다음

을 참조하라. Peter Attia, "Studying Studies: Part I—Relative Risk vs. Absolute Risk," Peter Attia, MD, January 8, 2018, peterattiamd.com/ns001/.
24. Mark Twain, *Chapters from My Autobiography*, serialized in *North American Review* (September 1906-ecember 1907). 마크 트웨인은 이 말이 영국 수상 벤저민 디즈레일리(Benjamin Disraeli)의 말이라고 했다.
25. "Blowing Smoke: Vintage Ads of Doctors Endorsing Tobacco," *CBS News*, March 7, 2012, www.cbsnews.com/pictures/blowing-smoke-vintage-ads-of-doctors-endorsing-tobacco/.
26. Ayelet Waldman, *A Really Good Day: How Microdosing Made a Mega Difference in My Mood, My Marriage, and My Life* (New York: Alfred A. Knopf, 2017).
27. Richard Conniff, "When Continental Drift Was Considered Pseudoscience," *Smithsonian*, June 2012, www.smithsonianmag.com/science-nature/when-continental-drift-was-considered-pseudoscience-90353214/.
28. Rollin T. Chamberlin, "Some of the Objections to Wegener's Theory," *Theory of Continental Drift; a Symposium on the Origin and Movement of Land Masses, Both Inter-continental and Intra-continental, as Proposed by Alfred Wegener* (Tulsa: American Association of Petroleum Geologists, 1928), 87.
29. Lisa Florman, *Concerning the Spiritual—and the Concrete—in Kandinsky's Art* (Stanford, CA: Stanford University Press, 2014), 33.
30. Carl Sagan, *Broca's Brain: Reflections on the Romance of Science* (New York: Random House, 1979), 15.
31. Joseph McClain, "Feynman's Advice to W&M Student Resonates 45 Years Later," *W&M News*, September 9, 2020, www.wm.edu/news/stories/2020/feynmans-advice-to-wm-student-resonates-45-years-later.php.
32. Richard Feynman. "What Is Science?," presented at the 15th annual meeting of the National Science Teachers Association, New York, 1966, www.feynman.com/science/what-is-science/.
33. Julia A. Minson, Nicole E. Ruedy, and Maurice E. Schweitzer, "There Is Such a Thing as a Stupid Question: Question Disclosure in Strategic Communication," *Advances in Consumer Research* 40 (2012): 271-275, www.acrwebsite.org/volumes/1012889/volumes/v40/NA-40.
34. Werner Heisenberg, *Physics and Philosophy: The Revolution in Modern Science* (London: Penguin Books, 2000), 25.
35. Neil Postman and Charles Weingartner, *Teaching as a Subversive Activity* (New York: Dell Publishing, 1969).
36. Tim Ferriss, *Tools of Titans: The Tactics, Routines, and Habits of Billionaires,*

Icons, and World-Class Performers (Boston: Mariner Books, 2016).
37. Isaac Asimov, *It's Been a Good Life*, edited by Janet Jeppson Asimov (Amherst, NY: Prometheus Books, 2002), 259.

10장

1. 클리프턴 폴러드 이야기의 출처는 다음과 같다. *Breslin and Hamill: Deadline Artists*, HBO documentary, 2018; Jimmy Breslin, "Digging JFK Grave Was His Honor," *New York Herald Tribune*, November 26, 1963, www.newsday.com/opinion/digging-jfk-grave-was-his-honor-jimmy-breslin-1.6481560; Kat Eschner, "The Man Who Dug JFK's Grave, Twice," *Smithsonian*, March 14, 2017, www.smithsonianmag.com/smart-news/man-who-dug-jfks-grave-twice-180962457/.
2. Arthur Schopenhauer, *The World as Will and Representation*, vol. 2, translated by E. F. J. Payne (New York: Dover Publications, 1966), 391.
3. Marnie Hunter, "Happy Anniversary, Wheeled Luggage!," CNN, October 4, 2010, www.cnn.com/2010/TRAVEL/10/04/wheeled.luggage.anniversary/index.html.
4. Reed Hastings, as told to Amy Zipkin, "Out of Africa, onto the Web," *New York Times*, December 17, 2006, www.nytimes.com/2006/12/17/jobs/17boss.html.
5. Salvador Dali, "Photography, Pure Creation of the Mind," *L'Amic de les Arts* 18 (September 30, 1927): 90-91.
6. Alexandra Alter, "Best Sellers Sell the Best Because They're Best Sellers," *New York Times*, September 19, 2020, www.nytimes.com/2020/09/19/books/penguin-random-house-madeline-mcintosh.html.
7. Russell Smith, "How Algorithms Are Changing What We Read Online," *The Walrus*, September 8, 2020, thewalrus.ca/how-algorithms-are-changing-what-we-read-online/.
8. John Herrman, "What if Instagram Got Rid of Likes?," *New York Times*, May 31, 2019, www.nytimes.com/2019/05/31/style/are-likes-and-followers-the-problem-with-social-media.html.
9. Rebekah Scanlan, "Crying Influencer Slammed After Instagram Meltdown," *NZ Herald*, July 23, 2019, www.nzherald.co.nz/lifestyle/crying-influencer-slammed-after-instagram-meltdown/IFCLY7BFDD4NBHOC3GF447PUW4/.
10. Kurt Schlosser, "Instagram Surpasses 500 Million Users-95 Million Photos and Videos Shared Daily," *GeekWire*, July 21, 2016, www.geekwire.com/2016/

instagram-500-million-users/; Raffi Krikorian, "New Tweets per Second Record, and How!," Twitter engineering blog, August 16, 2013, blog.twitter.com/engineering/en_us/a/2013/new-tweets-per-second-record-and-how.

11. Jeff Haden, "20 Years Ago, Jeff Bezos Said This 1 Thing Separates People Who Achieve Lasting Success from Those Who Don't," *Inc.*, November 6, 2017, www.inc.com/jeff-haden/20-years-ago-jeff-bezos-said-this-1-thing-separates-people-who-achieve-lasting-success-from-those-who-dont.html.

12. Kimberly Adams, "US Users Are Leaving Facebook by the Millions, Edison Research Says," *Marketplace*, March 6, 2019, www.marketplace.org/2019/03/06/tech/exclusive-look-numbers-showing-users-leaving-facebook-by-the-millions/.

13. Jim Jarmusch, "Things I've Learned," *MovieMaker*, June 5, 2013, www.moviemaker.com/jim-jarmusch-5-golden-rules-of-moviemaking/.

14. Ernest Hemingway, *A Moveable Feast: The Restored Edition* (New York: Scribner, 2010).

15. William Deresiewicz, "Solitude and Leadership," *American Scholar*, March 1, 2010, theamericanscholar.org/solitude-and-leadership/.

16. Robert Frost, "The Road Not Taken," *Atlantic Monthly* (August 1915).

17. "Study: 70% of Facebook Users Only Read the Headline of Science Stories Before Commenting," *Science Post*, March 5, 2018, thesciencepost.com/study-70-of-facebook-commenters-only-read-the-headline/.

18. Sarah Zhang, "The One-Paragraph Letter from 1980 That Fueled the Opioid Crisis," *Atlantic*, June 2, 2017, www.theatlantic.com/health/archive/2017/06/nejm-letter-opioids/528840/.

19. Ronald Melzack, "The Tragedy of Needless Pain," *Scientific American*, February 1, 1990, www.scientificamerican.com/article/the-tragedy-of-needless-pain/.

20. Art Van Zee, "The Promotion and Marketing of OxyContin: Commercial Triumph, Public Health Tragedy," *American Journal of Public Health* 99, no. 2 (February 2009): 221–227, www.ncbi.nlm.nih.gov/pmc/articles/PMC2622774/.

21. Pamela T. M. Leung, Erin M. Macdonald, Irfan A. Dhalla, and David N. Juurlink, letter to *New England Journal of Medicine*, June 1, 2017, www.nejm.org/doi/full/10.1056/NEJMc1700150.

22. Marilynn Marchione, "Painful Words: How a 1980 Letter Fueled the Opioid Epidemic," Associated Press, May 31, 2017, apnews.com/article/health-ma-state-wire-us-news-business-epidemics-9307eb6e8b3c4970bb2a6344a09b0170.

11장

1. Jordan Ellenberg, *How Not to Be Wrong: The Power of Mathematical Thinking* (New York: Penguin Books, 2015).
2. Henry David Thoreau, *Walden; or, Life in the Woods* (Boston: Ticknor and Fields, 1854).
3. Amanda Palmer, *The Art of Asking, or, How I Learned to Stop Worrying and Let People Help* (New York: Grand Central Publishing, 2014).
4. Richard Zacks, *An Underground Education: The Unauthorized and Outrageous Supplement to Everything You Thought You Knew About Art, Sex, Business, Crime, Science, Medicine, and Other Fields of Human Knowledge* (New York: Anchor Books, 1999), 19.
5. Maya Angelou, Distinguished Annie Clark Tanner Lecture, 16th annual Families Alive Conference, May 8, 1997, Weber State University, Ogden, Utah, awpc.cattcenter.iastate.edu/2017/03/21/the-distinguished-annie-clark-tanner-lecture-may-8-1997/.
6. Michael H. Keller, "The Flourishing Business of Fake YouTube Views," *New York Times*, August 11, 2018, www.nytimes.com/interactive/2018/08/11/technology/youtube-fake-view-sellers.html.
7. Max Read, "How Much of the Internet Is Fake? Turns Out, a Lot of It, Actually," *New York*, December 26, 2018, nymag.com/intelligencer/2018/12/how-much-of-the-internet-is-fake.html.
8. Taylor Lorenz, "Rising Instagram Stars Are Posting Fake Sponsored Content," *Atlantic*, December 18, 2018, www.theatlantic.com/technology/archive/2018/12/influencers-are-faking-brand-deals/578401/.
9. *Miss Americana*, directed by Lana Wilson (Tremolo Productions, 2020).
10. Andre Agassi, *Open: An Autobiography* (New York: Alfred A. Knopf, 2009).
11. Laura Belgray newsletter, talkingshrimp.activehosted.com/index.php?action=social&chash=b6edc1cd1f36e45daf6d7824d7bb2283.983&s=1b1ffcfd9ceaa89d13a6921ec91e51ef.
12. Marc Andreessen, "Pmarca Guide to Personal Productivity," *Pmarchive*, June 4, 2007, pmarchive.com/guide_to_personal_productivity.html.

12장

1. Tom D. Crouch, *Wings: A History of Aviation from Kites to the Space Age* (New York: W. W. Norton & Co., 2004), 8.

2. Erin Blakemore, "The First Nonstop Flight Across the Atlantic Lasted 16 Harrowing Hours," History, June 13, 2019, www.history.com/news/first-transatlantic-flight-nonstop-alcock-brown.
3. Paul Krugman, "Why Most Economists' Predictions Are Wrong," *Red Herring*, June 10, 1998, web.archive.org/web/19980610100009/http://www.redherring.com/mag/issue55/economics.html.
4. David Emery, "Did Paul Krugman Say the Internet's Effect on the World Economy Would Be 'No Greater Than the Fax Machine's'?," Snopes, June 7, 2018, www.snopes.com/fact-check/paul-krugman-internets-effect-economy/.
5. Philip E. Tetlock, *Expert Political Judgment: How Good Is It? How Can We Know?* (Princeton, NJ: Princeton University Press, 2017).
6. Tetlock, *Expert Political Judgment*, xx.
7. Colin F. Camerer and Eric J. Johnson, "The Process-Performance Paradox in Expert Judgment: How Can Experts Know So Much and Predict So Badly?," in *Toward a General Theory of Expertise: Prospects and Limits*, edited by K. Anders Ericsson and Jacqui Smith (Cambridge: Cambridge University Press, 1991), 195-217.
8. Stephen Fleischfresser, "Ultra-Violet Confirms 'Darwin's Moths,'" *Cosmos*, August 20, 2018, cosmosmagazine.com/nature/evolution/ultra-violet-experiment-confirms-darwins-moths/.

13장

1. Ferris Jabr, "How Does a Caterpillar Turn into a Butterfly?," *Scientific American*, August 10, 2012, www.scientificamerican.com/article/caterpillar-butterfly-metamorphosis-explainer/.
2. Joseph Campbell, *A Joseph Campbell Companion: Reflections on the Art of Living* (Mill Valley, CA: Joseph Campbell Foundation, 2011).
3. Glennon Doyle, *Untamed* (New York: Dial Press, 2020), 74.
4. Elena I. Antonakou and Lazaros C. Triarhou, "Soul, Butterfly, Mythological Nymph: Psyche in Philosophy and Neuroscience," *Arquivos de Neuro-Psiquiatria* 75, no. 3 (March 2017): 176-179, www.researchgate.net/publication/315598495_Soul_butterfly_mythological_nymph_Psyche_in_philosophy_and_neuroscience.

에필로그

1. Carl Sagan, *Demon Haunted World: Science as a Candle in the Dark* (New York:

Ballantine Books, 1997).
2. Tim Urban, "Your Family: Past, Present, and Future," Wait But Why, January 28, 2014, waitbutwhy.com/2014/01/your-family-past-present-and-future.html.

내 안에 숨은 잠재력을 깨우는 법
지니어스 코드

제1판 1쇄 인쇄 | 2025년 11월 3일
제1판 1쇄 발행 | 2025년 11월 13일

지은이 | 오잔 바롤
옮긴이 | 엄성수
펴낸이 | 하영춘
펴낸곳 | 한국경제신문 한경BP
출판본부장 | 이선정
편집주간 | 김동욱
책임편집 | 이혜영
교정교열 | 이근일
저작권 | 백상아
홍보마케팅 | 김규형·서은실·이여진·박도현
디자인 | 이승욱·권석중

주　소 | 서울특별시 중구 청파로 463
기획편집부 | 02-360-4556, 4584
홍보마케팅부 | 02-360-4595, 4562　FAX | 02-360-4837
H | http://bp.hankyung.com　E | bp@hankyung.com
F | www.facebook.com/hankyungbp
등　록 | 제 2-315(1967. 5. 15)

ISBN 978-89-475-0207-8　03320

책값은 뒤표지에 있습니다.
잘못 만들어진 책은 구입처에서 바꿔드립니다.